银幕内外的记忆

孙渝烽 著

生活·读书·新知 三联书店

图书在版编目(CIP)数据

银幕内外的记忆/孙渝烽著.—北京:生活·读书·新知三联书店,
2017.12
　ISBN 978 - 7 - 108 - 06082 - 2

　Ⅰ.①银…　Ⅱ.①孙…　Ⅲ.①电影艺术家-生平事迹-上海
Ⅳ.①K825.78

　中国版本图书馆 CIP 数据核字(2017)第 205141 号

责任编辑　麻俊生
封面设计　储　平
责任印制　黄雪明
出版发行　生活·讀書·新知 三联书店
　　　　　(北京市东城区美术馆东街 22 号)
邮　　编　100010
印　　刷　常熟文化印刷有限公司
排　　版　南京前锦排版服务有限公司
版　　次　2017 年 12 月第 1 版
　　　　　2017 年 12 月第 1 次印刷
开　　本　720 毫米×965 毫米　1/16　印张　22.75
字　　数　325 千字
定　　价　68.00 元

序

一

　　孙渝烽是我 1960 年代认识的年轻朋友。1963 年他从上海电影专科学校表演系毕业分配来我们上影演员剧团工作,为演员剧团补充了新鲜血液。

　　多年来我和孙渝烽没有在一起拍过戏,这是历史原因所造成的。但我们相处的时间很长,特别是他退休以后,我们一起参加社会公益活动,一起演出,一起办学,常来常往。

　　对孙渝烽最初的印象是 1964 年春节,剧团组织演出慰问解放军。我看了由孙道临导演的两个独幕剧:一个是《出发之前》,孙渝烽扮演一个火爆脾气的解放军班长,孙栋光演一个调皮捣蛋的战士。另一个是《一百个放心》,孙渝烽扮演刚入伍的新兵阿毛,史久峰扮演去部队看望孙子的老爷爷。孙渝烽扮演的这两个解放军战士的形象很生动,给我留下很深的印象。后来剧团排话剧《南海长城》,孙渝烽又在剧中扮演战士虎仔,戏虽不多,可很出彩。为消灭海匪,他设计了从船台上翻滚下来的动作,很受白穆赞扬。

　　之后孙渝烽和张瑞芳去安徽搞社教 8 个多月,回上海后原准备拍摄电影《杏林曲》,他在影片中饰演张瑞芳的儿子、生产大队长,可一场"文革"把他们耽误了,我们全都去了"五七"干校劳动。孙渝烽在我们演员三连负责种菜。他年轻力壮,又在农村待过,农活干得很不错,特别对我们这些所谓的审查对象十分关怀,在那个年代这份真情难能可贵。

　　后来上海电影译制厂搞内参片,他从干校借去配音,结果被陈叙一看中。陈叙一留他在上译厂,并培养他当译制导演。我看过他执导的很多译制片,为他在译制配音领域开辟一个新天地而高兴。

虽然我们不在一个团工作,可参加电影系统的活动我们还是常常见面,他一直非常尊敬我们这些老人。20世纪七八十年代他还常常来上影厂参加电影拍摄,我看过他演的多部影片,有《特殊任务》《连心坝》《楚天风云》《革命军中马前卒》《秋瑾》《南昌起义》……

新世纪,我离休,他退休,我们接触更频繁了。他一退休就被聘担任上海东海学院影视表演系主任,他邀请我和张瑞芳、孙道临担任表演系的客座教授和顾问。由于对他的信任,我们接受了他的邀请,每年学生的汇报演出、毕业大戏我们都去看。办学是很艰苦的,但他干得很认真,对学生很负责。他记住我们对他的要求,教孩子们"先做人,后演戏"这个育人的宗旨。那6年里他常常向我们汇报教学上的事情,我们提出一些建议,他都认真地做,所以表演系办得很出色。我们一起送走了4届104名表演系学生,现在他们都活跃在电影、话剧、学校等好多岗位上,这些可爱的孩子们还记得我给他们提的意见呢!

孙渝烽的这本书,真实地记录了他和上影演员剧团老一辈演员的相处,记录了他和上译厂同事们的工作和生活。通过一些生动的小故事反映出老一辈电影工作者的敬业、认真、一丝不苟的工作态度,以及在当时生活条件十分艰苦的情况下,他们互相关心、互相支持、真诚待人的好品质。这是一份可贵的时代记录。孙渝烽写得朴素无华,真情流露,我想对年轻人还是有所启迪的。我为他的努力、勤奋而高兴,也祝贺他出这本书。是为序。

秦怡

2017年9月

序

二

认识孙渝烽老师很久了。几十年来,文联组织大大小小的活动,时常看到他的身影,因为他既是电影演员,又是配音导演兼配音演员,形象与声音都出类拔萃,所以一到需要表演的场合,把他拉出来演一段或诵一段,可谓家常便饭。孙老师总是张口就来,把现场气象弄得暖融融热乎乎,给各种活动增光添彩,我们都很喜欢他、尊敬他。

后来跟孙老师的"亲密接触",缘于数年来不间断的"亲密合作"。7年前,我主编的文联会刊作了一次脱胎换骨的改刊,锁定"写名人·名人写"的办刊方式,突显其权威性、思想性和高端性。由于上海占了中国文艺的半壁江山,文艺名家和艺术大师灿若星海,所以可写之材取之不尽。文联具有得天独厚的资源优势,无论名望多高的大师名家,均在文联或协会有个头衔,虚实不论,他们认文联这个娘家是毫无疑问的。所以改刊以来,手下记者连续不断对名家大师的一手采访,赢得了频频赞誉,被认为是上海文艺史的珍贵史料。

可是作为主编,我始终存有遗憾。在整个板块中,"写名人"倒是落到了实处,占了一大块,可"名人写"却不成比例,鲜有名家赐稿。虽然身在文联,每天与艺术名家打交道,逮住他们的机会一大把,但是放眼望去、掐指算来,真正能提笔写作之人凤毛麟角。名家们在银幕上风采卓然,在舞台上光彩照人,在画桌上笔走龙蛇,可是一旦让他们写文章,很多人立马叫苦。唉,理解理解。

就在此时,孙渝烽老师找上门来主动请缨,说是想写一系列"名人访忆"的文章,并且一一罗列名单,都是他待过的"上影厂"和"上译厂"的前辈、同事和伙伴。这份名单星光灿烂,无论是上影厂这边的白杨、张瑞芳、孙道临、秦怡、韩非、陈述、谢晋……

还是上译厂那边的邱岳峰、尚华、胡庆汉、毕克、苏秀、赵慎之、刘广宁、童自荣……都是"我刊的主角"。更何况,孙老师出手,一下子就涵盖了"写名人·名人写"两项功能,善哉善哉,真是功莫大焉!你想啊,名人写名人,不像记者写名人,前者用的是平视的角度,后者容易用仰视的角度。当然平视好啊——犄角旮旯、一地鸡毛的细节描述,才具有质感。而这些生动细节,唯有像孙渝烽老师那样与他们朝夕相处的人,才能信手拈来。

一拍即合,正式开工!于是,编辑部开始频繁出现孙老师的身影。由于他不擅电脑打字,全靠手工作业,加上每篇文章要配上合宜的照片,他翻箱倒柜找出旧影,到编辑部来扫描加工,请编辑把手写稿变成打字稿,很快他成了编辑部的常客。孙老师也不见外,到了中午时分和我们一起到文联食堂就餐,有啥吃啥,吃嘛嘛香。就这样,他的"专栏作者"一当好多年,好文章源源不断。倘若整理一下,够出两本书的量了。

"平视"写名人,说好写是好写,说难写也难写。对过世的名人,怎么写都问题不大,只要是正面写,基本不会有异议。但是写健在的同事朋友,有些芝麻绿豆小事读起来生动有趣,但当事人感受如何就不得而知了。我一直没有告诉孙老师的是,有一次见到刘广宁老师,她就对我说,孙渝烽把我写得像日常生活中的弱智,我有那么无能吗?那么多年我不是把自己伺弄得好好的?我就只好用苦笑来敷衍了。其实都没错,孙老师笔下那个被先生宠惯了的刘广宁,自然显出"家务盲"的模样,现在她独自一人面对生活,不"把自己伺弄得好好的"行吗?

我平时见到的艺术大家们,大都是在日常生活中,他们平易近人,简单朴实。然而当年在事业上,他们可都是叱咤风云的人物啊!就说孙渝烽老师吧,年轻时可英俊了,直到现在还是帅气逼人。我看过他在电影中饰演的角色,如《南昌起义》中饰刘伯承,在《特殊任务》中饰何政委,在《楚天风云》中饰申主编,在《连心坝》中饰苗族书记龙泉等,那双大眼睛是天生演员的料。改行当配音演员后,他在《佐罗》《风雪黄昏》《检察员的起诉》等影片中的漂亮声音,不输任何人。看似他在"配音演员"这一块没有其他人名气响,有点叨陪末座的样子,主要原因是他"升格"当了译制导演,亮嗓露声的机会少了。

说起他译制导演的作品,那可是声名显赫,随便拉出一串名单,都是如雷贯耳的经典片名:《望乡》《冒险的代价》《悲惨世界》《吟公主》《砂器》《佐罗》《哑女》《云中漫步》《国家利益》《野鹅敢死队》《随心所欲》《山崩地裂》《孤星血泪》《小鬼当家》《尖峰时刻》《侏罗纪公园》《辛德勒的名单》……其中好多部获得文化部优秀译制片奖,还有获华表奖及金鸡奖、百花奖提名的。

即使在退休后,他也退而不休忙得很,先是任上海东海学院影视表演系主任,后来又在电台策划参与一档文化节目,还要操心朗诵学会的事情,时不时参加各种需要名人捧场的社会活动……不过他把为拙刊写专栏这事看得比什么都重,一篇文章没写满意,会始终挂念着。哪些该写,哪些该隐,也是颇犯斟酌。

在写作中,孙老师有时会情不自禁流露出某种怨气,为自己,也为钟爱的事业。不过他会时常自省,提醒自己"风物长宜放眼量"。最令我难忘的细节是,有一天,我收到他发给我的短信,不像平时那种"今天我去华东医院看望王丹凤老师,过后去你处"等"形而下"的叮嘱,而是带着一点伤感和哲理的"形而上"抒怀,大意是:人应该经常检讨自己,要培养自己的宽恕和感恩之心,不要斤斤计较于过往的恩恩怨怨……我立刻明白了,他刚才看到了我为著名电影演员梁波罗新著写的"跋",其中写到了我被梁兄感动到的一个细节:他在对我叙述"文革"时期被侮辱与被伤害的种种琐事时,虽然忍不住泪湿双眼,但坚决不点"那个人"的名字,也坚决不在书中涉及这些细节……显然,孙渝烽老师受到了梁兄的品德感染,他在反思自己……

看到这条短信,我被孙老师的"慎独"精神深深感动。都快是耄耋的人了,他还在淬炼自己的精神世界,还在对自己的人生境界提出要求,还在用别人的美德照亮自己,让自己的灵魂更趋完美。这种非常纯粹的动机,展示了一颗洁净的灵魂。

说到孙老师嘱我写序一事,我先前是深以为不妥的,因为这是一件"更大的名人为名人站台"的活计,我的出场,窃以为只会减分不会加分。但孙老师的口吻是那么不容推脱,加上俺家两口子都曾为他"作嫁衣裳",在文字情缘上渊源蛮深,为纪念彼此的合作和情谊,似乎理应不负所望,于是也不管稳妥与否,贸然答应下来。话说去年在上海大剧院上演了一台著名配音艺术家荟萃献艺的晚会,孙老师临时起念,希望在最快时间将他在拙刊上写的配音演员的文章整理成集出版,能够赶在晚会现场签售,既有读者市场,又有纪念意义,多好!好是好,但是根据出版周期的一般规律,这是不可能办到的事。好在我妻子也是热心人,听到孙老师求助,便捋起袖子亲自操作,特事特办进入出版社绿色通道,居然在一个月左右的时间将《那年月,我们用声音造梦》赶制出来,配上光碟以及方便搜看译制片的二维码,赶在大剧院的晚会当天,真的开始了签售。那天真是盛况空前啊,除了孙渝烽老师签得手抽筋,其他配音演员也被编辑抓着签了好多本,要不是保安护驾,当时的场面怕有点不可收拾……

"作嫁衣裳"久了,穿衣的和制衣的免不了感情和睦。承蒙穿衣者垂青,制衣者赤膊上阵舞弄文字,也就顾不上汗颜了。拉拉杂杂写下如上文字,也不知孙老师满意与否。是为序。

刘巽达
2017 年 9 月

自序

记得 2014 年出版《那年月，我们用声音造梦》时，我在自序里有这样一段话："……现在的社会现状是出书的人比看书的人多。我到福州路去走走，竟有书店在论斤售书，让我出书的热情立即冷了下来。耳边又响起妻子的反对声：你一个平头百姓出什么书？出书那是专家、学者的事情，是明星大腕的事情，你写的那些陈谷子烂芝麻的事情，早已成为历史，又有谁想知道？"

当时由于好友刘巽达以及其妻刘挺亲自操作，又得到出版社领导的关爱，特事特办，居然在一个月左右的时间将《那年月，我们用声音造梦》赶印出来。由于读者的厚爱，特别是中老年影迷的热爱，书已所剩无几了。

特别让我感动的是签名售书那热烈的场面。书上市后，我先后收到许多读者的电话，以及微信发来的鼓励："孙老师，读你写的书又把我们带回到那个值得回忆的岁月，是你们用声音陪伴我们一起成长。""从你的书里我们读到了一种对事业的执着追求。""作为一个特殊的年代，你们生产出特殊的文化产品，为我们精神家园注入了丰富的艺术营养。""你们的辛勤劳动为我们打开了一扇了解世界的窗口。"

特别是参加几次老年朋友的活动，他们看了我那本书竟也深有感触："真没想到，邱岳峰老师带 4 个孩子才住 17 平方米，太艰苦了。""真没想到，当年你每个月也要借工会的小额互助基金 5 块钱。""尚华、于鼎、富润生老师……他们的生活太艰苦了。""孙老师，读你的书对我们是莫大的鼓励，张瑞芳老师、孙道临老师、陈叙一老厂长都是我们学习的榜样，人要有点精神，要对社会作出自己的贡献，他们都是我们人生的标杆。"……

一位当年的知青还给我写来一封长信:"孙老师,那个年月我们认为自己是世上最苦的人,没想到你们和我们一样艰苦,还执着地为社会制作精神食粮。当年为了能看上你们译制的影片,我们知青结伴走上几十里山路,到天亮才回到山寨也不叫苦,还能兴奋地谈论许多天。孙老师,你也许不会知道,后来家人把你写的好多部电影剪辑从电台录下来寄给我们,我们可兴奋了。每天在被窝里听电影,成为我们一种莫大的享受……真的感谢您把当年的那些事儿记录下来,让我们共同回忆那蹉跎岁月。"

我感恩这些读者给我的热情鼓励和肯定,更感谢他们对中国电影事业的支持和热爱。这次在生活·读书·新知三联书店麻俊生先生的热情支持下,我把多年来写的有关老电影工作者和译制配音工作者生活、工作点滴的文章结集出版,以此答谢读者对我的厚爱,同时也完成一个心愿:把我们走过的足迹真实地记录下来,把教导我在人生道路上健康成长的师辈们的品德告诉读者,也让后人知道电影人当年是怎样生活工作的。

孙渝烽

2017 年 9 月

目录

他们为电影而生

他们用声音造梦

他们为电影而生

怀念张瑞芳

2012 年 6 月 28 日 21 时 38 分,95 岁高寿的瑞芳老师永远离开了我们。从澳大利亚匆匆赶回来的儿子严佳在病房轻轻地呼唤着:"妈妈,妈妈,我和冬冬赶回来看您老人家了。"只见瑞芳老师的眼皮跳动了一下,就安详地离开了。

"电影事业要后继有人"

1963 年我从上海电影专科学校表演系毕业,面临毕业分配。当时上影演员剧团很需要年轻演员,我们这些经过专业培训的大学生是能胜任工作的,可当时人事干部强调家庭成分,后来布加里老师告诉我们,是瑞芳老师力争,才把我们 10 个人留在演员剧团。瑞芳老师对电影厂人事干部说:"首先,我们演员剧团要不要补充新鲜血液,电影事业发展要不要后继有人,要不要这些年轻演员来塑造工农兵形象? 现在有毕业生,你们用出身不好做借口不进人。我们党历来的政策是讲出身但不唯成分论,重在个人表现。这些年轻人都是在红旗下长大的,接受党的教育和培养,他们有专业知识和表演技能,为什么不要?"由于瑞芳老师的坚持,我、黄达亮、郑梅平……顺利地进入演员剧团。

瑞芳老师关心年轻人是一贯的。她曾深情地说:"我爱所有的人,尤其年轻人。"1977—1985 年她在主持演员剧团工作期间,亲自去工厂、学校、农场招人,开办青年演员培训班,培养了一批年轻演员,后来都成为电影厂的骨干力量。

　　瑞芳老师关心我们年轻演员是无微不至的。记得 1964 年大年三十的年夜饭我是在瑞芳老师家吃的。当时剧团为慰问部队排了一个轻喜剧《一百个放心》,讲老爷爷去部队探望刚入伍不久的孙子阿毛,其间发生了一系列的误会和矛盾,最后看到孙子在部队健康成长,表示一百个放心。我们演出后反响很好。当时刚成立不久的上海电视台定于大年初一上午在电视上直播这个小话剧。我无法回萧山老家过年了。放假前瑞芳老师对我说:"你来我家吃年夜饭吧。"大年三十那天上午我在剧团宿舍看书,朱江老师跑来找我:"瑞芳老师刚才打电话来,让你去她家吃年夜饭,6 点钟。这是地址,很好找,在衡山路上高安路口。"当年我很瘦,才 124 斤。瑞芳老师特地为我准备了一个蹄膀炖鸡,还为我开了一瓶葡萄酒。饭后我第一次欣赏到严励老师(瑞芳老师爱人、美影厂厂长)为我演奏"锯琴"。太神奇了,一把宽锯条居然和小提琴一样演奏出美妙的音乐。

　　过节后一上班,瑞芳老师就很关心我们上电视台演出的情况,演爷爷的史久峰(我们都叫他老久)对瑞芳老师说:"我从来没有演出这样别扭过,电视台演播大厅里有三台摄像机对着我们,让我们冲着镜头演。平时演出观众有热烈的反应,现在什么都没有,干巴巴的!今后我再也不上电视台演出了。"我的感觉完全一样,都不知道是怎么把戏演完的。瑞芳老师听后大笑:"你们开个头也好。今后电视这玩意儿肯定会大发展,西方很多国家都已经普及了。这给我们演员提出一个新课题,怎样面对摄像机,没有观众进行演出,还得有好效果。"

　　瑞芳老师不仅在思想上、工作上,在生活上也处处关心大家。老演员们称瑞芳老师是他们的"政委",赵丹、高博、康泰、仲星火……很多演员工作、生活、家庭有矛盾都来找政委,得到她的帮助和开导。85 岁的道临老师有思想问题:"为什么不让我拍戏?"他也来找瑞芳老师诉苦。瑞芳老师劝他:"拍电影的事让年轻人去干,你现在主要任务是养病。"

她心中永远装着人民

1964年9月在华东局组织安排下，我们上影厂一部分创作人员和空军政治学校的师生，以及华师大政教系的同学去安徽定远县搞"社教"，我和瑞芳老师分配在一个小组，靠县城边的一个南塘大队蹲点。

记得当天刚到大队部我们就傻眼了。大队部是一所空荡荡的大房子，周边是荒地，问生产大队长，有厕所吗？"厕所没有，我们都习惯拉野屎。"我们立即放下行李，部队张教官让大队长马上借几把铲子来，让他再送两担秫秸秆来。大家动手在大队部后面荒地里挖了两个大坑，用秫秸秆围成了男女两个厕所。瑞芳老师住在大队部，8个多月就在这里上厕所，其艰苦程度现在年轻人是无法想象的。我后来几乎跑遍了整个定远县城才在一个小杂货铺买到一对痰盂罐，上面还印有囍字。这才解决了瑞芳老师冬天上厕所的困难。瑞芳老师把其中一个送给华师大的女生小张。在搞社教期间我们几乎天天吃高粱糊糊、山芋粥，菜是萝卜缨子。瑞芳老师便秘很严重，我常去县城药房帮她买"一清松"药片，瑞芳老师就这样坚持下来，毫无怨言。

更可贵的是瑞芳老师几乎走遍了生产大队的家家户户。老百姓的生活实在太苦了，很多农民家里根本没有桌子、凳子，只有泥糊的土坑上面铺上秫秸秆就是床，还有也是用泥糊的可以放高粱粉的缸。一年四季衣服也几乎只有一套，天冷了把棉絮塞进去成冬衣，天热了再抽出来。有的农民孩子多，小孩全是光屁股，天冷都在床上度过，盖一条破棉被。瑞芳老师是工作队队长，她目睹这一切，严格要求我们一定要尊重生产队的干部们，在这样艰苦的生活环境中，他们能为农民服务很了不起。我们走访了很多干部家庭，家中也都是一贫如洗。由于理解、尊重，所以很多干部很快就说清了自己的"四清"问题，都是些鸡毛蒜皮的小事或是态度作风问题。因为实在太穷了，没有什么可以多吃多占。瑞芳老师常常和干部们促膝谈心，感动了很多干部。因此我们和南塘大队的干部群众建立了深厚的感情。我住在朱老奶奶家中，她患了十几年的老烂脚，也得到瑞芳老师的关心。我每天坚持为朱老奶奶用淡盐水洗伤口，后来瑞芳老师告诉我一个土方子，用鸡蛋黄熬油，抹擦伤口。经过5个多月的治疗，终于治好了朱老奶奶的老烂脚，这件事让乡亲们都很感动。

1965年5月我们即将结束社教返回上海。瑞芳老师知道群众缺少文娱生活，她把在其他几个大队蹲点的演员全集中起来。当时我们上影厂派去搞社教是一个摄制组的编制，有导演郑君里、严碧丽，摄影彭恩礼……搞完社教回上海准备拍摄安徽作家鲁彦周的剧本《杏林曲》，演员还有顾也鲁、康泰、吴云芳、曹雷。瑞芳老师希望我们赶排一台小节目到各大队去巡回演出。我们几个赶排了独幕剧《小保管上任》《一分钱》，还有表演唱、大实话、对口词，足足有两个半小时的节目。瑞芳老师审看后非常高兴。我们几个成立了一个演出小分队，跑遍了定远县18个大队。演出盛况空前，每到一个大队，当天晚上就用8张八仙桌搭一个台，四角挂上4盏汽油灯，白天农民干活，晚上才有空看演出，观看的群众总在一两千人以上。当时瑞芳老师要作为中国电影代表团成员去日本访问，先回上海，临走时对我们说："你们辛苦了，回上海我请你们，犒劳犒劳你们。"

当她从日本出访回来，整个形势大变了。她吃了很多苦，可她从来没有忘记过定远县的老乡们。"文革"结束以后，我在厂里接到朱老奶奶儿子朱开明的来信，他们问候瑞芳老师。我带着信来看瑞芳老师，瑞芳老师无限感慨："不知他们现在的生活状况可有改变？"

1977年瑞芳老师对我多次提起："我们去看看定远县的老乡们。"终于在电影局的支持下，我陪瑞芳老师去了定远南塘大队，走访了好多生产队。很多干部、农民对瑞芳老师热情极了，朱老奶奶更是逢人便说是瑞芳老师关心才治好了她多年的老烂脚。瑞芳老师看到老乡们的生活已有了很大的变化，她由衷地高兴，我多次看到她在抹眼泪。

要相信党和人民

"文革"中瑞芳老师被称为"四条汉子"的忠实帮凶,所有她演出过的话剧都变成了"反动"作品,电影《李双双》也被扣上"阶级斗争熄灭论"的大帽子。作为第三届全国人大代表、全国人民喜爱的电影表演艺术家,瑞芳就这样不明不白地在监狱里被关押了3年之久,只有一个小窗户才能看到外面的天空,后来获准打扫牢房的走廊。终于有一天她听到远处传来放映电影《南征北战》的声音,这让她看到了希望。1969年底她才结束了审查,来到奉贤"五七"干校,回到演员组参加劳动和大批判。她清瘦多了,开朗、率直的她变得沉默了。

1970年严励也解放了,他成了首批被"结合"的干部,在干校政宣组负责干校广播站工作。他挑了我和沙洁当广播员,从那以后我们见面就不叫名字了,我们叫他"严台",他叫我"一号",沙洁"二号",我们一直这样称呼到他1999年离开我们大家。

在干校我只有一次看到瑞芳老师放声大笑。当时工军宣队让我们青年演员排京剧《红灯记》去周边农村演出,让我演剧中日本伍长一角。高博一直跟我开玩笑说我不像日本兵。一天下午我们在食堂彩排,中间我回宿舍来喝水,正好演员组都在门口围着读报,高博又笑我了,我没理他,进宿舍喝完水出来,突然抽出军刀在高博的后脑勺比画着:"你的八格牙路,大大的坏!死拉死拉的!"这突然袭击把高博吓倒在地,所有的人都乐了。瑞芳老师开怀大笑:"小孙这下演得真不错,有点意思。"大家心情都可以理解,哪一天才能再演戏啊!

1971年我从干校借调到上海电影译制厂参加配音,这在当时算是幸运儿了,总算能搞创作了又能看内参片,开开眼。不久瑞芳老师也被借到译制厂参加配音。好莱坞大明星嘉宝主演的《瑞典女王》,陈叙一点名要瑞芳来配音。凡是来译制厂参加配音的都很珍惜这样的机会。瑞芳老师认真极了,嘉宝演得好,瑞芳配得也动情,展示了瑞典女王的多种性格特点。其实瑞芳老师在1950年代就参加过苏联影片《白痴》的配音。瑞芳老师对当时译制厂良好的创作氛围印象深刻，多次跟我提及。我后来就留在译制厂工作了。因离淮海中路近，我常去看望瑞芳老师和严台。"四人帮"未打倒前，严励在家里每天临摹《清明上河图》。严励也真了不起，他以极大的毅力完成了这幅长卷的临摹。当时我常问瑞芳老师："这运动搞到什么时候才是个头呢？"瑞芳老师很深沉地说："这几年我一直告诫自己，要相信我们的党和人民。"

我 是 电 影 战 线 一 老 兵

"文革"结束后，瑞芳老师又开始忙碌了。她是上影厂党委委员、演员剧团团长，又主演了电影《大河奔流》《泉水叮咚》。1985—1998 年先后担任第六届、第七届上海市政协副主席和上海政协之友副理事长。1999 年 8 月正式离休。离休后她还为老人们奔忙，筹建了"爱晚亭"养老院。

我在 1999 年因人事关系提前一年退休。退休后时间更充裕了，常有时间去看看瑞芳老师。我们海阔天空神聊，她还是那么率直，怎么想就怎么说，每次到她那儿总会得到不少教益。

有两件事让我感触颇深。

那些年，我也偶尔参加一些剧组拍戏，我把剧组的事情告诉瑞芳老师，她也爱听，我说了一些看不惯和不满之处。我说有些年轻"明星"可阔了，下剧组要带上两三个"保姆"，照料她的生活起居，导演的要求往往也通过这些"保姆"传达到"明星"那儿。"明星"主要精力放在打扮上，不断地照镜子，如何把自己拍得更漂亮些。

瑞芳老师听得很认真，让我发泄后对我笑笑："这很正常嘛，明星有条件供养为她服务的人，这有什么可指责的。她想把自己拍得美一些，这也很正常，年轻演员的黄金时间也就那么几年，只要戏合适，是那么个人物，在银屏上留下美好的倩影让观众能享受美，有什么不好？"这一说让我哑口无言。

我又谈到现在媒体报道，往往一窝蜂，把一个女明星捧得那么高，吹得那么神乎

和张瑞芳在一起

这合适吗?

瑞芳老师很平静:"市场竞争,媒体、新闻报道也在激烈地竞争,要争收视率、争报刊的发行量,不抢新闻行吗? 当然报道一定要真实,别华而不实,哗众取宠,把年轻人吹得晕晕乎乎,我看这也没什么,也属正常。"

我急了:"瑞芳老师在你眼里这一切都正常,就没有不正常了?"

她还是那么平静:"我们不要去苛求年轻演员,他们有创作激情这是好事情,只要一个演员能自尊、自爱就一定会在生活道路上总结教训,不断前进,我们不也是这样走过来的吗?"瑞芳老师就是这样一个心胸开阔、关心年轻演员的老艺术家。

还有件事是从怀念孙道临老师而引发开来的。瑞芳老师很敬佩孙道临老师的敬业精神,说他是一个多才多艺、学识修养很全面的表演艺术家。但瑞芳老师又说,我们任何一个演员都要有自知之明,要尊重自然规律。上了年纪要服老,干一些自己力所能及的事情。我就劝过道临:"你都85岁了,还能下剧组吗?还能指挥千军万马吗?有的事情该让年轻人去干了,你的主要任务是养好身体,有精力看看剧本,出出点子。"

瑞芳老师对我说:"你现在身体还行,还能干点自己想干的事情。我早已心有余而力不足,人到老年一定要有自知之明,尽量少参加活动,别给人家添麻烦,我现在就在家里看看书报,看看电视。我干了一辈子电影,我是电影战线一名老兵,我能不关心电影吗?我现在把自己比作是运动场上的一个看客,把看电影当作看比赛。看年轻演员、导演各显神通,互相竞争,看谁演得好,导得好,我作为一个看客,为成功的叫好,为失败者惋惜。看完比赛,有什么想法等老朋友来了一吐为快。一定要有这样的心态。你过几年也会蹦跶不动,我劝你也做'看客'。"

跟瑞芳老师聊天,她那宽广的胸怀会感染你。我想起黄宗英老师写过一首诗,最后有这样一段:"一个人只要积极乐观,心态平衡,多想着别人,他就永远不会老,这才是最好的灵丹妙药。"

瑞芳老师,我们永远怀念您!

孙道临老师是 2007 年 12 月 28 日离开我们的。每年我都去宋庆龄陵园他的墓地,或是去嘉善"孙道临电影艺术纪念馆",表达我对他的深深怀念。在我 40 多年的艺术成长道路上,一直得到道临老师的关怀,很多往事历历在目。

艺 术 追 求

1963 年到上影演员剧团工作不久,我有幸参加去部队春节慰问演出的活动,由道临老师负责我们几个年轻演员排两个反映部队生活的独幕话剧。我在《出发之前》中饰演班长,孙栋光饰演小战士。这个戏我们在电影学校就演出过,道临老师为我们在舞台调度上作了些修改,很快就排完了。重点在排新戏《一百个放心》,史久峰演我的爷爷,我饰演刚入伍不久的新兵阿毛。这是个轻喜剧,道临老师认真地和我们一起分析剧本、人物,让我们在语言上带点上海方言,让人物富有地方色彩,从这祖孙两个人物身上展示军民关系,表达孙子阿毛在部队培养下迅速成长。有一天上午,道临老师去厂里参加个重要会议,我和史久峰自己走戏,杨华老师正好来剧团。这位满身都是喜剧细胞的老演员对我们排戏特感兴趣,不断地给我们出新点子,增加喜剧因素,我挺开心。

下午道临老师赶来看我们排戏,称赞我们有进步,可有一处他让我们再演演:阿毛听到外面有人喊:"阿毛,有人找你!"阿毛正在缝补袜子,顺手就把袜子放在凳子上出门去迎客人。阿毛高兴地陪着爷爷进门，忙着为爷爷倒水，嘴里不停地让爷爷快坐，爷爷高兴地环视宿舍，一屁股坐在凳子上，突然大叫一声跳了起来，原来被针扎了一下！道临老师叫"停"。这是个很出彩、很有喜剧效果的动作，我奇怪他干吗叫停。道临老师却连连摇头："这样不好，怎么能让爷爷扎屁股呢？"这个点子是上午杨华老师支的招，我和史久峰觉得挺好，有喜剧效果。道临老师语重心长地对我们说："在舞台上我们任何行为都要展示出艺术的美感，这个扎屁股的动作生活中可能发生，也很真实，但用在这里就显得比较低级，有损人物形象。"

在道临老师指导下，我们把这段戏改成这样：阿毛倒完水回头见爷爷要往凳子上坐，突然大叫："爷爷别动！"爷爷半蹲地僵在那里，阿毛快步上前拿走凳子上带有针线的袜子，然后亲切地对爷爷说："爷爷您请坐，喝水。"爷爷舒坦地坐下，笑着用手指戳阿毛的脑袋："你这小子怎么还一惊一乍的，手里拿着什么让我看看。"阿毛不好意思地把袜子递给爷爷。爷爷一看是在补袜子，大声地称赞："我的小阿毛真有长进，都会自己补袜子了。"这样一改同样有喜剧效果，还展示了两个人物的性格特点，也表达了阿毛来部队后的进步。所以我一直记着道临老师的教诲：艺术一定要追求美。

1980 年代有一次我参加《大都会擒魔》的拍摄工作，我是副导演，冯笑是执行导演，道临老师是总导演。有一天道临老师来拍摄现场检查道具后，很不高兴。原来前一天他对道具员说过："这堂景布置要陈旧，这床上的蚊帐要做旧，要有补丁。"现场的蚊帐的确做旧了，补丁也打了，一掀开蚊帐，靠墙那一面正中就有一个大补丁。道临老师指着蚊帐正中的补丁说："这靠墙一面正中来一个大补丁很不真实，这完全是做给观众看的。补丁要打在经常挂帐钩的地方才真实。因为这里经常磨损才会破。"于是亲手拆下中间那块大补丁，和道具员一起在挂帐钩处缀上两个补丁。这虽是一件小事，但时刻提醒我：艺术一定要追求真实。

与人为善

"文革"期间,我们上影厂这些"臭老九"在工军宣队的带领下在"五七"干校改造思想,整天学习红宝书,开展大批判或是劳动。我们海燕电影厂的男演员都集中住在一个大草棚里,20多人也挺热闹。

有一位老演员,一个挺可爱的老头突然变了:大批判发言他最积极,言词"左"得出奇,说到激动时泪流满面,唱语录歌最后总要比别人拖长一个音节。他的床靠门口,床头比别人多一块搁板,上面放着毛主席的石膏像,还有红宝书、像章,堆得满满的,大家进进出出很不方便。谁要是不小心把石膏像碰倒砸碎了那就有被打成"现行反革命"的可能,遭批判是少不了的。我们让他撤了,他坚决不撤,弄得大家非常反感。

他的床和老演员李纬的床紧挨着,有一天劳动的时候李纬向我"汇报",能不能请这位仁兄每天洗洗脚,床紧挨着实在受不了。李纬当时被莫须有的罪名定为"特嫌",是隔离对象,不是实在受不了,绝不会提出这样的要求的。

当天晚上我就以室长的名义宣布:"为了保持我们宿舍的清洁卫生,凡住在本宿舍的人每天晚上必须洗脚,把臭袜子也洗掉。"康泰、高博首先表态:"我们坚决支持室长的建议,为了干革命必须休息好。"其他人都会心地一笑,知道这是有所指的。只听见这位仁兄嘟囔着:"什么都管,连洗不洗脚也管。"

第二天吃早饭时,我看见道临老师和他在一块吃,还聊着什么。后来去地里劳动,我问道临老师:"早上你和他聊什么呢?"道临老师说:"我昨天晚上看到他有抵触情绪,早上跟他聊每天晚上洗热水脚的好处,今天约好晚饭后一起去打热水。"在道临老师的说服下,他每天晚上都提着一个小铅桶打热水,洗脚洗袜子。

有一天从地里回来,我和道临老师经过一个堆着搭草棚剩下来堆放毛竹的地方,他突然建议能不能扛几根毛竹回去在宿舍门口搭一个架子晒晒被褥。他说睡在下铺褥子和被子都很潮湿，天好可以经常晒晒，又去潮又消毒。大家都觉得这个想法挺好，我们几个年轻人就扛了好几根毛竹回来，一到家就干起来了。以后只要天好，我们演员宿舍门口就晒满被子，晚上盖在身上又松软又有一股草香味儿。

那位老兄床上东西特别多，他睡下铺也不愿意晒被褥，常常看见道临老师帮他把褥子、被子拿出去晒。后来他跟大家的关系也好起来了。

"我来认认门"

1976年大年初一上午10点刚过，家里就响起了敲门声。打开门一看，竟然是道临老师，真是喜出望外。当时我住在南市区老西门西仓桥街华兴里岳父家中，道临老师居然从武康大楼骑着他的"老坦克"自行车，一路找了过来。道临老师大年初一给学生拜年，老岳父手忙脚乱不知说什么好，又倒茶又递烟："孙先生这里不好找！"道临老师谢了烟说："还好，我沿着复兴路一直过来，到老西门一个大转弯就到了。"邻居70多岁的张阿婆激动地说："我在电影里见过孙道临演的李连长、李侠，我喜欢他的英雄帅气，怎么也没想到他会来上海下只角华兴里，离我这么近，穿得这么朴素，还骑着自行车……"

1980年代初，也是新春佳节，他还是骑着他的"老坦克"来到我新搬的住处日晖新村，这时我有一室半的住房。我握着道临老师的手不知说什么好。他拍拍我的肩膀说："我来认认门，为你乔迁而高兴。"我的两个孩子一直忘不了老孙伯伯对他们学习的关心。他每次来都详细问孩子们的学习成绩，问英语学得好不好。当时两个孩子的英语成绩都不好。后来我请了一位韩老师，每周日上午来家里给两个孩子补英语。孩子们弄懂了语法，好像开了窍，学习英语的兴趣提高了，慢慢地成绩也上去了。

当1989年我第三次乔迁到思南路时，道临老师春节又骑着自行车来看我们。他一口气登上6楼，为我有两室一厅而高兴。这次他发现我儿子、女儿的英语有进步了,便高兴地用英语跟他俩对话,纠正他们个别的发音。他对孩子们说:"英语是一门语言工具,一定要掌握好,今后会大有用处的。"他还语重心长地指着客厅墙上于是之老师1980年在拍《秋瑾》时为我留下的墨宝"不容易"三个大字说:"你们的爸爸、妈妈把你们拉扯大真的不容易,一定要好好学习。"

1998年我退休前搬到伊犁南路居住,道临老师说要再来看看我的新居。我真不忍心再让他爬6楼,就用小摄像机把住处拍了下来放给他看。他对我的小书房取名"不易斋"挺欣赏,由衷地为我高兴,奋斗了一辈子总算有个小书房了。"好啊,渝烽,你要感谢改革开放!你再也不用趴在床沿上写影评稿了,也用不着挤在卧室的'不易角'看书写东西了。"

"我爱配音,但更爱拍电影"

道临老师声音很美,语言也特别有表现力,他为《王子复仇记》中哈姆雷特的配音,已成为中国配音艺术的经典,就目前来说尚无人能超越。

1971年我从奉贤"五七"干校借调来上译厂参加配音。当时上译厂要承担内参片的译制工作。由于量大任务急,道临老师、黄佐临先生、张骏祥先生都被调到上译厂来了,上影演员剧团也调来一批演员参加配音,包括高博、康泰、达式常、仲星火、温锡莹、中叔皇、吴鲁生、吴文伦、林彬、朱莎、宏霞等。那个阶段道临老师忙极了,又翻译剧本,又当导演,又参加配音,简直到了废寝忘食的地步。

这期间道临老师翻译的影片有《黎明前的战斗》《同是天涯沦落人》《女人比男人更凶残》《琼宫恨史》《孤星泪》《苏伊士》《春闺怨》,他导演的影片有《琼宫恨史》《孤星泪》《春闺泪痕》《美人计》《农家女》《获克·杜尔平》《女人比男人更凶残》《猩猩征服世界》《绑架》《琴台三凤》,他担任主要配音的影片有《苏伊士》《梅亚林》《基督山伯爵》《坎贝尔王国》等。

道临老师外文好又懂戏,翻译剧本台词已经很到位了,可他还是常常听取演员们

和孙道临在一起

　　的意见，请大家一块儿寻找最合适的中文台词。他当导演时总是让演员了解影片的背景、主题、人物关系之间的各种矛盾，提醒演员注意人物的个性特点，让演员尽快把握人物的核心。在实录棚里他的提示总是言简意赅、细声细语，非常注意保护演员的情绪，凡是有疑惑的字音必须查字典正音。演员们和他在一块儿工作十分愉快。

　　他自己配音时要求更加严格，凡是不满意、情绪不到位的坚决重录。有时大家觉得戏挺好了，只是口型差一点，剪辑师可以把口型统准的，他也坚决重录。

　　粉碎"四人帮"后，道临老师很快回上影厂忙电影拍摄工作去了，我后来就留在上译厂搞译制导演工作直到退休。1984 年、1990 年、1997 年我执导的 3 部译制片《国家利益》《随心所欲》《侏罗纪公园》荣获优秀译制片政府奖、华表奖，道临老师都打电话给我表示祝贺。我执导英国故事片《野鹅敢死队》,他在北京看完影片特地从北京打电话给我:"渝烽,这部片子搞得不错,台词很精彩,充分展示了这帮雇佣兵的性格特点,望你继续努力。"道临老师就是这样一直关心着我的成长。

好多年后,有一次吃饭,我问道临老师:"你英语好,语言声音条件又好,文学功底又那么深厚,搞译制片你是全才,干吗离开译制片?"

他意味深长地对我说:"我爱配音,但更爱拍电影。译制片有局限性,只能还原,在别人创作的天地里发挥你的语言、声音特色,在塑造人物上不能脱离开原片演员的创作。可拍电影就不一样,这是一个全新的创作过程。特别是当电影导演创作天地更加宽广,可以表现各种题材。"

"这种钱我一分也不要"

道临老师退休后还是一心惦念着拍电影,他和上影厂老厂长徐桑楚组建了"华夏影业公司",后来又和老伴王文娟老师建立了"文临影业公司",拍摄了《三国梦》《孟丽君》等电视剧。为了支持一个海外年轻人,在只有一个很粗的提纲、立意较好的情况下,道临老师整整花了 3 年心血,七易其稿,改写成一部可供拍摄的 20 集电视剧本《闯荡西班牙》。

从 2000 年到 2005 年这期间,他先后筹备了多部电影、电视剧剧本,有《香格里拉》《大世界》《夜幕下的哈尔滨》《扬州姑娘》等。为了落实这些剧本的拍摄,他往返于黑龙江、北京、云南,还飞往西班牙。为了筹集拍摄资金,他登门造访过不少企业家,也有很多人来"文临公司"洽谈。面对市场经济,面对怀有各种目的的人,道临老师的确应接不暇,很难驾驭。不过他心中有一条原则,绝对不和仅仅是为商业目的的人合作,他坚持追求思想性、艺术性的创作原则。

1999 年我提前退休后,受聘于上海东海学院负责影视表演系工作,道临老师欣然答应担任表演系顾问,他也邀请我参加他的公司的活动。其间,有些"企业家"根本缺乏诚意,慕名约见道临老师,善良的他总是以诚相待,见面、拍照。饭桌上这些老总拍胸脯,可事后将合作之事早已抛在脑后。我们多次劝道临老师别轻信、别参与这种活动,他笑着说:"我也见识见识市场经济大潮中各种人的表现。渝烽,对你也是难得体验生活的机会,某些人的嘴脸给你提供扮演他们的素材。我坚信没有诚信的'企业家'在社会上肯定不会有立足之地,也许能糊弄一阵子,肯定长不了。"

有一次,有人来公司推荐说,某地有一位官员能让一家企业资助"文临公司"100万元,条件是拿走30%的回扣费。道临老师一听就生气:"这算什么?"当时我们几个还劝他,市场经济有拿回扣一说,毕竟还是给公司送来了资金。但道临老师明确告诉我们:"他们如果有意谈合作项目可以,有人企图从中拿回扣不行,公司不需要这种不明不白的钱,这种钱我一分也不要。"

艺 术 家 的 心 永 远 不 老

在道临老师临终前的两年间,也就是2006—2007年,我和他接触频繁。2006年他患带状疱疹,出院后身体状况、精神状态日渐不佳,可他想拍电影的愿望一直不减,他觉得自己还有很多事情要做,一是他花了3年心血改写成的20集电视剧《闯荡西班牙》未拍;还有一个最大的心愿是从拍《詹天佑》以后他心中一直酝酿着要把美国中央太平洋铁路建设中1.4万多名华工的血泪史搬上银幕。这件事他跟我讲过多次,还让我看这方面的史料。

2007年4月的一个上午,他居然一个人打车去看望瑞芳老师,他要找瑞芳老师谈谈心。在上影演员剧团,瑞芳老师当过团长,很多老同志有事都会去找瑞芳老师诉说。

道临老师诉说自己心中的苦闷:"为什么不让我拍戏,为什么没有人来管我们,我还有好多事情没干完呢!"

瑞芳老师还是那么直率:"因为你老了,你身体不行了,所以不能叫你拍戏了。

一个摄制组千军万马你指挥得了吗？再说，你想拍戏是一回事，领导让不让你拍又是一回事。别想那么多，好好把身体养好，身体好了，有精神了，可以帮着看看剧本谈谈你的想法，意见供年轻人参考，做点力所能及的事情不是挺好吗？别瞎想了。"

后来瑞芳老师让政协的小宋开车把他送回家，道临老师在车上对小宋说："今天我打了一个大败仗。"

后来瑞芳老师打电话给我，让我好好劝劝他。隔了一天我去看道临老师，他说："我去找瑞芳诉苦了，她批评我，说我的想法不切实际，让我别瞎想了，老了就养养身体。我现在每天吃吃饭什么也不干，这样活着还有什么意思！"

"道临老师你这样想就不对了，人老这是自然规律，瑞芳老师劝你养好身体干点力所能及的事情还是对的，你看看剧本，提提意见，这不也是对电影作贡献吗？"

"行了，行了，你们都这样劝我，文娟、庆原（孙道临的女儿）也这么说，我也想通了，反正人老了，不中用了，就养身体吧！"

我知道他根本没有想通。"对了道临老师，等你身体好些，把中国劳工修建横贯美国东西部大动脉的'中央太平洋铁路'的构思搞出来吧。"

"这倒也行。"这是他最大的心愿。

2007年9月，他又住进华东医院。上译厂要拍《魅力人声》，我和任伟去他病房采访他，问他配《王子复仇记》的情况，他说不记得了，还配过什么戏也不记得了。任伟只好拍了一组近景。

在以后的日子里我去看过他多次，总算还认得我，我感到他心里还有挺多事情，他有时会很急躁，还会常常流露出一种十分痛苦无奈的表情。

2007年12月中旬，我去华东医院告诉他，他一直关心的《朗诵水平等级考试纲要》一书出版了。他躺在床上拉着我的手说："好啊，好啊！"他似乎还想说什么，可是显得很困，想睡觉，我不忍心再打扰他，把他的手放进被窝，轻轻地关上门走出观察病房。我在外面隔着大玻璃，看他静静地躺着……是啊！他太累，太累了，他需要好好休息。可我知道，他是带着无限的遗憾走的。

秦
怡
的
大
爱

春节前我给秦怡老师打电话拜个早年，我说："节日里您该好好休息休息了。"她却说："我一点也休不了，事儿都排满了。"

几乎我每次和她通电话都能听到这样的回答。真的，她实在太忙了，也太累了，我们这些做晚辈的真的很心疼她。

"做 个 中 国 人 很 骄 傲"

记得有一年全国人大、政协开会期间，我们和秦怡老师参加一次演出活动。空隙间我们几个议论起从网上看到的一份名单：一些人大代表、政协委员拿着其他国家的绿卡或入了外国籍。当时我们就议论开了，觉得不应该发生这种情况，我们的"两会"是讨论中国的大事，由那些效忠宣誓他国的人"参政议政"合适吗？秦怡老师坐在一边望着窗外听我们议论，什么也没说，我看她的表情十分凝重。活动结束后，我送秦怡老师回家，在路上我很想听听秦怡老师对这件事的想法。她深情地说："渝烽，我经历过抗日战争，又在旧上海十里洋场迎来祖国的解放，这几十年来我亲身经历了祖国翻天覆地的变化。我爱我们的国家，我认为作为一个中国人，作为炎黄子孙值得骄傲。你们刚才议论的事情，我相信党中央一定会认真对待的。"这就是秦怡老师的胸怀！

"做个中国人很骄傲"，这是她的肺腑之言。我听过她多次和大学生交谈。她说："旧上海是个十里洋场，当年是典型的殖民地，有法租界、英租界，外滩公园门口那块

'华人与狗不得入内'的牌子对中国人是多大的污辱。你们也许对上海如今林立的高楼大厦没有什么新鲜感觉，我可不一样。当年上海最高的楼是南京路上的 24 层国际饭店。我看上海的变化就完全不同了。"她的每次讲话都被大学生的热烈掌声所打断。

秦怡老师曾经告诉过我她出访美国的一次经历。作为中国电影代表团的一名成员，为了宣传好祖国欣欣向荣的面貌，她认真地写了一篇讲演稿，请英语老师译成英语。她请英语老师一句句教她朗读，自己还用拼音字母注上音，反复地练，把这篇讲话用英语背了下来。她准备到美国有机会可以用英语向美国朋友介绍中国的巨大变化。在洛杉矶，有一天下午和美国电影界的朋友们聚会。那天中国代表团的团长和翻译上午有一个活动外出，因堵车没有及时赶回来，可美国朋友都已到达会场了。大家都很着急。秦怡老师觉得不能让朋友们这样干等着，她主动出现在会场向美国朋友问好，并把准备好的发言稿用英语向美国朋友宣讲。她的发言迎来一阵阵掌声。幸好团长和翻译及时赶回来了，会议顺利地进行下去。会后很多美国朋友们围着她，用英语和她交谈，想更多了解中国的变化，同时赞美她流利的英语。这下秦怡老师真的发慌了，赶快把翻译拉过来，回答了朋友们的询问，宣传了祖国的巨大变化。很多美国朋友向她竖起大拇指。

秦怡老师是一位心胸豁达的人。解放前她在地下党领导下做了很多革命工作，但由于没有一个明确的组织，所以退休时并没有离休干部的待遇。对此她无怨无悔，觉得解放前自己出于爱国之心做了应该做的事情。很多同志为她不平，组织上对此也十分认真，做了大量的调查工作，终于找到了她当年冒生命危险动员一位国民党飞行员驾机起义飞往解放区的一段史实。这位飞行员在解放战争中献出了自己的生命。飞行员的妻子解放后也返回故乡。组织上想办法找到他的妻子，为秦怡老师作证。所以一直到了 21 世纪初才解决了秦怡老师的离休干部的认定，记得当时是上影集团副总裁许朋乐宣布市委组织部的决定的。我在电话里祝贺她，她很平静地说："相信组织，是每个党员最起码的觉悟。"

"不能让孩子们失望"

记得有一年"六一"儿童节前的一天上午,我去为秦怡老师送一份资料。她住处很热闹,有记者采访的,有北京来人接秦怡老师去北京参加首都"六一儿童节"活动的。10点多钟秦怡老师送走了记者,突然想起一件事,她答应今天中午去孤儿院和孩子们共进午餐庆祝"六一儿童节"。北京来的同志说:"下午2点多的飞机,秦怡老师时间太紧了,打电话去说明情况好吗?""不行,不能让孩子们失望。"秦怡老师很快找了几件替换衣服放进行李箱,对我说:"渝烽,你也陪我一起去吧。"就这样我们开车前往孤儿院,11点多到达孤儿院,孩子们在老师带领下早早等在门口,举着"欢迎秦怡奶奶和我们一起过节"的标语。孩子们表演了自己排练的节目,秦怡老师和孩子们一起共进午餐,还亲切地和孩子们分批拍了照片,她亲切地祝贺孩子们过一个愉快的节日……然后,才安心地和依依不舍的孩子们挥手告别赶往机场。

我1999年提前退休后应东海学院聘请为他们学院组建一个影视表演系,我邀请孙道临老师担任顾问,同时请张瑞芳、秦怡老师担任客座教授。他们都支持我办学,并为我定下"先做人,后演戏"的办学宗旨。我一直遵循这条办学宗旨。在东海学院我整整待了6年,创建了表演系,送走了4届104位毕业生。这6年中我经常向3位艺术家汇报教学工作,他们也认真地给我提建议。每年道临老师、秦怡老师都来参加招生考试,并且观看学生排练的毕业大戏。他们给学生们极大的鼓励,每次看完演出都认真地提出宝贵意见。

有一年秦怡老师来看2003届毕业生的毕业作品。因为女学生多,我们排了由日本电影《望乡》改编的话剧。秦怡老师看完戏,很激动,说孩子们能排演这样的戏,而且演得很动情,很不错。演出完她鼓励同学们:"演戏一定要认真,动情才能感动观众。当年我在重庆演戏的时候也和你们差不多大。不过这个戏难度太大了,以后你们有了更多的生活经历,会演得更好。"那天快凌晨1点了,我的电话突然响了,是秦怡老师打来的："渝烽对不起，我明天一早去北京，我想到有一个细节非告诉你不可。第三场小阿崎出场时冲着观众跑出来的，能不能改一改，改成她背对着观众惊慌失措退着出来，让观众一下子就感到有人在追赶她，你们排排看是不是这样会更好些。""好的，我们明天就改，秦怡老师，太谢谢您了……"真的，对这样关心孩子们成长的老艺术家，我真不知道该说什么是好。

秦怡老师在人们心中是一位美丽的女神，很多人常常会问我："秦怡吃什么保健品?"我告诉他们，她和大家一样，生活很简单，很朴素，她主要是心态好。

她参加很多社会活动，有时企业单位也会送她一些保健品、营养品，她从不吃，等有机会去养老院就把这些带上送给那里的老人们吃。很多次我们在一起用餐，她吃得很清淡，很多菜点到为止，尝尝味道，从没有挑三拣四的，连吃盒饭也挺香，她最多就是每天坚持吃点水果。

有一年春天，我要给秦怡老师送两张照片去，可我感冒了，傍晚我打电话告诉秦怡老师，等我好了给她送去。她在电话告诉我，她也感冒了："今天下午阿姨有事提前走了，我一看洗衣机洗了一条被单也没有晾出来，我把被单晾好，想煮点面吃，可一根葱也没有找到。"当天晚上我打电话给住在建国西路的朋友，他离秦怡老师家很近，请他第二天一早买两三斤卷面和鸡蛋、西红柿，再买一瓶小酱瓜，特别提醒他别忘了买一把葱，请他给秦怡老师送去。他一切照办，是阿姨收下的。

大概过了10天，我感冒好了，把照片送去，秦怡老师高兴地对我说："感冒不一定要吃药，这几天我多喝水，阿姨每天中午给我鸡蛋炒番茄下面条吃，早晚我就酱瓜腐乳喝点稀饭，清淡点，感冒也好了。"听她这么说，我心里乐滋滋的。秦怡老师的生活就这样简单，普普通通。

2007年，59岁的小弟离开了她，85岁的白发人送走她最心爱的孩子，这对她打击太大了。她曾多次对我讲过："对小弟我这个做母亲的是有负罪感的。在小学时就发现小弟有点不正常，可那时候工作太忙，没有好好照料他，以致后来病情发展到如此厉害的地步。我一直记得儿子对我说的两句话：'妈妈总是工作啊工作，总是算了啊算了啊。'想到这些我就会揪心地疼。"

我参加了小弟的追悼会,那天秦怡老师送走小弟时的神情至今还浮现在我眼前:那种不知所措、无泪发呆的眼神。很长一段日子她才顽强地走出丧子的阴影,她把积攒多年留给小弟的 20 万元全都捐给了汶川大地震的救灾活动,她把对儿子的爱奉献给更多的人。20 万元在如今明星眼里,在很多土豪眼里并不起眼,明星们拍一部戏就能挣几百万元、几千万元,土豪们打打电话就能挣千万元、亿万元,可我知道这笔钱是秦怡老师多年省吃俭用留下了的。我们这代人就靠工资收入生活的,多少年来拍电影那是一份工作,除了工资,没有任何其他的报酬,当年加夜班也只发一角五分钱的夜点费。几十年就是这样过来的,所以秦怡老师的义举受到人们极大的尊敬。

"我也喘上几口气"

94 岁的秦怡老师自己写剧本,自己筹钱,自己扮演剧中那个在她心中酝酿了 10 年之久的角色,前往青海拍摄电影《青海湖畔》。94 岁高龄的她勇敢地登上海拔 4000 多米的山顶实景拍摄。我问她:"秦怡老师,你能行吗?"她笑着对我说:"我还真行。真的,不知道哪来的那股子劲头,我轻松地到达拍摄景点,我看后面上来的人都气喘吁吁,我也得表示很累,也喘上几口气。"我望着她那笑得很灿烂的面容,脑海中浮现出她常常讲的那些话——

"只要活着就要努力工作。"

"最大的幸福是什么时候? 当然是现在,永远是现在。"

"活到一百岁,我也要干电影,这是我终生喜爱的事业。"

秦怡老师拍摄《青海湖畔》很艰辛,她写完剧本,还得自己拿着剧本去找钱。很多人对她说,"80 后""90 后"不会要看这样的电影的,秦怡老师说:"我不信。曾经有大学生对我说,现在电影院线中充斥着商业大片,自己找不到喜欢看的现实主义题材的影片。很多影片尽搞笑,俗得很。"秦怡老师坚信,那些为理想不畏艰险、不怕牺牲、无私奉献的科学家们的感人事迹，一定会受到人们认可的。

秦怡老师奔波努力终于筹到拍片资金，很多演员都愿意作为志愿者不取分文报酬，如毛阿敏、佟瑞欣、江平……他们极力支持秦怡老师拍摄这部影片。不过，她怎么也没想到影片拍成后找个影院放映会这样困难。有一天，我去看望秦怡老师，她十分激动地说："真没想到放映一部电影也需要这么多钱，一切都掉进了钱眼里去了。"

1938 年 16 岁的秦怡老师怀着一片爱国的赤诚之心参加抗日活动，从上海到达武汉又辗转重庆进入电影制片厂任演员，从此开始了她的艺术生涯，为中国演艺事业贡献了自己的一生。1941 年参加中华剧艺社任演员，在重庆、成都演出 20 多部话剧：《大地回春》《天国春秋》《戏剧春秋》《野玫瑰》《清宫外史》《结婚进行曲》……由于出色的表演，得到广大群众认可，她与白杨、舒绣文、张瑞芳被誉为抗日战争期间大后方重庆影剧舞台上的"四大名旦"。

抗战胜利后回到上海，秦怡在地下党领导下参加很多演艺活动，在上海拍摄多部电影，有《保家乡》《忠义之家》《遥远的爱》《无名氏》《大地回春》《母亲》《失去的爱情》等。《失去的爱情》这部戏是秦怡和金焰主演的，导演陈鲤庭后来打趣地说这部电影名字不好，男女彼此都失去了爱情。解放后，秦怡一改过去的戏路子，出色地演了一系列农村妇女形象，拍摄了《农家乐》《两家春》《马兰花开》。秦怡老师还曾参加上译厂的电影配音。1953 年苏联的一部大片《收获》女主角就是由秦怡老师配音，配音导演是赵丹，男主角由石挥配音。他们极其认真，赵丹做了很多案头工作，也让他们写角色自传，配音时赵丹严格要求声音要还原，甚至哈一口气也要和原片一样。影片完成公映后反响很大，褒贬兼有，长影一位配音专家写文章批评配音配得不好，把石挥批得很厉害。可冯亦代的夫人安娜是留苏的，是位翻译家，她看《收获》配音后，觉得翻得很好，简直就像是苏联人说中国话，接近苏联人的声音，在配音上找到了人物的感觉，很肯定。秦怡老师很感慨地对我说："平心而论，我并不具备配音的条件，我是南方人，普通话不太标准，音色也不太好听，为别人配音有点不自信。这唯一的一次配音经历，给我留下很多经验教训，我至今仍在想配音应该怎样配才算好，这其中有

和秦怡在一起

很多值得深究的问题。"

　　国庆 10 周年之际她先后主演了《女篮五号》《铁道游击队》《林则徐》《青春之歌》。1959—1964 年是秦怡最意气风发的几年,她拍摄了《摩雅傣》《春催桃李》《北国江南》,还拍了《浪涛滚滚》。《北国江南》这部影片在"文革"期间作为"大毒草"被反复批判,导演沈浮说,我是拿着毛主席《在延安文艺座谈会上的讲话》很认真地拍这部反映农村生活的影片的,我怎么会反党反社会主义呢? 秦怡在影片中主演得很出色,但荒唐的年代,说艺术性越高越反动,就这样看一次电影批一次,我记得总有 4 次之多,我们"趁机"尽情地欣赏秦怡老师的表演艺术。"文革"后她拍摄了《征途》《风浪》《苦恼人的笑》《海外赤子》《张衡》。1983 年 12 月,秦怡从《雷雨》拍摄现场赶到医院,在病床边陪伴金焰30多个小时,此时金焰充满泪水的双眼一直没离开过秦怡,他的内心中充满感激、悔恨……接着秦怡又拍摄了《花桥泪》《闺阁情怨》《梦非梦》《我坚强的小船》。2014年,94岁高龄的她又拍摄了《青海湖畔》。

秦怡老师常说:"自己虽然拍摄了30多部影片和一些电视剧,和年青演员比并不算多,因为我们那时候还有很多社会活动(她是多届的全国人大、政协委员,是青联、妇联的全国委员),还有历次的政治运动都必须参加。我总有点遗憾,感到自己没有塑造一个真正的角色。"这就是老艺术家的执着追求,艺术永无止境。

忆
白
杨

1996 年 9 月 18 日,白杨老师因病去世,享年 76 岁。由于没有机会一块儿拍戏,我和白杨老师接触并不多,只是在剧团开会或学习时偶尔见面。可是有两件事情,让我至今难以忘怀!

1964 年春节期间,上影演员剧团接市政府指示,组织春节慰问团去部队慰问演出。剧团立即赶排了一台小型节目参加慰问演出活动。除了有很多保留节目,如相声、朗诵、独唱,还赶排了两个表现部队生活的独幕小话剧:《出发之前》《一百个放心》。我在《出发之前》剧中扮演一个不善于做思想工作、脾气急躁的班长。在部队执行任务出发之前和小战士(由我同学孙栋光扮演)发生了争执。最后班长认识到自己的工作方法简单,态度生硬,双方都作了自我批评,愉快地出发了。这个戏我们在电影学校就排练过,去部队演出反响很好。

当时剧团又赶排一个轻喜剧独幕话剧《一百个放心》,让我饰演刚入伍不久的小战士阿毛,由史久峰扮演来部队看望孙子的爷爷。爷爷在部队这个大家庭中看到自己心爱的孙子健康成长十分欣慰,一百个放心。这两个戏都由孙道临老师抽空给我们排练的。

有一天剧团书记布加里老师通知我们,第二天慰问团领队白杨老师要来审看两个小话剧,让我们做好准备。后来知道白杨老师对我们这些新来团的年轻演员特别关心,一定要亲自来看一看。因为其他小节目都是剧团的保留节目,相声是关宏达、方伯合说的,独唱是康泰,还有孙道临老师的朗诵,也是经常演出,深受观众喜爱的节目。

第二天下午，我们在剧团永福路52号的底楼排练厅做好一切准备。白杨老师和剧团几位领导都准时到场。我记得那天王丹凤老师也来了，她也参加慰问演出，有她的独唱《小燕子》，这也是很受观众喜爱的节目。丹凤老师和白杨老师主演的《春满人间》这部电影给我留下很深的印象。2个小时的汇报演出结束了，大家肯定我们排练得认真，认为这两个小话剧去部队慰问演出很合适，特别是《一百个放心》是个轻喜剧，既让观众开心，又宣传了军民鱼水情，同时也提出一些小细节的改进意见。丹凤老师十分细心，说我的军装要换一下，两个戏要有区别，演班长应该穿洗旧了的军装，演阿毛应该穿新军装。老艺术家们对艺术是多么认真，完全从人物出发。道临老师还当场检讨自己考虑不周，让服装问题第二天就解决。

当我们送白杨、丹凤老师出去时，白杨老师突然对我说："我叫你小孙，其实应该叫你小小孙。因为我们叫孙永平小孙都早已习惯了。我给你提个醒，你现在演两个角色，一个班长，一个刚入伍的小战士阿毛，一定要注意人物性格上的区别，要注意你的眼睛。你眼睛挺大，挺有神，演班长对小战士发脾气、吹胡子瞪眼挺有神很合适，但演阿毛跟爷爷着急时不能瞪眼睛，眼睛要尽量收小一些，这样阿毛会更可爱。演员演戏离不开演员本身的条件，但在塑造角色时一定要注意，要根据人物的性格特点控制自己的表情、形体动作。"丹凤老师在一旁鼓励我："白杨老师给你提个醒，千万别增加心理负担，现在两个角色都挺好，演阿毛时眼睛别瞪那么大，我相信你能做到。"白杨老师又说："我们只是给你提个醒，丹凤说得对，别有心理负担。"

实际上两位老师说得都很对，非常有道

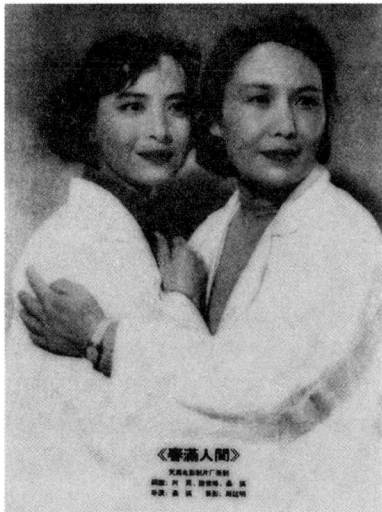

电影《春满人间》招贴画，白杨和王丹凤主演

理。道临老师在排戏时也提醒过我，可演出一紧张就忘了。当天我就认真地把阿毛的戏整个理了一遍，和爷爷发急的戏，努力控制自己的表情，眼睛别瞪大了，并且加了搓手、跺脚的形体动作，极力做到和班长有区别。

没几天，我们慰问团就出发了，演出的第一个点是在二军大。那天晚上二军大周边部队的战士都来二军大礼堂观看我们演出。记得白杨老师朗诵了一首歌颂雷锋的小诗《大海里的一滴水》，王丹凤老师为战士们演唱了电影《护士日记》中的插曲《小燕子》，都得到热烈的掌声。最后演出轻喜剧《一百个放心》，笑声一直不断，掌声也不停。反映部队的生活，战士们感到十分亲切。

演出结束，部队首长请我们吃夜点。白杨、丹凤老师陪着首长来向我们敬酒。白杨老师特地走到我身边悄悄跟我说："小孙，今天演得很好，小阿毛非常可爱、可亲，祝贺你们。"丹凤老师也向我和史久峰竖大拇指。

白杨老师还有一件事更是让我难以忘怀。至今我耳边还能清晰地响起那凄惨的叫声……

"文革"一开始，电影厂的很多老演员都受冲击，简直是乱了套。当时我们几个年轻演员、"光棍儿"都住在演员剧团（永福路 52 号）。上影演员剧团的演员是分属"海燕""天马"两个电影制片厂的，如张瑞芳、孙道临、高博、康泰、温锡莹、仲星火、陈述、李纬等都属于"海燕"厂的，而白杨、上官云珠、王丹凤、张伐、白穆、中叔皇、牛犇等属于"天马"厂的。当时我们几个年轻演员住在剧团的也分两拨，周康渝属"天马"厂的，我、达式常、达式彪、徐阜都属"海燕"厂的。"文革"期间所有的演员都回自己的厂去参加学习，"闹革命"！

一天夜里，我们住在剧团突然被一阵撕心裂肺的惨叫声惊醒，可一会儿就听不见叫声了。第二天一早，我们在剧团院子里发现几个天马厂的造反派。原来昨天晚上是他们把白杨老师从家里带到剧团里来了，半夜里审讯她，说她不老实，就用皮带抽打白杨老师的屁股，后来又用枕头捂住她的嘴。这就是我们半夜里听到的惨叫声，至今我还没有忘记这撕心裂肺的声音……

　　下午我们从海燕厂回到剧团宿舍,看门的小王告诉我们,中午有一辆吉普车把白杨老师押走了。"文革"期间白杨老师和很多老艺术家一样被隔离审查,直到打倒"四人帮"后才得以解放。

　　白杨老师从艺65个春秋,主演了24部电影,50多部话剧。她是新中国22大明星之一。她在《十字街头》《一江春水向东流》《八千里路云和月》《祝福》《春满人间》等影片中塑造了众多栩栩如生的人物形象。白杨老师是第一、第二、第三届的全国人大代表,又是第五、第六、第七、第八届的全国政协委员,是一位全国人民尊敬的电影表演艺术家。

　　那是 1965 年夏天的事情。我们几个年轻演员住在永福路 52 号上影演员剧团宿舍，就是现在上影集团办公大楼旁边的餐厅一角。当年这里有一间 30 平方米的矮平房，我们 7 个光棍住在这里，有达式常、徐阜、王大光（美工师）、徐俊杰、周康渝、达式彪和我。当时我和周康渝、徐俊杰特别迷恋打乒乓球，只要一有空手就痒痒，我们 3 个很默契，一挤眼就拿上各自的乒乓球拍，"嗖"的一下就来到办公大楼楼下大厅里打开了。

　　周康渝当年已是国家二级乒乓运动员，技术很全面，我和徐俊杰开始根本不是他的对手，可几个月练下来我们长进很快，小周已经不敢轻视我们俩了。只要一开战互相来回对抽十几下也是家常便饭了。

　　有一天星期六中午我们又开战了，好像有一个人在大厅楼梯边的柱子旁一直看着我们玩。

　　"打得很精彩，可这里光线太暗了。"

　　我们回头一看，原来那人是金焰老师。

　　"有一根日光灯管坏了修不好。""我们瞎玩，打得很臭。"

　　"不，不，挺好，我也喜欢打乒乓球，下次来向你们请教。"

　　"老团长，那我们太欢迎了。"我们以为金焰老师说着玩玩的。

　　没想到第二天（星期天）还不到 9 点，金焰老师手里拿着一根新日光灯管来到大厅。我们赶快接过灯管，小周爬上乒乓桌，我们又递上一把椅子，小周拆了旧灯管换上新灯管,我们打开灯开关,不亮,小周转了几下也没用。

金焰老师说:"你下来,我看看。"切断电源后,金焰老师上去发现接灯管的电线老化了。他随即从手提包里取出一段电线和一个小工具包,小包里有剪刀、老虎钳、螺丝刀。金焰老师很熟练地换下了那段旧电线,用漆布包好,再装上灯管,这下亮了。我们很惊讶,这"电影皇帝"还会修电灯。

这天上午,金焰老师和我们打了一会儿,面对"皇帝"我们打得很拘谨。金焰老师问我们晚上都打吗?我们说几乎每天晚上都打,不打手痒痒的。"那好,那好!"

从那以后,金焰老师常常吃过晚饭后就来剧团和我们一起打球。当时他住在复兴路,离剧团很近,10分钟的路程。

开始我们几个不敢光膀子、穿短裤衩、赤脚打球,金焰老师也衣冠楚楚。后来熟悉了,金焰老师也脱了西装短裤,只穿内裤、汗背心了。那一段时间我们玩得挺开心,金焰老师还常常带上汽水、葡萄、饼干什么的,让我们享用。

熟悉了,我们之间的话也多了。他挺欣赏周康渝,说他打球很大气,动作也漂亮,提、拉、抽,动作幅度都很大。其实金焰老师打得也很帅气,很少用小球。

他说:"演员要掌握每项运动的要领,一定要玩得帅气。"

我们也问了很多他当年拍戏的情况,他很少谈自己过去主演的戏,只是告诉我们:"一个演员一定要多掌握一些生活中的技能,什么都得学着点,这样演戏的时候,你心里就有底气,会更生活、更真实。"

我们一起度过了1965年这个轻松的夏天。以后政治形势就天天起变化,金焰老师身体也不好,后来很少来打球了。

有关金焰老师当"皇帝"的很多事情,我是后来从很多老演员那儿知道的。

金焰原名金德麟,他父亲因反抗日本帝国主义侵略被迫离开祖国朝鲜来到中国居住。父亲病故后,他在上海、天津等地度过清贫艰苦的学生时代,为了要在逆境中自强更名为金焰。从1927年开始拍片,30多年的银幕生涯中拍摄了36部影片。尤其是在他从影的前10年里,从中国电影默片时期向有声影片过渡时期,他朴实自然

金焰（中）主演的电影《大路》

的表演，以及他本身所具有的阳光青春活力，一扫当时被鲁迅先生称为"油头滑脑"
"才子加流氓"式的银幕形象。

他在《大路》《壮志凌云》等影片中以朝气蓬勃、英俊朴实的气质形象赢得观众的
广泛喜爱和赞扬，1934 年在《电影周刊》组织的"中国电影明星"评选活动中获"电影
皇帝"的殊荣。

在"五七"干校时，演员老张翼和我们一块，他和金焰是同时代的演员，经历了中
国从默片向有声电影转型期，他曾主演过《火烧红莲寺》，和金焰一块儿拍过很多戏，
如《大路》。老张翼手很巧，在干校用废木板做了好多小凳子供大家学习用，他给大家
做的帐钩简直就是艺术品。我们赞扬他手巧，他说真正的巧手是金焰，他什么都会，

在那个年代演员必须什么都会才行。

　　孙道临老师谈起金焰更是十分崇拜:"金大哥爱好广泛,多才多艺,会弹吉他,歌也唱得好,体育运动项目很全面,游泳、足球、篮球、乒乓球都很在行,骑马更帅了。他的表演是非常出色的,朴实自然、洒脱自如、富于激情,为我们中国电影的表演艺术作出了很大的贡献。"

　　上影演员剧团的老演员对这位老团长都表达了赞美之情。

我在汤晓丹执导的电影《南昌起义》中扮演过刘伯承元帅,这实在是我人生中的一大幸事。

"有点谢顶很正常"

那是在 1981 年五六月份,当时我已调上海电影译制厂工作了。厂办告诉我,上影厂来电话让我去《南昌起义》剧组试镜头。这我并不感意外。当年调上译厂时,老厂长陈叙一对我特别开恩,同意有合适我的戏,放我去拍。于是我立即骑上自行车从万航渡路赶到漕溪路上影厂。一进大门就遇见了姚寿康。我们是老熟人,老姚说:"你来得太好了,你老同学鲍芝芳推荐你来试试刘伯承。""什么,刘帅?"这让我太意外了。老姚是这部戏的副导演,汤导的得力助手。他带我走进一间大办公室,好些工作人员正忙着,汤导坐在办公桌前看着什么。老姚对汤导说:"汤导,这位就是孙渝烽,原来是上影演员剧团的演员,现在调到上译厂搞译制导演工作了。他来试刘伯承。"我上前和汤导握手,汤导打量着我:"行啊,先化装。"我对汤导说:"汤导,1927 年刘帅还年轻,我可有点谢顶了。"汤导笑了,摸摸自己的额头:"有点谢顶很正常,我很年轻的时候也谢顶了。"当老姚带我出办公室去化装间时,我听到屋内有议论声:"孙渝烽和刘帅像吗?"

化装间很热闹。老姚对我说:"最近都忙着找演员试装,全国的文工团、院团都在为我们推荐,这是部大型历史题材的戏,人物都是中国近代历史上有名有姓的人物,都有照片可查,必须找合适的人选。"

化装师姚永福为我化装,我们也曾合作过,是老熟人了,他面前就放着刘帅当年的照片。化装并不复杂,很快就抹完了。我是个方脸盘,脸型和刘帅差不多。精彩之笔很快就出现了,姚永福从他的宝贝化装箱里取出3副眼镜,都是老式的圆镜片,让我试第一副金丝边的眼镜,不行;第二副是咖啡色的圆眼镜,好像也不尽如人意;戴上第三副黑边的圆镜片眼镜,我觉得很满意,和刘帅的照片对照起来也挺相近。姚永福也认为这副合适。姚寿康从隔壁房间过来,仔细地打量着我说:"行,挺好。孙渝烽,我有事去厂办,让小陈陪你去试服装,拍试装照。"

小陈(永均)是该片摄影助理,在剧组我们也成了好朋友。我们到了服装间,也都是些老熟人,听说我是来试刘伯承戏服的,都为我高兴,很快为我找到合适的军装、军帽、皮带。我穿戴整齐后,最后戴上黑边眼镜,旁边几位为我鼓掌:"孙渝烽,你挺像刘帅的。"小陈在大楼边阳光底下给我拍好几张造型照片,有近景、有全身的。我再次出现在摄制组办公室,还一本正经地给汤导敬了个礼。汤导仔细端详我:"像,像刘帅,还挺帅气的。"汤导笑着把《南昌起义》的文学剧本给我:"刘帅戏不多,但却是个关键人物,参谋长,先看看剧本。"剧组留我在食堂吃午饭,见到好些同学、朋友,都为我能扮演刘帅而高兴。

下午回上译厂,老卫(禹平)挺关心我:"试得怎么样?""通过了,汤导把文学剧本给我了,让我好好看看。老卫,我知道刘帅年轻的时候有一只眼睛受过伤,后来就一直戴眼镜,所以我感到关键是那副老式的圆镜片眼镜,我一戴上那眼镜,我也有自信了。""是啊,你脸盘、个头都可以。找些史料好好看看,你能演好的。"

下班前见到老厂长陈叙一,我汇报了试镜头的情况。"行啊,又过把戏瘾,还演刘帅。没这么快开拍吧?""我戏不多,等通知,不会占用很多时间的。""那好,你知道厂里也很忙。""是的,是的……"后来厂里配音任务增多,我就不好意思再出去拍戏了。

"中国战争电影之父"

　　记得过了两个多月,《南昌起义》剧组才通知我前往武汉拍戏。那天晚上 7 点多,在虹桥机场乘飞机前往武汉。我想在飞机上有 2 个多小时,可以再看点关于刘帅的史料。飞机起飞后,机外一片漆黑。这是一架苏联老式的伊尔小飞机,只能坐 30 多人。那天晚上机上也未坐满,上了飞机很多人开始打盹,非常安静。我刚想从包里取资料来看,突然听到飞机发出吱呀吱呀、咔叽咔叽的声音,而且不停地在响,似乎飞机要散架的感觉。从未有过的害怕袭上心头。乘务员经过我身边,我问她:"怎么有这种声响?"她看我很紧张就说:"没有问题,放心好了,小飞机受到气流的冲击就会发出这种声音。"我坐过几次大飞机,从来没有听见过这种可怕的声音,也无心看资料了,睡意也没了,当时脑海里想着好多事儿。经历了难熬的 2 个多小时终于到达武汉。没想到拍完戏,返回上海还是乘坐这种小飞机,回来是白天,感觉好多了。

　　到武汉第二天一早我就向汤导、姚导报到,两位正忙着安排拍摄计划。汤导说:"看看分镜头本,周边去转转,这几天会拍开会的戏。"我就在大院里转开了,摄制组像个大兵营,有配合拍戏的解放军部队驻在大院里。我去化装间,化装师正忙着,一屋子等着化装的人。我转到服装间,服装师陆昆民和我打招呼,她是剧团演员曹铎的夫人,我们认识。"你来了,你们的服装我们都准备好了。"我进屋一看,大房间里堆满各种服装,有当年起义军穿的灰色军装,群众穿的各式各样的服装,堆成小山一样。有名有姓的主要演员的服装整整齐齐挂满了好几排衣架。我试装时穿的那套军装整齐地挂在里面。"你忙吧,我转转。"服装间不远我遇到烟火车间的钱阿法,我们在厂里打乒乓球时就认识了,他球打得不错。他带我去他那里转转,门口有一块牌子:"烟火重地,闲人免入"。嘿,一个大仓库,里面全是各种枪支、大刀、长矛。阿法对我说:"汤导的军事片,全都是大场面,也只有他指挥得动,你看看火药就有这么多。"

　　出了大院,我在周边转了一圈,一条街全都变了样了,美工师韩尚义按汤导的要求,把整条街恢复到 1927 年的街景,很多民宅也复古了。我们驻地周边,为了配合拍戏全都进行了改造。这次拍摄全部采用实景,这样真实感很强。

我住的宿舍几位演员全出去拍戏了,下午我就待在屋里看分镜头剧本。这个戏的人物众多,敌我双方有名有姓的就有上百号。1927 年大革命失败后,国内政治形势十分复杂,错综的党派争斗,汪精卫又公然反共反人民,屠杀了大批共产党人。共产党内也出现严重的分歧。影片必须勾勒出起义前的历史大环境,并以编年史的形式来表现 1927 年 6 月到 8 月 1 日起义前危急关头的重大历史事件。影片又要求对历史事件、历史人物要有真实性,展示鲜明的时代特点,尤其是一些革命领袖人物的形象塑造要做到真实可信,清新脱俗,在重大历史抉择关头和尖锐矛盾冲突中,捕捉人物的闪光点和个性特征。驾驭如此重大历史题材,没有功力的导演是无法胜任的。

我边看剧本,脑海里边出现汤导以往执导的《南征北战》《渡江侦察记》《红日》等气势宏大的电影的镜头。汤导十分注重描写战争环境中的人性,以人的情感柔化战争的残酷。《南昌起义》如此重大的历史题材中,他还描写了双喜、黑姑这对出生入死的年轻情侣,还有周恩来、朱德这对老战友回忆在巴黎为革命烈士献上马蹄莲,以及周恩来和牧师畅谈革命前景的细节……我深深佩服汤导的学识、功力、气魄,不愧拥有"中国战争电影之父"的称号。

指挥若定,大将风度

那天晚上姚导来找我:"你有同学在武汉话剧院吧?"说着把一张谭平山的照片给我看。原来他是问我有合适的人选吗,马上要拍"前敌委员会"的戏。我说:"我明天带位同学来见你。"这时我心中有个合适对象,我同学闵道容,毕业后他分配在武汉话剧院当演员。

第二天,我把闵道容请来见汤导、姚导。汤导还是那句话:"去化装吧。"化装师很快完成化装,粘上胡子,和照片上的谭平山太像了。姚导把剧本给了闵道容,还详细介绍谭平山的情况。"剧院里我们派人去接洽。"姚导对我说,"没办法,这个戏人物太多了,我们只好边拍边找演员。"

没过两天就拍摄"前敌委员会"的戏。有同学参加拍摄,我也到现场去看。这场戏再现了"八一起义"前党内的尖锐斗争。当时张国焘以中央特派员的身份出现,他极力阻挠武装起义,还把希望寄托在张发奎身上。会上周恩来、恽代英、蔡和森、谭平山和张国焘发生激烈的争执。恽代英指责他出尔反尔,谭平山直呼把张国焘捆起来。斗争十分激烈。记得当时姚导在现场,对两位演员说:"在情绪上可稍加控制。"坐在一边的汤导说:"我看不用,就按你们的情绪演。"实拍下来,这场戏针锋相对十分激烈。我站在汤导背后看戏,也怕戏有点过,我问汤导:"行吗?"汤导说:"当年的革命者,在生死关头所表现的正是这种情感。"

后来这部电影的后期配音工作是由我们上译厂配音演员完成的,来自全国各地的演员不可能再集合在一起完成配音工作,我参加了配音工作,毕克、尚华、于鼎、童自荣……都配得很出色。记得当时配这几场党内斗争的戏时,也有同志说:"从表演上看是否有点过,在配音上我们收敛一些。"我在现场听汤导说过:"不用收敛,情绪就该这样激烈。"童自荣为恽代英配音,我为谭平山配音。后来看完片挺好,表达了当年革命家的激情。汤导对我们的后期配音也十分满意,特别是毕克的旁白,把整部影片有机地串联起来。

汤导的指挥若定表现在很多方面。在处理起义的两次军事会议的戏上也大刀阔斧,凡是无关紧要的戏全部删去,极其精练。刘伯承作为起义的参谋长,在第一次会议上宣布了起义部队的安排,在第二次会议上宣布了起义时间和口令:"河山统一""炮兵连"。当出现叛徒,起义时间被走漏,决定提前武装起义也只用了一个长镜头,刘伯承和周恩来对表、下达攻击命令就交代了总攻开始。

汤导要求简练、明确,而有些戏必须演足,如周恩来和朱德回忆当年的"马蹄莲",还加闪回镜头。双喜牺牲、黑姑从双喜口袋里掏出小镜子,以及最后周恩来把女孩交给牧师等,这些感情戏都给予充分展示,体现了汤导对全剧的掌控。他在现场不轻易发表意见,只在关键处点拨一下。

我在《南昌起义》剧组时间不长,但认识汤导深感有幸。他为人随和,和各部门合作关系甚好,又善于听取各方面的意见,工作踏实、认真、一丝不苟,掌控如此重大历史场面、战争场面的戏指挥若定,现场应变能力又极强。他一生执导过上百部影片。2004年他95岁,在第13届金鸡奖领奖台上荣获"中国电影终身成就奖",成为中国电影史上获得这项奖的第一人。1954年他导演的《渡江侦察记》荣获文化部优秀影片一等奖,影片在全国公映半年之久,创观众人数最高纪录。1979年执导《傲蕾·一兰》获文化部优秀影片奖,1981年《南昌起义》也荣获文化部优秀影片奖,1985年执导《廖仲恺》荣获第5届金鸡奖最佳导演奖。汤导2012年1月离开我们,享年102岁。

凡是参加汤导电影拍摄的演员都对汤导寄予深厚的感情。我听过道临老师、高博、康泰对汤导的赞扬,听过杨在葆、张云立对汤导的敬佩,同时也说起过汤导的幽默。有一部在上影厂3号棚拍摄的戏,是现场录音。录音师说刚才那个镜头有杂音,好像是放屁声,得重来。汤导宣布:"重拍。"又慢悠悠地加了一句:"不许放屁!"在场的人都强忍着没笑出声来,这成了我们听到的最佳笑话。

汤导的夫人蓝为洁是著名的剪辑师,在圈内被称为南方第一剪(北方是傅正义),一生参加300多部影片的剪辑工作。她剪辑的《苦恼人的笑》《南昌起义》《巴山夜雨》《城南旧事》都深受观众喜爱。1952—1957年,她在上译厂工作,后来才调上影厂。蓝老师2014年2月去世,享年87岁。汤导和蓝老师这对夫妻是中国电影史的奇迹,相濡以沫走过金婚、钻石婚,他们参加拍摄的电影多,合作又十分默契,为中国电影事业作出了巨大的贡献。

难 忘 的 大 螃 蟹

参加《南昌起义》的演员来自全国各地30多个单位。周恩来扮演者孔祥玉是天津人艺的演员,朱德扮演者刘怀正是成都话剧团的演员,贺龙的扮演者高长利是沈阳

《南昌起义》摄制组，前排左起：沈西林（摄影师）、韩尚义（总美工师）、蓝为洁（剪辑师）、汤晓丹（导演）、刘怀正（饰朱德）、孔祥玉（饰周恩来）、姚寿康（副导演）、作者（饰刘伯承）、高长利（饰贺龙）、王定华（饰叶挺）。后排左起周恒康（录音师）、刘汉（饰周逸群）

军区政治部文工团的演员……真没有想到，我们电影专科学校表演系的同学也在这部电影中来了个大聚会。韩滔饰张发奎，徐阜饰何健，阚云祥饰牧师，闵道容饰谭平山，郑加森饰赵毓，李再扬饰秦副官……当时大家都很忙，拍完戏先后都离开剧组了，也没有在一起好好聚聚。我在赶回上海的前一天晚上，闵道容请我们还在剧组的3个同学去他家聚了一次。他为我们煮了一大脸盆的武汉大螃蟹，个头真大，挺肥，每个人只吃了2只就被打倒了，这记忆我至今未忘。

由于参加汤导的《南昌起义》，饰演了刘伯承元帅，1990年代初，冯笑、张鸿梅联合导演拍摄的电视剧《吴玉章》，也邀请我在剧中扮演吴玉章的挚友刘伯承。这让我有更多的机会了解刘帅的为人，以及老一辈革命家为中国革命作出的杰出贡献。

现在年轻人喜欢把照片全输进电脑珍藏保留。我是电脑盲,我习惯把照片印出来装进相册保留起来。这些积存的照片已有 20 本相册了,把一个小书架装得满满的。最近整理之际发现和谢晋导演在一起留影的照片还不少,看着这些照片勾起我对他的无限念想。

"头发还得剃一下"

我和谢导只有过一次合作。1980 年代他导演电影《秋瑾》,我有幸参加该片的拍摄,在剧中扮演竺绍康一角。

谢导为这部电影可谓煞费苦心。剧本原来的主线是秋瑾和王金发、竺绍康等人策动暴动攻打清廷的县衙门,但后来改成秋瑾赴日本和陈天华等一批留日的革命青年商谈革命大事,重场戏转移到日本,描写秋瑾和陈天华等一批革命志士在日本的活动情况。为此,我们在杭州花家山宾馆争论有七八天之久。

谢导企图说服演员们接受这样的改变。于是之老师和绝大多数演员都反对这样的改动,认为这样一改会大大减弱秋瑾这个巾帼女英雄组织带领人民群众和反动清政府抗争的戏,影片的可看性也会大大降低。

最后谢导不知用什么方法说服了于是之老师,于老师只好赞同谢导的改动。后来影片拍摄全按谢导的意图进行了,我和王金发的戏也大大删减了,我几乎成了一个大龙套。影片拍得很认真、很严肃。

有一天拍一个大群众场面的戏,我化好装穿上服装让谢导审查,谢导认真看了我的造型:"行,就这样。"我刚回身要离开,"等等,小孙让我再看看。"我回到谢导面前,他看看我脑门:"这头发还得剃一下。"我谢顶早,前额早已无发,化装师把我辫子盘在头上,如同剃过头一样,可谢导一点也不放过:"今天拍大场面的戏没问题,明天你和秀明有中近景的戏,要穿帮的。"我真佩服谢导的严谨细心,当天我就请化装师把我两边的头发剃了。第二天谢导很满意:"剃不剃就是不一样,剃过,头皮会发青的。"

整个拍摄期间谢导在现场要求都十分严格,事无巨细他都管。每天拍摄的场景、镜头运用他功课做得很细,我和于是之老师就住在谢导房间的对面,每天晚上总见他屋里灯光亮着,半夜我们起夜总在凌晨3点左右才见到他屋里熄灯。于老师说:"谢导可以称呼他'谢3点',他真能熬夜,也真够用功的。"后来我去他房间,他桌上、床边有很多杂志、小说期刊,他每天把明天要拍摄的计划、功课做完后,就在屋里看小说。他的很多电影都是由小说改编。他认为好小说生活基础扎实、人物感情丰富,改成电影会更出彩。

在摄制组里谢导十分尊重于是之老师的意见,于老师也十分钦佩谢导的导演才能,我发现他们之间有一种艺术创作上的默契,又互相尊重、互相欣赏对方,感情非常真挚。

学 习 导 演 的 好 地 方

拍完《秋瑾》我和谢导很熟悉了,在外景地我常常听他和毕立奎(制片主任)聊他的一些新设想。比如他想拍《三国演义》,常常会计算拍这样的戏究竟需要多少成本,还谈诸葛亮"草船借箭"这场戏的拍摄方法,如何在江面上真真假假进行拍摄,学习外国的经验,用少量船只拍出气势来。听他谈话,你可以感到他的思维十分活跃,把他看过的很多中外影片的场面调度都说得头头是道。

那时候我早从上影演员剧团调到上译厂去工作了。有一天我在棚里录戏,中间有空当出来,老厂长陈叙一派人来找我,让我去他办公室。一进门就见到谢晋导演。老厂长对我说:"你们是老熟人了,谢导想拉拉美国影片《现代启示录》,你陪他去剪辑组,把片子调出来让谢导看。"我陪谢导去剪辑组把片子调出来,把谢导想看的两本片子找了出来。谢导主要想看看几场夜景戏的镜头组接,请剪辑师帮他摇片子。我很想看看谢导如何拉片子找影片的剪辑点,长点见识。可惜剧务来喊我去棚里录戏,我只好离开。等我录完戏,谢导已拉完片子正准备走。我送他出来,他对我说:"小孙,看译制片是学习电影导演的好方法,五六十年代我常常来厂里拉片子看外国人他们的影片是如何运用蒙太奇手法组接画面的,这种影片的剪辑点要做到恰到好处很不容易。你们搞一部影片配音要反复看好多遍,能看出名堂来,这就是很大的长进。"

受谢导的启发,我后来搞片子,也在这方面做过一些笔记,可是后来主要精力用在电影评论上了,没有像他那样从导演角度去钻研,去积累。

"谁官大听谁的"

有一天在一起吃饭,我坐在谢导旁边。我问谢导:"你当年拍了好几部反映'文革'时期的电影,如《天云山传奇》《牧马人》《芙蓉镇》等,当时争论很大,你能顺利通过这很了不起。"

"你不知道,其实是很费劲的事。我这么多年坚持一个观点,影片审查、修改,'谁官大听谁的'。你们想想看,拍完一部电影要经过多少次审看,要过多少个关卡:上海电影厂领导要审看,电影局要审看,上海宣传部要审查。影片到了北京中央电影局要审看,有些影片文化部、中宣部要审,有时中央首长要调去看,各级领导都要对影片负责,看完后总得对影片发表一些意见,什么地方得改一改。你要按一级级审查去修改,那么最后你的影片会面目全非,改得不成样子。怎么办?后来我就采取这样的方式,每次审查的意见全部记下来,最后审完一并研究,你总得动一动,改一下吧,这时候我采取'谁官大听谁的',这样改动可以保持我影片的原貌,下面各级领导也不会有意见,甚至不敢有什么意见,这样多好! 中国办事有中国的特点,这也是我几十年摸索出来的经验。"原来,他的所谓"谁官大听谁的"是一种策略,并不是简单的"听话哲学"。

谢导就是这样一个直率的人,我很喜欢听他讲话,他总会有出人意料的观点,听了会让你去思考一些问题。

"宣传费太惊人了"

谢晋导演曾应美国几所大学邀请携自己的多部影片赴美国开展个人影展活动。记得回来后在文艺会堂做过一次生动的报告会。

在会上他谈到美国人看他的影片的反应很有趣。比如《天云山传奇》,美国人看了说女主角宋薇(王馥荔扮演)干吗非跟他丈夫吴遥(仲星火扮演)生活在一起,这多别扭,性格不合,观点不一致,完全可以离婚嘛,可以开始自己的新生活。类似的问题很多。

其实很多美国人喜欢看谢导拍的影片,如《女篮五号》《牧马人》《舞台姐妹》等,但是由于不了解中国国情,在情节上会产生疑问。只有打开美国电影市场,把我们的影片输入美国,让更多的美国人了解中国国情,他们才会更加喜欢我们的电影,在这方面文化交流非常重要。

可是后来谢导一了解,我们中国电影根本不可能打进美国电影市场,一部电影要进入美国电影市场首先得付2000万美元的宣传费,这笔宣传费太惊人了。谢导说我拍了那么多影片,加起来拍摄费用也没有2000万美元,难怪美国影片投资都很大,一定要搞大制作,拍摄的影片往往要面对全世界,才能收回票房,才能有巨额盈利。记得当时我导演过一部译制片《侏罗纪公园》,斯皮尔伯格(导演)投资了2亿美元,最后加上影片的衍生产品(恐龙系列产品)收益是10亿美元,这才是美国电影的经营理念。

在 华 西 村 的 一 次 谈 话

　　为纪念著名演员上官云珠,先后两次应上官云珠故乡长泾镇的邀请,上海影协组织上影人前往长泾镇参加纪念活动。我跟谢导都参加了,我们还参观了江阴市的徐霞客纪念馆。那天中午江阴市领导热情地接待我们,谢导也喝了些酒,饭后我们乘车前往徐霞客纪念馆参观。下车后我感到谢导有些醉意,他搭着我肩膀前往纪念馆。到了纪念馆突然谢导精气神又来了,他在大厅里对大家讲起 1960 年代曾经策划过拍摄徐霞客的经过。当时王澜西部长非常重视,上影厂也组织了创作力量,谢导也参加了剧本的创作。他们沿着徐霞客的旅行路线进行了深入的采访,了解了很多动人的事情。例如,当时有一位同乡好友陪同徐霞客一起旅行,中途病倒不幸去世,徐霞客硬是把好友的尸体背回家乡,让同乡好友叶落归根。谢导讲述了有 40 分钟左右,他讲得十分动情。最后他对陪同我们参观的江阴官员们说,如果能把中国的旅行家徐霞客的事迹搬上银幕,可以大大提升江阴的地位。往往一位名人在国际上有影响,将会带来本地区的文化经济大发展。谢导就是这样一个人,只要谈到艺术创作他就会激情满怀。

　　在返回上海的途中我们还参观了全国闻名的华西村。我因为前后已来过 3 次,陪同道临老师来过两次,还去过吴仁宝家,所以那天我没有跟大队登塔顶,我在底楼小卖部里为小外孙买件玩具,然后就坐在底楼休息。一会儿谢导也过来了,问我干吗不上去,我说这里已来过 3 次了。他说他也来过多次了,有点累,在这儿等他们下来吧。

　　我问谢导在《秋瑾》剧组时,是怎么说服于是之老师同意不拍攻打县城的戏,改拍秋瑾和陈天华在日本的戏的。谢导说:"当时改剧本僵持不下,我只有说服老于才能把僵局解开。我和于是之谈了一个晚上,把我的苦衷告诉他。这个戏的成本预算很

和谢晋参加影协活动

少，要拍两军对阵动刀动枪，又是马匹，这是什么价码，我能拍得起吗？再有我也想借秋瑾曾东渡日本，把辛亥革命的志士如陈天华等人搬上银幕展现给中国老百姓看。老于被我说服了，改剧本才顺利进行。"

我说："谢导，咱们现在回过头来看，《秋瑾》放映的效果并不佳，老百姓似乎更愿意接受轰轰烈烈的革命暴动，攻打反动的清朝廷。"

"这怎么说呢，只能有什么条件拍什么样的戏，这部戏我尽了最大的努力，问心无愧！"

"这点我们大家都有目共睹，于老师对你的认真、严肃的艺术创作态度一直很赞赏，还给你取了'谢3点'的绰号呢！"

谢导突然对我说："小孙，我发现你这个人人缘挺好，很多活动你都参加，跟很多老人关系都不错。"

"我一直谨记父亲的教诲,做人要以礼待人,以诚待人,以善待人。人与人之间要互相尊重,你尊重别人,别人也会尊重你。你和老一辈的艺术家们在人品艺德上都值得我们这些晚辈好好学习。"

"我不行,我脾气冲,性子又太直,容易得罪人。"

后来我们又扯到电影厂很多老人相继离去。

谢导说:"这是自然规律,生老病死谁也逃脱不了这个规律。不过我死后不去福寿园。"

"干吗?"我问。

"你想想生前我们这些老家伙在艺术创作上有不同的看法,死后到阴界或是上天堂,到了那里还争论、吵架,那多没有意思。所以我走了不去福寿园,我回老家上虞和我孩子葬在一起。"

谢导耳朵有点背,所以说话声音特别大。这时参观塔顶的人都下来了,我们也随同上车。上车后不久福寿园副总伊华来到我身边:

"孙导,刚才听你和谢导聊天,谢导对我们福寿园有什么意见吗?"

我跟伊华也算是熟人了,我对她说:"没有,没有,他只是说死后不愿在阴界或是天堂还跟那些老同事们再争论吵架,他准备回老家上虞和孩子葬在一起。"

伊华是一位公关能力很强的老总,谢导走后还是葬在福寿园,我也参加他的塑像落成仪式。我觉得这样也挺好,谢导这辈子都在上海度过的,他把自己的一生都献给了电影事业,他为上影厂立下了汗马之功,人们在这里怀念他、纪念他也更方便些。老艺术家们如果在天堂里继续为繁荣中国电影事业而争论或吵架又有什么不好呢?谢导夫人徐大雯老师最后这个决定是英明的。

我最后见到谢导

　　这也是令我难忘的。陈奇老师 80 寿辰，上海文艺界来了很多朋友致贺。在淮海中路一家饭店，我也应陈奇老师之邀出席这次寿宴。在用餐过程中，谢导突然在家人搀扶下也来向好友陈奇老师表示祝贺，这件事让大家十分感动。不久前谢导刚经历了他人生中最大的打击，他的儿子谢衍患病不治走了。小谢是谢导电影事业的最好接班人。谢衍北电毕业后这些年拍了不少电影，正在努力继承父业，谢导把一切希望都寄托在他身上，突然离去，再坚强的人也承受不了这样的打击。处在极度悲痛之中的谢导，早已接到了老朋友陈奇老师的邀请，所以他特地赶来向陈奇老师表示祝贺。

　　我来到谢导身边，什么话也没有说，说什么话也不合适，我也不知道该说什么……一个朝气勃勃，始终精神饱满、走路一直挺着胸的谢导如今一下子变得十分衰老了。真没有想到，这是我们很多在座的人最后一次见到他。没有过多久，他赶去故乡上虞参加母校的校庆活动，就在那里永远离开了我们，让所有的人都难以接受……

　　两年后我应上影厂之邀去上虞参加谢导逝世两周年纪念活动，参观了谢导的母校春晖中学，参观了谢导的故居，这里也成为青少年爱国主义教育基地。故乡人深深怀念着他，全国亿万电影观众深深怀念着他，我们这些后辈也永远念想着他——一个为中国电影事业贡献了自己一生的人。

这是 1990 年夏天的事情。要不是南昌电影研究所张刚导演的一再要求，我肯定不会去惊动 81 岁高龄的吴茵老师，请她出山参加拍摄张刚的第 12 部"阿满喜剧"《面目全非》。

张刚为什么非盯着我去说服吴茵老师呢？因为我曾经讲过"文革"中一则小故事。那时红卫兵可以免费大串联，北京有一帮中学生造反派来到上海，结伙冲到好多上海名人家里去搞打砸抢。当时我们海燕电影制片厂的红卫兵组织为了保护老演员，采取了一些措施。我们几个住在演员剧团的年轻演员负责保护周边几位演员，如遇到有红卫兵到他们家中去搞批斗、打砸抢，我们就出面进行保护。只要一接到电话，我们几个就骑车赶过去。我们先后去过好几家：住在复兴路的秦怡家，住在延庆路的高博家，住在武康大楼的孙道临家。有一天晚上我们接到吴茵老师邻居打来的电话，说有北京红卫兵冲到她家里了。我们几个赶快骑上自行车来到武康大楼。十几个北京的红卫兵小家伙已把吴茵老师家翻得乱七八糟，正在抢一个毛主席像章。吴茵老师求他们："请你们把这枚像章留下，这是我参加文代会发的纪念品。"一个小家伙恶狠狠地说："你这个老右派，你也配戴毛主席像章！"当时我们去了四个人，演员李兰发大吼一声："住手！"一把抢过像章，"你们干什么抢东西，什么造反派！"十几个小家伙被镇住了，回头一看四个佩有红袖标的彪形大汉，李兰发、徐俊杰、达式彪和我。趁小家伙发懵之际，我把两位老人扶了起来。吴茵老师的丈夫孟君谋当时也跪在地上。

小家伙又来那一套，手插着腰："报出身！"

李兰发大声说道:"我们是上海电影厂响当当的造反派,我们都是三代工人阶级出身。你们太不守法了,私闯民宅,有什么事情明天到厂里来解决,快走,快走!"

就这样我们把这帮小家伙轰走了,又帮着把吴茵老师家的柜子、橱、大箱子复原,整理干净才离开。这件事让我们和吴茵老师结下一段情谊。"文革"结束后,好几次开会,吴茵老师见到我总让我去她家玩,把新搬家的余庆路地址也告诉了我。我怕打扰她,一直没有好意思去拜访她。

张刚知道我和吴茵老师有这一段故事,所以非让我帮着说服吴茵老师出山参加他这部新片,演他的母亲。我提前把剧本送去了。那天我带着张刚去拜访吴茵老师。

我向吴茵老师介绍了张刚:南昌电影研究所所长、独立制片人,不属于任何电影厂。自编、自导、自演,已经拍摄了11部阿满系列喜剧影片。这次筹拍《啼笑因缘》他主演阿满,想请您演阿满的妈妈,是个亮眼瞎老太。

吴茵老师是个倔脾气,也很率直:"独立制片,个体户? 我不和'皮包公司'合作。我年老体弱,两腿病残,拍戏有困难,何况去南昌更不行。小孙,请张导另外找合适的人选吧!"

张刚急着说:"您放心,不用您出上海,我把摄制组拉到上海来拍,在郊区找个合适的农舍。您精神很好,不像80高龄的老人,肯定行。"

"你拍的是阿满喜剧,我不会演喜剧,没有喜剧细胞。"

"那您的《乌鸦与麻雀》是怎么演的?"这句话把她问住了。

张刚接着说:"我从小失去母爱,十一二岁就成了流浪儿,总想得到母爱,这部影片里我主演阿满,我认准了您就是最合适的妈妈,希望您别抛弃我这个儿子吧。"

张刚很动情,吴茵老师也被感动了,可她还是说:"我实在没有信心演好这个瞎眼妈妈。这样吧,我给你推荐几位比我强的喜剧演员……"

张刚打断了吴茵老师的话:"我就认定您这个妈妈,答应了吧,我真的很忙,明天得赶回南昌参加劳模大会。"

"劳模?"吴茵老师对这个其貌不扬、不修边幅,说话神情有点像自己第二个儿子

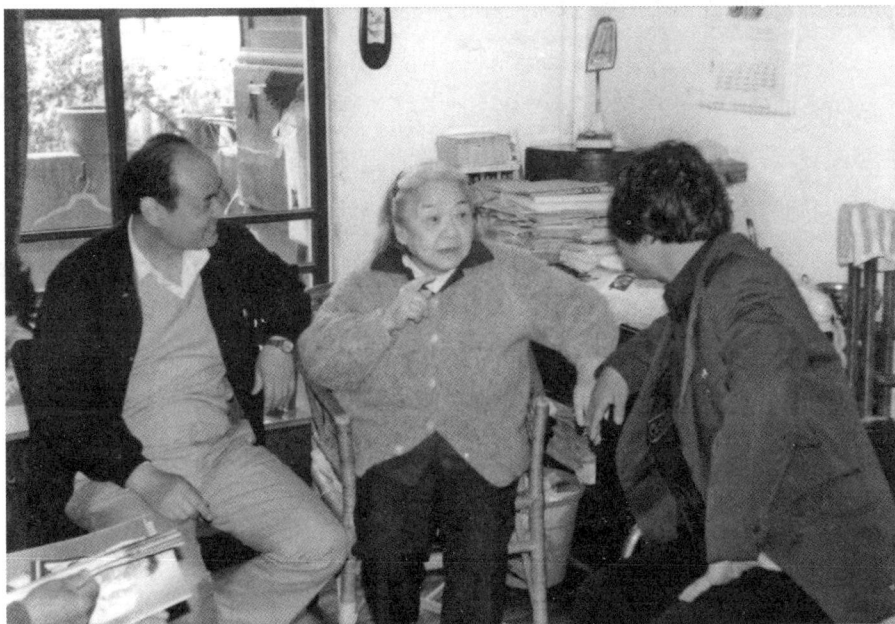

吴茵和张刚(右)亲切交谈

的张刚看了几眼。

我赶快解释："他是省劳模,是党员,在南昌市话剧团时就被评为一级导演,他不是投机商,是个痴迷电影的导演。阿满系列喜剧是他的创造,为老百姓拍些小人物,真、善、美的小人物。"

我顺便把一本《寻找阿满》的刊物递给吴茵老师。

吴茵老师被说动了,劳模、党员,使她感到亲切。1957年她因为提意见要坚持"双百方针"被打成"右派",十年动乱中吃尽苦头,两腿也因为不断地挨批斗而落下残疾。1978年被平反。1985年光荣地加入了中国共产党。

从那以后我成了吴茵老师和张刚的联系人。吴茵老师认真地看剧本，提出很多宝贵的修改意见，连原来的片名《啼笑皆非》也改成《面目全非》。

张刚也实现了自己的诺言，把摄制组从南昌拉到上海来拍摄。为了保证吴茵老师的健康，我提出组里派一辆专车接送，并配备一位医生保证吴茵老师的健康。拍摄那几天，我每天负责接送。这期间吴茵老师常打电话来和我商议创作事宜。我的两个孩子对她的声音都很熟悉了，会亲切地叫道："老奶奶来电话了。"

吴茵老师的创作态度十分严谨，一丝不苟，常常直抒己见，说出一些颇有新意的见解，摄制组都感到很惊奇。由于我接送她，我知道她虽81岁高龄，可学习很勤奋，书桌上堆满了书报杂志。有一天早上我去接她，她正在剪报。那大抽屉装得满满的。她告诉我，年纪大了，行动又不方便，只好在家里看报纸了解社会动态，把有趣味的故事都剪下来、留起来，这是她的知识库。我看了一下有小品文、小笑话、讽刺漫画，还有动情的社会新闻……

拍戏那几天全组都为之动容。大热天高温，在小农舍里只有两个小电风扇，后来买了大冰块降降温。吴茵老师腿不好，几乎所有的戏，我跟张刚商量都安排坐着拍。但最后有一场阿满别母进城的戏，吴茵老师坚持要站在门口送儿子、孙女进城。她说："只有这样才能让阿满走得放心，也会让观众相信瞎眼老奶奶的身体好着呢。"她忍着腿疼扶着门框，凭着感觉遥望远去的儿子、孙女。这不光感动了戏里的儿孙，也把所有在场的人都感动了。

影片进入后期对白配音阶段，配音工作由我负责。当时我希望吴茵老师能自己配，在银幕上留下她的声音，我说了这想法，没想到和吴茵老师想法一致，可她说："我耳背眼花，口型找不准，你们得陪我耗时间。"

我说："不怕，我坐在你身边帮你找口型。"

就这样我们把她接到录音棚，她坐在那里认真地一遍一遍放开声音试，我对她说："试可以小声一点，免得太累。"

"那不行，感情不对会走样的。"

由于吴茵老师的认真，配音工作很顺利，只是有一段戏因镜头组接的关系，口型跳进跳出很难找，好不容易找准了，配好了，可她一看不满意："我只顾找口型了，笑得很不自然。"一定坚持重配直到她认为满意为止。

她演戏认真是大家公认的。几十年来，在创作上她总是注意从生活出发，在塑造人物时常常考虑历史背景、社会环境、人物个性特点，因此她塑造的各个阶层、各种类型的老年妇女形象都非常成功。在电影《一江春水向东流》《万家灯火》《乌鸦与麻雀》《希望在人间》《我们夫妻之间》《宋景诗》等影片中，我们看到同是农妇、母亲、婆婆，但她创造了各有特色的人物形象，不愧是中国的"东方第一老太"。

张刚在完成第12部阿满喜剧《面目全非》后，在南昌举办了"阿满喜剧研讨会"，我也应邀参加。吴茵老师特意打电话给我，让我在会上发言一定要代表她说一句祝贺，说一句感谢，祝贺她的"儿子"阿满张刚"阿满喜剧研讨会"圆满成功。感谢各路专家、同行聚会南昌，这是对阿满系列喜剧最大的关怀和支持。

我在会上说出了吴茵老师的祝贺和感谢词，引来了热烈的掌声，大家为82岁高龄的老艺术家支持阿满喜剧而鼓掌，这掌声也是向中国"东方第一老太"表示敬意。

会议期间，张刚特意安排我和李天济老爷子住在一起，一是因为我们两个都不抽烟，二是让我多照顾点老爷子。在登庐山期间，我跟老爷子谈及吴茵老师，因为他们一起拍过戏相互了解。老爷子对吴茵老师是十分钦佩的，说她演戏认真，每塑造一个人物都会出点绝活儿。老爷子告诉我吴茵是个倔脾气，"认死理"，这是她可贵之处，但也让她吃尽苦头。"文革"中她为此没有少挨批斗。在批斗会上，她从不承认反党反社会主义，说我是在正常的会议上向党的干部提意见。造反派说她不老实、老顽固，就打她，用脚踢她，还逼她下跪。李天济看她这样实在不忍心，有一次悄悄劝她："老大姐，现在我们是专政对象，你改改倔脾气可少受点苦。"

李天济十分感慨地说："中国搞艺术的多一点像吴茵这样的艺术家就好了，搞艺术创作要有主见，要认死理，不能人云亦云，和稀泥那是搞不出好东西来的。"

我常常想起我心目中的喜剧大师——韩非,看他当年的喜剧电影有百看不厌之感。他的表演认真、自然,又是那么明快、健康,让人由衷地发出内心的喜悦,使人开怀大笑,不媚、不俗、不脏,和当前好些泛娱乐的影视表演形成鲜明的对照。

岁数大些的电影观众对韩非应该非常熟悉,"80后""90后"就不那么熟悉了,也许根本不知道韩非是何许人也。我上初中的小外孙,听我说韩非这个名字,硬要加上一个"子"字,说成是韩非子,说电脑上有这个人物,是历史上的文学家。

所以,我得把韩非生平简单介绍一下,把他参加拍摄的影片向年轻的朋友们介绍一下。

韩非(1919—1985),原名韩幼止,祖籍浙江宁波,生于北京,1932年随父亲迁居上海,1939年中学毕业先后进了中法剧团、上海剧艺社、"苦干"剧团,在舞台上磨炼出表演才能。1941年步入影坛,抗战后在文华、中电公司参加拍摄了多部影片,如《终身大事》《太太万岁》《艳阳天》等。1949年赴香港,在长城、龙马影片公司主演了3部喜剧电影:在《误佳期》中饰演一个为别人婚丧嫁娶吹喇叭而自己却娶不上老婆的乐手,在《一板之隔》中饰演一个与邻居一板之隔闹了许多矛盾的洋行小职员,在《中秋月》中饰演一个在中秋节前到处借钱的贫穷的小职员。这3部影片是韩非早期的喜剧代表作品,被圈内人誉为是"世界喜剧电影的精品"。1952年韩非由香港回到上海,成为上影演员剧团的演员,从那以后参加了众多影片的拍摄,表演越趋成熟,先后主演了电影《幸福》《乔老爷上轿》《女理发师》《锦上添花》《魔术师的奇遇》。由于在影片中充分展示了他的喜剧表演才能,被人们誉为是中国的电影喜剧大师。

当然,他在电影《林则徐》《聂耳》《香飘万里》《六十年代第一春》《她俩和他俩》《儿子、孙子和种子》《阿诗玛》《血碑》等影片中也都有出色的表演。

两 次 谈 表 演

1960年代,上影演员剧团就设在永福路52号,演员们学习、活动都在那儿进行。有一次学习结束后,我们几个年轻演员围着韩非,让他谈谈表演的事儿,因为前不久我们刚看过他主演的《乔老爷上轿》,很喜欢他的表演。韩非在我们心目中是位大演员,可他十分平易近人,没有一点架子,十分容易亲近。韩非和我们聊开了,他说,毛主席《在延安文艺座谈会上的讲话》提出的很多观点值得我们演员重视,例如,艺术离不开生活,生活是艺术的源泉。这是千真万确的,我能演戏也是生活教会我的。你们说老演员的戏演得好,实际上是他们的生活阅历广,见到过社会上各种各样的人,所以能熟悉理解剧本中写的人物,会在自己脑海里出现很多生活中类似的人物形象,把众多人物身上的特点汇集在你自己要塑造的人物身上,这样剧中人就会在演员心中活起来了。

我们还让他说说演喜剧该注意些什么? 他告诉我们:"演戏的规律实际上都一样,只是喜剧选择的生活素材不一样,表现的形式也多种多样,有讽刺、幽默、滑稽、机智、荒诞,甚至怪诞,但很重要一点也还是来自生活,脱离了生活那就让人不可信了。我平时也很注意观察生活,生活中人们常常由于误会造成很多喜剧因素。还有人在生活中会出现一些反常的行为,如果你仔细去分析,其中必定会找到喜剧的因素和笑料。生活中的'马大哈'很有意思,可也得找出他'马大哈'的原因,要有依据。我总感觉演喜剧首先自己要有信念,有了信念你会去追求真实感,这样观众就会相信,如果自己都不相信,那肯定会失败。喜剧表演肯定会夸张,夸张必须适度,必须把握好分寸。过火表演那也一定会失败,因为你破坏了生活的真实嘛。喜剧表演我自己体会,

韩非和夫人李婉青

一定要把握好节奏，恰到好处就会产生喜剧效果。有一点十分重要，我们从生活中选取喜剧动作一定要认真筛选，选择健康的动作和行为，喜剧表演不能让观众感到脏，上海话怎么讲？龌龊。"这次谈话我印象很深，他把喜剧表演的精华都表述出来了。

还有一次，剧团的团支部书记二林和我、于桂春去巨鹿路上海作协听报告。那天会议结束得早，我们三个人骑自行车路过韩非家，他家就在巨鹿路上，二林说韩非爱人李婉青病了，我们去看看她。我们在街口买了些水果去他家。李婉青在房间里休息，是患感冒。他们的住房很怪，是一长条，隔成一间间。我们看望了李老师，韩非请我们在客厅里坐，问我们是喝茶还是喝咖啡，我们客气说不用麻烦了。韩非说最近朋友送来的咖啡特别香，你们一定尝尝。我和桂春就只看二林，反正一切由她定。"好吧，我们尝尝咖啡。"韩非又问要加糖加奶吗？这我们又不懂，还是看二林，二林也很实在："你看怎么好喝就怎么办。"韩非很高兴："好，好！"

韩非在另一间为我们冲咖啡，我看看他的书架，书还真不少。

一会儿咖啡冲好，真香！1960年代能喝上咖啡，对于我来说那可真是开洋荤了。

韩非落座后，我问他："韩非老师，你看的书真多，古今中外的喜剧你都研究啊？"

"哪有什么研究，有时去书店转转，有些书觉得挺有意思就买了回来，有空时翻翻，觉得对自己演戏挺有启发。人啊，知识总是有限的，解放前我就看过卓别林演的多部电影，挺喜欢，现在有时间看看他的书，长点知识。"

我顺手抽出王实甫的《西厢记》："这也是喜剧吗？"

"是的，可以称得上是中国古典喜剧。王实甫把红娘这个人物写得十分生动，她虽然是侍候小姐的丫头,可她十分聪明,她乖巧伶俐,眼明心快,能把多情又犹豫不决的莺莺小姐,把很执着又有文人迂腐气的张生,以及保守、固执的老夫人都掌握在自己的手中,是个很了不起的丫头,看西厢挺有琢磨头的。"

二林看看手表说:"我们该走了,别打扰韩非老师的休息。""哪儿话啊,你们能来我挺高兴的!"我真想多听听韩非老师聊演戏,他讲话亲切、风趣。

这两次谈演戏,给我留下深刻的印象。后来我在上译厂导演了多部卓别林早期的无声片,我们在影片中加了字幕,让观众能看懂。我还参加卓别林主演的多部影片的配音,如《凡尔杜先生》《大独裁者》,我和邱岳峰一起看了很多有关卓别林的资料,这时我深深体会到韩非的用功,真正的艺术家是缺不了文化底蕴的。

记得有一次参演江海洋导演的电视剧《一江春水向东流》。拍摄间隙,我们几个演员在一起聊天,那天陈道明十分感慨地说:"孙老师,你是搞译制片的,看的外国片多,了解外国演员的表演,生动自然有个性,我们这一代演员,也是看外国译制影片长大的,在演戏上也吸收中外演员的表演经验,应该说怎样演戏,我们是能掌握表演规律的。我们这一代演员今后的比拼我想主要是看谁的文化底蕴深厚,你说对吗?"

陈道明这个观点是十分正确的,他是个非常有追求的演员。我认为他说出了一个演员能否成功的要害。文化修养、文化底蕴是演员艺术生命的常青树,是源源不断的养料。韩非就是一例。

"五七"干校那些日子

在干校那些日子里要说的事儿实在太多了。韩非当时是作为被审查对象,尽是些莫须有的罪名。

当时工军宣队让我负责他们的学习、劳动。有一次韩非和老魏(鹤龄)两人在干校医务室检查,郭医生给他们俩开了病假条,两个人的血压实在太高了,都高到220/180以上了。我让他俩在宿舍休息,韩非对我说,还是让他们去菜地吧。宿舍里实际上是无法休息的，一会开会学习，一会儿写大字报，闹哄哄的。我想也是，我问他们去地里吃得消吗？都带上药。我让陈述、李纬多照顾点他们，在菜地就待在草棚里休息。我们演员组在菜地边搭了一个草棚，里面铺上厚厚的稻草，可以睡觉。那几天没下雨，每天吃过早饭，他们4个人就去菜地。后来有两天，我发现韩非和老魏中午也没有回来吃午饭，我问陈述怎么回事？陈述说他俩嫌回来往返路远，早上多买几个馒头，就不回来吃午饭了。我跟陈述说，下午你们去的时候给他们带点开水去。陈述说，他们两个早上就把水也带足了。挺好，这一周他们俩在草棚里可以打个盹，安安静静地休息，后来血压也降下去了。

还有一件老魏的事儿也让我至今未忘。有一次工军宣队给每个人发票，过几天要去上海文化广场听张春桥的报告，而且强调这是对文艺界的一次重要讲话，每个人必须对号入座。张春桥当时是上海的一把手，姚文元是老二，徐景贤是老三，我们私下称徐景贤为徐老三，他主管上译厂的内参片生产，内参片都由他来审查，他点头通过就直接送中央。开会的票发了之后，正好大部队回上海休假4天。返回干校后，老魏爱人（当时老魏已解除审查回到群众中来了）袁蓉到处打听谁坐在老魏旁边，老魏的票一边是走道，几乎问遍了三连所有的人，也没有找到坐在老魏身边的那个人，把她给急的。有一天陈述对她讲，你先别急，等孙渝烽回来问问他的座号。我一般都是大部队休假回来后再回上海休假的。大部队休假时，我待在干校和陈述、李纬在一起，他俩也被莫名其妙的罪名套上头上，在干校隔离审查了3年，3年中不许回家，每次我回家给他们带衣服、生活费，他们买东西也由我代办，李纬的东西后来由他妻子天马厂演员张莺带来。所以我跟陈述家人特别熟，有时我去他们家取东西，有时他爱人送到我家来。我把陈述在干校的情况告诉他们，让他们放心。那天我休假回干校，刚进宿舍门，陈述就跟我说袁蓉要找你，还没说上几句话，袁蓉就风风火火地过来了："小孙可回来了，我一看出版系统的大卡车来干校，我猜想你一定搭这辆车回干校了。对不起，我问问你去文化广场听报告的票是几排几座。"我从皮夹里取出票子给她看，她一看可高兴了："我终于找到了！我都担心了好几天，睡都睡不好。过两天听张春桥的报告,你坐在老魏身边我就放心了,你得帮我管住他,千万别让他打瞌睡,他有时还会打呼噜,这可是人命关天的大事啊!"我一下子明白了。"袁大姐你就放一百个心吧!我一定替你看好老魏。""谢了,谢了……"她不停地说着"谢了",高高兴兴地走了。

听报告那天,文化广场气氛特别严肃,我们都早早入场对号入座。那天张春桥讲些什么已记不太清了,我不停地瞟一眼坐在身旁的老魏,他动也不动,两眼睁得大大的。我小声问他喝水吧,他说不用,上厕所更麻烦了。这倒是实话,那么大的会场,你起来走动,动静有多大,再急也得憋住!后来听说还真有人尿裤子了。老魏那天表现得十分好,袁大姐不知在家里做了多少功课,讲了多少利害关系,把老魏的瞌睡虫也吓跑了!

过了好多年,1980 年代初吧,有一次开会见到韩非,他还是那样,我们彬彬有礼地握握手,我问他老魏身体可好,我一直很敬重老魏,他的戏演得好,为人也忠厚,从不显山露水。韩非说:"他挺好,就血压高。小孙我告诉你,这老哥儿嘴挺紧不吃亏。1930 年代他和江青是老乡,一块儿从山东来上海闯天下,这事儿我们都不知道,要不然'文革'他非被整死不可,不死也整个半死不活。"上影厂这些老前辈一个个都那么可爱。

在干校那些日子,后来就比较放松了,半天劳动半天学习,好多原来被审查的,也一个个回到群众中来了。有一次在地里劳动,韩非突然问起我同学郑梅平的事情,他说:"在上海隔离时待在牛棚里就听说她从国际饭店跳楼自杀了。这件事当时震动很大,也有人说是被推下来,有没有结论啊?"我告诉他没有结论,还是说她跳楼自杀。韩非十分难过。因为"文革"前夕,我们在永福路 52 号还一起拍过照留作纪念。事情是这样的,现在时间记不准确了,反正在"文革"爆发前不久。有一天郑梅平来剧团看徐俊杰,那阵我们几个光棍都住在剧团,梅平和徐俊杰谈朋友有两年了,这事儿我知道得比较早。1963 年我们大学生劳动锻炼一年,我和梅平分配在马陆公社一个生产队,分住在农民家里三同,同吃、同住、同劳动。那时梅平和徐俊杰已交朋友了,梅平让我替她保密。那天我们在剧团的大草坪上聊天,见韩非来剧团上楼去找朱江办事儿。梅平对我们说,等韩非老师下来,我们和他拍个照留个纪念吧! 她正好带着她的120相机,我们同学用她的这架相机拍过好多次照片。没多久朱江送韩非下来,梅平赶快迎上去邀请韩非、朱江和我们拍照。韩非挺高兴:"好,好。"我们在草坪上那棵大树下留了影。韩非走时还说:"别忘了,给我洗印一份。"梅平说:"我保证印好送给你们。"

照片也许根本来不及洗印出来就被轰轰烈烈的"文革"冲走了,郑梅平家也出事了。

郑梅平父亲、母亲原来是英国壳牌石油公司在中国的总代理。解放初,在国民经济恢复时期,壳牌石油公司对中国经济恢复起到了积极的作用。郑梅平的父亲早已去世。"文革"中郑梅平母亲姚念媛被关押,罪名是特务、间谍,1980年才被无罪释放出狱,她为女儿郑梅平开了追悼会。当时,郑梅平的结论是被迫害致死,郑母向政府提出要严惩凶手。失去宝贝女儿的她去香港居住,后又转去加拿大定居。英国壳牌公司把他们夫妻俩多年工资的存款如数归还给她。三年后她又从加拿大移居美国。1996年在美国完成小说《生死在上海》,她把这本书献给女儿郑梅平。她失去所有亲人,一直一个人生活着,可老太太很坚强,92岁还自己开车买菜。直到2012年因洗澡不慎摔跤后感染,患并发症不治而去世,享年98岁。我所知道的这些很多是陈兰芳女儿告诉我的。1963年在马陆公社劳动时,郑梅平住在陈兰芳家,她俩情同姐妹,劳动结束后陈兰芳来上海看望过郑梅平,郑母热情地接待过她,一直保持着联系,直到"文革"才中断。

配 音 也 特 别 出 色

我到上译厂后曾经看过韩非1950年代主配的一部译制片《勇士的奇遇》,他为法国大演员钱拉·菲力普配音,真的非常出色,节奏明快,语言自然流畅。上译厂很多同志都曾经和他合作过。1950年代韩非和舒绣文曾多次来上译厂参加配音工作。在影片《安娜·卡列尼娜》中舒绣文配安娜,韩非配沃伦斯基;在《母亲》中舒绣文配母亲,韩非配儿子。两个人的语言功底好,把握人物感情也恰到好处。他们俩的配音加上孙道临、卫禹平、林彬、朱莎等上影演员剧团很多老演员极其生活自然的配音,成为当时上译厂配音演员学习的榜样。苏秀说当年他们来参加配音给我们树立了一个语言表达的好榜样。那时邱岳峰很佩服韩非的配音,他们俩成为好朋友。邱岳峰又通过自己的努力,在配音上有很大的发展,成为观众十分喜爱的配音演员。1950年代后期,老邱有4个孩子,生活压力很重,夫妻俩带着孩子们生活十分艰苦,韩非总会伸出援助之手,黄毛(老邱的大儿子邱必昌)一直都很感谢韩非伯伯的帮助。那时候邱必昌和韩非的女儿一起学画画,韩非在家里给他们当模特儿,从天冷一直画到初夏,韩非还穿上棉衣让他们画。小邱说起这事就很激动,所以当1980年父亲不幸去世,他第一个把这个消息告诉韩非。韩非对老朋友的离去十分悲痛,在邱岳峰追悼会上有一篇十分动人的悼词。

韩非和上译厂的第一代配音演员们结下深厚的情谊,作为一个有知名度的演员,他没有一点架子,平易近人。老一代配音演员赵慎之、苏秀谈到韩非都赞他人品好,戏演得好,配音也十分出色。

怀
念
关
宏
达

　　每当提起上影厂老演员、著名喜剧艺术家关宏达，我脑海中立即会浮现出两幅画面：第一次见老关时的情景，以及最后一次告别老关，喜剧开头，悲剧结束。

　　1963 年 9 月我分配到上影演员剧团工作，第一天报到，布加里老师带着我和在剧团参加学习的老演员见面。那天老关坐在藤椅上正和曹铎、方伯、韩非聊天，布老师一一介绍后，我向几位老演员致意并握握手，老关也急忙站起来和我握手，只见他坐的藤椅也跟着他一块儿起来了，曹铎一把按住藤椅："关胖你太可爱了，藤椅也舍不得离开你了。"这个在笑声中的见面永留我的记忆之中。剧团老同志都亲切地叫他"关胖"，我们年轻的后来一直称呼他"老关"。

　　1964 年，我参加上影剧团春节慰问部队的演出活动，又有机会和老关在一起。老关和方伯有一档相声节目，战士们太喜欢了，每次总要在热烈的掌声上加演一两个小段才让他们结束表演。这期间有几件趣事让我记忆犹新。

　　有一天我们演出小分队带上几个小节目去慰问部队炊事班的同志。我们让炊事班 5 位战士坐在食堂门口，特意为他们表演几个小节目。有一个小战士十分腼腆，一直红着脸，低着头。老关走到他身边问他是哪儿人，小战士回答是安徽的。轮到老关和方伯表演相声了，老关特意走到小战士面前亲切地用安徽话对小战士说："咱们是老乡，我让你猜个谜好吗？今天我和方伯说相声，你能猜个安徽的地名吗？"

　　小战士抬起头，看着站在他面前的两个大胖子，认真思索起来，突然高兴地说道："合肥！"这下把大家乐坏了，小战士也高高兴兴地看完小节目演出。从那以后我见到老关、方伯就乐着招呼："合肥老乡好！"

又有一天我们去驻扎在农村的部队演出，晚上回来时，部队指导员一直叮嘱开车的司机战士："送亲人，开车要小心，田埂路又窄又滑，千万小心。"起初一切很顺利，可最后一个转弯处，左边后轮突然凌空了，下面是大水沟，面包车刹住了。指导员和司机拿着手电筒下去一看，挺危险，不小心会翻车。指导员上车一看两个胖子正好坐在左边，就很冷静地让我们几个坐在左边的人站起来轻轻地往右边移动，让老关、方伯别动，保持汽车的平衡。汽车稍稍往后倒了倒，很快恢复了正常。事后，老关风趣地说："今后我和方伯坐汽车必须分两边，不然车身不平衡，容易发生事故。"从那以后一上车，他俩就一边坐一个。

更有趣的是我们住在延安路部队招待所时，有一天演出回来，我们六七个人在小澡堂洗澡，池子里的水挺合适，不一会儿老关和方伯也来了，两个人一下池子，水"哗"的一声溢了出来，把大家乐得前仰后合。

老关为人厚道，典型的东北人，又是个乐天派，他到哪儿，哪儿就会有笑声。在剧团，在摄制组，人们都喜欢他，他有一肚子的笑话让大家乐。作为一个老演员，他有新旧社会强烈的对比。解放前，他早已参加过很多影片的拍摄和话剧演出。他与胖子殷秀岑、瘦子韩兰根成了我国喜剧影片的铁三角老搭档。新中国成立后殷秀岑、韩兰根调到长影去了。他们都是特型的喜剧演员，可在旧社会拍的影片，都是作为调味品来看待的，插科打诨，只是为了博观众一笑，所以在很多影片中并不能发挥自己的才能。

解放以后，关宏达作为上影厂的演员，先后参加了近 20 部影片的拍摄：《三毛流浪记》《秋翁遇仙记》《幸福》《球场风波》《乘风破浪》《聂耳》《魔术师的奇遇》《马兰花》《球迷》等。在这些影片中他充分发挥自己的喜剧特长，给人们带来欢笑，笑声中充满着对新生活的赞美，对真善美的颂扬，对假恶丑的鞭挞，人们在笑声中得到启迪。这和旧社会所拍的影片中的插科打诨完全是两码事。关宏达除了拍戏，更发挥他说唱艺术的天赋，他和剧团很多演员做伴说过好多人们喜欢的相声。每当过年过节他特

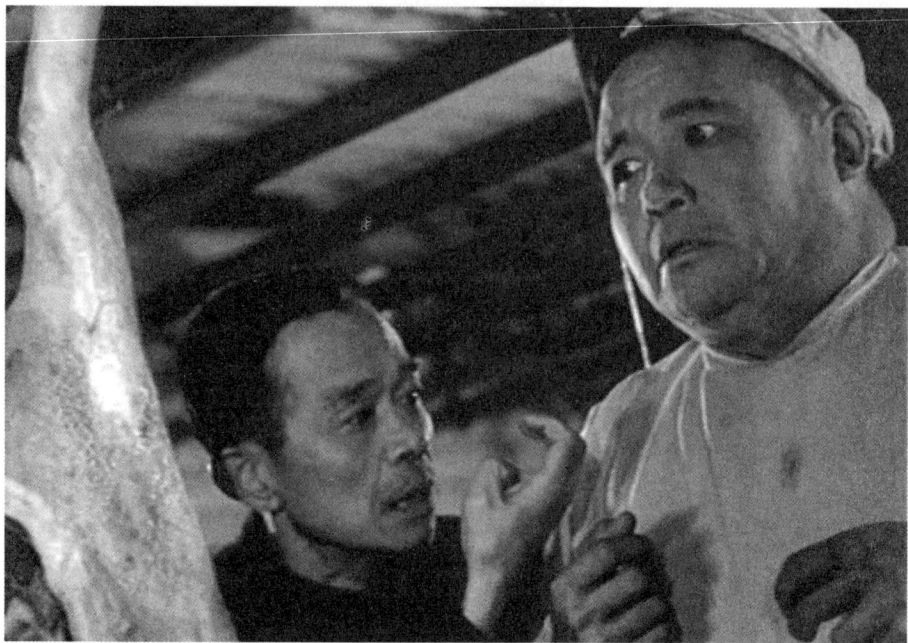

关宏达(右)在电影《大李小李和老李》中

别忙,到处请他说相声,他的快板书也十分精彩。有时一天赶好几个场子,为工人演出、为部队战士演出、为医务工作者演出……忙得顾不上吃饭,他就啃面包,吃饼干,他总乐哈哈:"只要能给大家带来快乐,这就是我人生最大的幸福。"

我同学姚德冰有幸参加谢晋导演的电影《大李小李和老李》的拍摄,扮演小李。他对我说:这次拍戏幸亏有关大哥无微不至的关心,我第一次参加拍片,又演这么重的戏,又是喜剧,在拍摄现场往往因为过火表演通不过。是关大哥在一旁指点,才一次次过了关。关大哥为人十分厚道,从不在现场指指点点,每当我戏过不了关时,他总在旁悄悄地提醒我,给我出点子,那真诚那关切让我铭记在心。

记得谢晋导演曾跟我聊起关宏达:"他是位了不起的喜剧演员,满身都是喜剧细胞,和他合作拍'三李'挺开心。由于他平时注意观察生活,所以他设计的动作都真实可信。他拍戏十分松弛,而且十分注意喜剧的分寸感,这一点特别了不起。喜剧的分寸感特别重要,不能过也不能没有,要讲究恰到好处,这对演员是极大的考验。老关的表演很值得年轻演员学习。"

"文革"中老关参演的很多电影被认为是毒草,如《球场风波》《球迷》,连《大李小李和老李》也被划入批判之列,对他的冲击就可想而知了。当时我们海燕厂的演员和制景车间漆工组一起学习,工军宣队每天盯着。很多老演员不知道自己什么时候会被叫进"牛棚""羊棚",整天战战兢兢,度日如度年。

回想起老关每次的发言,总在检查自己,说虽然解放后翻身做了主人,能参加很多影片拍摄有幸福感,但自己毕竟从旧社会过来,沾染很多旧习气,要认真改造思想。一个乐天派,整天笑嘻嘻的人现在变得十分沉闷。

1967 年 12 月 20 日上午有一个外调,让他写材料,结束外调回到演员组休息室,他整个人显得垮了一样,一句话也没说。谁也没有想到中午回家吃过午饭,他从自己住的 4 楼,一个人跑到 6 楼,跳楼自尽,一个喜剧演员就这样以悲剧结束了生命。

中午我们刚放下饭碗,杨在葆接到电话,叫上我和漆工组一位老师傅,我们骑自行车赶到老关家,他已经直挺挺躺在床上。我跟他第一次见面是充满笑声的喜剧,如今最后见他一面却是悲惨的结局,他离开我们时才 53 岁。

后来知道外调的内容是说他曾经去过 76 号特务机关唱堂会。在当时这是个永远说不清的事情,也将会受到没完没了的批判、审讯,他只有以死来进行抗争。老关被认为以自杀抗拒运动,所以不准开追悼会,甚至火化后连骨灰都不准保留。幸亏从北京赶来的弟弟设法获取了一些骨灰带回北京,直到 1979 年老关才平反昭雪,恢复名誉,骨灰也才迁回上海安葬。

关宏达 1914 年生于哈尔滨一个贫民家庭,1932 年 18 岁的他开始走上演剧生涯,如果活着,今年是他从艺 85 周年。至今他离开我们已经整整 50 个年头了。

倔
老
头
白
穆

　　白穆老师在上影厂算得上是拍戏较多的老演员。他 1920 年出生于天津,祖籍浙江宁波,后来在东北长大,17 岁就开始喜欢演戏,1941 年进中国旅行团当演员。真正让他艺术上有长进得益于 1943 年参加上海"苦干"剧团,得到黄佐临先生、演员石挥的指导,在舞台上出演了《梁上君子》《钗头凤》《芳草天涯》等。1947 年又参加了影片的拍摄,在《子孙万代》《风流宝鉴》中出演角色。1949 年进入上影演员剧团任演员、导演,后来还担任副团长,参加拍摄的影片有近百部,在银幕上塑造了很多栩栩如生的形象。

"搞艺术要有苦干精神"

　　我 1963 年进上影演员剧团有幸参加大型话剧《南海长城》的演出,执行导演就是白穆老师。这个戏在上影剧团算是演出较长的话剧,我们还搞过一个"百场演出"庆祝活动。参加这个戏的好多事情至今还历历在目。为演好这个戏,在孙道临领队的带领下,我们特地去南汇和渔民一起出海打鱼,体验生活。当时知道渔民一早就出海,我们提前在早上 5 点钟就待在船舱里,那一股股浓烈的鱼腥味早已把我们熏得要吐了。一出海在海浪上一颠簸,全吐开了,反正出尽了洋相。我吐到最后都吐黄水了,躺在甲板上一点劲儿也没有。渔民怕我掉下大海,用一根绳子绑在我的腰上。演员几乎人人手上都抱着一个小木桶作呕吐用。别人都吐得十分狼狈,只有道临老师在船上彬彬有礼,还十分有礼貌地对申怀琪说:"老申,请把木桶让我用一下。"柳杰、张瑛吐得披头散发,鞋袜也掉了,柳杰在船尾抱着个大木桩子问船老大厕所在哪里,船老大说你抱着的这个就是大小便用的……打鱼回来一上岸,我们这些人如同打了败仗一样,女演员个个披头散发,男的没一个衣冠整齐的,一个个脸发青发白,上岸后过了很久才慢慢缓过来。

回上海后跟白穆老师讲了我们出海打鱼体验生活的狼狈样,他笑了。不管怎样,大家还是体会到渔民的艰辛,以及他们终年和海浪搏斗,锻炼出的那种顽强的性格,这正是我们这个戏要表现的人物性格,有没有这个体验大不一样。

后来排戏过程很顺利。白穆老师要求很严格,大家也极其认真,这个戏很快就公演了,反响也挺好,很多区县都请我们去演出,上海周边几个县城都去了。每次装台、拆台,我们这些年轻演员都和置景工人、电工一起干,这点白穆老师都看在眼里,很赞赏我们,时时叮嘱我们注意安全。

演员剧团的演员是为电影厂拍戏服务的,白穆深知这一点,为了保证这个话剧能顺利地演下去,当我们去闵行区为周边很多工厂的工人们演出时,他决定一些重要角色都要安排 B 组演员,确保万一其中有演员被厂里挑中去参加拍电影,这个话剧还能继续演下去。我当时演一个解放军战士虎仔,戏不是太重,白穆老师让我排 B 组史久峰扮演的角色钟好,这个戏比较重。

在闵行剧院演出正好是 7 月底,气温已高达 30 多度。那时候剧场没有空调,只有几个吊扇。我们去那儿演出都是周边工厂包场的。当时各区文艺生活并不丰富,这次又是电影演员来演话剧,很多演员只在银幕上见到过,如今可以看演员在舞台上演出,所以工人们也不顾天热,看戏的热情很高,场场满座,谢幕时间也特别长。每天演出完服装组特别忙,演员的衣服全湿透了,每天都得洗。为减轻她们的负担,我们年轻演员的服装都自己处理。晚上太热了,我们都睡到剧场的房顶上,吃过晚饭先上房顶去泼水,这样晚上可以凉快些。每天上午 9 点到 11 点半排戏,下午我们基本上都在澡堂里休息。白穆老师那些天排戏很认真,给 B 组演员提更多要求,把戏排得更紧凑更好看。天气太热了,他也顾不得那么多了,光着膀子,只穿一条短裤,肩上搭一条大毛巾擦汗用,越出汗越口干,所以每天他都会抱一个大茶缸。B组演员的戏排得比较顺利,每天看戏台词已不是什么大问题,只是按白穆老师的要求,把很多新的内容补进去,所以在闵行演出的几天把B组的戏全排了出来。当时柳杰比较累,她演钟妈妈,可柳杰整天乐哈哈和张瑛一起拿白穆开玩笑,说白穆是一头乌克兰大白猪,逗大家直乐。那时候演戏条件很差,大家很累很辛苦,可是有一股干劲,觉得能为工人、农民、战士演戏,做了一个演员应该做的事,同志间的关系也十分融洽,没有那么多的计较,所以我常常会怀念当时的人际关系,有一种亲情感。

白穆老师后来在总结会上说了一番话,我至今还记忆犹新,他说:"实际上搞艺术是挺累人的,我在'苦干'剧团待过,黄先生一直对我们说,搞艺术要有一种苦干精神,不然是搞不出真正的艺术作品来的。当年我们年轻,什么都干,装台、拆台、拉幕、搬道具,还在侧幕两边看台上老演员演戏,偷着学艺。电影学校毕业的几位年轻人真不错,除了自己演戏,什么都干,这种好风气要发扬。中国有句老话,叫'吃得苦中苦,方为人上人',我这个比喻不一定确切,我说的'人上人'是指我们的艺术才会有长进。"

为什么我会记住这段话,就因为他后面这个比喻"人上人"的解释很有意思,所以至今也没有忘记。

2009年3月北影厂来上海拍电影《建国大业》,请影协组织一批上海的老演员参加拍一场戏,我按时到达集合地点,外滩白渡路桥边上的浦江饭店。来的人还真不少,白穆老师挂着拐杖也来了,陈奇老师、仲星火老师、袁岳、张先衡、徐阜、曹雷、刘广宁……都来了。影协主席张建亚热情地接待大家,嘴里不停地说着:"辛苦了,辛苦了。"他告诉大家,请你们来是协助北影拍一场戏,请各位扮演抗战时毛主席到重庆和蒋介石会谈时,重庆各界人士欢迎毛主席到来的一个大群众场面,各位扮演当时社会上的头面人物。白穆老师是我们这群人中间年龄最大的演员,刚吃过90大寿的寿面就赶来参加这个超级龙套戏。大家都十分认真,很快就各自穿上长袍马褂,或是中山装,女士一律旗袍,10点整我们化好装,做好拍戏前的一切准备工作。由于要照顾一些跨组演员赶飞机，先拍他们的戏，所以我们这场戏一直往后拖。导演韩三平、黄建新几次来我们休息间打招呼："对不起，对不起各位，让你们久等了。"白穆很实在地对他们说："你们别忙着来照顾我们，等拍戏，我们这些老家伙早已习惯了。"等到下午3点钟才拍上这场戏。白穆老师身穿长袍马褂，一个十足的乡绅，和扮演毛主席的唐国强拉手致意说了一句台词："欢迎毛主席莅临重庆。"

　　上海儿童艺术剧院的刘安古曾告诉我一件白穆老师的趣事。1979年香港回归这件大事让全国人民都十分高兴，剧作家杜宣也十分激动，以最快的速度、最短的时间写出了话剧剧本《沧海还珠》，上海话剧界五代演员同台参演这个话剧，代表上海人民庆贺香港回归。上影厂张瑞芳、秦怡、林之浩、莎莉、白穆等都被邀请参加演出，他们都是第一代的话剧演员。由于大家情绪高涨，又都十分认真，所以戏排得很顺利，舞台布景也特别美。白穆在序幕中扮演一位100多年前的白发苍苍的老爷爷。那天下午连排，晚上彩排，准备公演。排练很顺利，晚饭时白穆想换换口味，在乌鲁木齐路一家小店吃了生煎包子，回来后戴上头套，请化装师修好装，换好衣服做好晚上彩排的一切准备工作。可就在即将开演前不久，白穆老师突然肚子疼拉肚子，不停地上厕所，无法上台了。这把大家急坏了，当时只有刘安古对整个戏熟悉，他是导演，幸好白穆老师只有序幕那一场戏，临时决定由刘安古顶白穆上场，赶紧戴白发头套换服装，准时开场演出，序幕一下来大家忙着帮他抢装，再上台演白穆的孙子。这样，爷爷、孙子两个角色都由刘安古一个人兼了。白穆嘴里一直不停地抱歉，拉肚子脸都发青了，只好派人送去医院，患的是急性肠炎，拉了好几天才止住。白穆老师真没想到会发生这种事情，成了他演艺生涯中的一大憾事。后来见到刘安古就一直"抱歉""对不起"，那认真劲儿真让人肃然起敬。

直率的倔老头

　　我知道白穆老师和我们上译厂老厂长陈叙一是好朋友，他们俩是一起从"苦干"

剧团摸爬滚打出来的铁哥儿们。演员剧团这么多演员都被邀请来上译厂参加配音工作,怎么却唯独没有白穆? 我脑海里这个谜终于在纪念老厂长逝世10周年的座谈会上揭开了。原来,早在1950年代白穆就来厂参加配过一部苏联影片,这也是他仅有的一次。当白穆听完自己的配音后,失声大叫:"我的妈啊,这是什么声音,不像人在说话! 天哪!"让陈叙一赶快抹掉,重新换人重配。从那以后,"打死我也绝对不参加配音工作,除非自己演的戏"。白穆在会上动情地说:"每个人都要有自知之明,这不是我干的活,绝对不能强求。从那以后我只欣赏译制片,为很多配音演员叫好。我也由衷地佩服老朋友陈叙一在中国电影译制事业上作出这么巨大的贡献。"

"文革"中白穆老师也没有少受罪,造反派称他是文艺黑线的黑干将,拍了那么多大毒草,在影片里尽演坏人,能是个好人吗? 他心中很坦然,怎么批都行,低头认罪但绝不说违心的话。后来电影厂所有的人都去奉贤"五七"干校搞大批判,劳动改造。演员剧团的人事关系分两拨,有在海燕厂领工资的,有在天马厂领工资的,演员全回自己厂里去参加大批判。到了干校虽然只有一河之隔,可演员之间老死不相往来,怕被工军宣队说"串供",这个罪名可不小,谁也不敢冒这个险。一直到后来才放松些,晚饭后大家常在河边散散步,也互相打个招呼聊上几句。有一天我和高博、康泰在河边遛弯,正好碰上白穆老师。高博问他,我在食堂听说你们演员组今天开了一天批判会,批谁啊? 白穆老师告诉我们,于冲(也是老演员)这小子不知道哪根筋搭错了,早上起来见工宣队张师傅坐在河边读《毛选》,就凑上去说了一句:"张师傅你真用功,这么早起来读《毛选》,好有一比'关公读春秋'啊!"8点钟工军宣队有例会研究工作,张师傅把早上的事儿说了。他们对"关公读春秋"这句话越研究越觉得有问题。这是一种新动向,右倾翻案风,没有改造好的知识分子仍在用封建思想腐蚀我们工人阶级。10点钟就召集演员组开批判会:封建社会的代表人物关公能和我们先进的无产阶级相比较吗? 宣扬封建思想的"春秋"能和无产阶级的伟大领袖毛主席的红宝书相比吗? 演员组每个人都要联系自己的思想进行深刻反省。于冲要猛触灵魂深处写出深刻检查,要老老实实接受工人阶级的再教育。白穆老师最后无限感叹地说:"人啊人,一定要实实在在地做人,千万别干蠢事。"

我又想起一件事,在上海影协组织的一次怀念白杨的座谈会上,白穆老师有一个发言,说得很中肯:"今天我们怀念白杨同志,她为中国电影事业作出了巨大贡献,她主演的很多影片,给我们留下一份宝贵的财富。白杨同志是全国知名人士,参加全国人大、政协、妇联很多工作,由于高层活动繁忙,所以来剧团的机会越来越少,和大家的距离也越来越远了,这应该是一件遗憾的事情,如果能像瑞芳同志那样多多关心剧团的工作那该多好啊!"倔老头白穆就是这样,心里有话总要表达出来。

年轻人是希望

白穆老师对年轻人的关心爱护是真诚的。他常常说:"年轻人是希望。"他总期望着年轻演员能快点成长,早日能独当一面。

在话剧《南海长城》剧组时,道临老师在戏中扮演书记,在消灭武装匪徒后,有一大段讲话很动人。可演出不久,电影厂里就让道临老师接戏,马上去报到,怎么办,谁来顶这个角色呢?当时我同学吴文伦可以抽出来,可他个头矮小,人也不魁梧,很多人说他压不住场。白穆觉得吴文伦语言不错,又是电影学校毕业的新人,因此力排众议,让吴文伦来顶道临老师的戏,他准备给年轻人压担子。他跟大家说,在现实生活中,我接触过很多领导干部,有的个头不高,貌不惊人,可很有魄力,当然作为艺术,在舞台上要考虑人物的演出效果,让吴文伦在语言上多下功夫,我们在排戏时也要注意众星捧月。就这样硬是把吴文伦推上去了,一直演到这个戏结束。

"文革"后有一个阶段,瑞芳老师担任剧团团长,白穆老师做她的副手。他们下决心要培养年轻演员,亲自去工厂、农场挑好苗子,在剧团办培训班,组织学员们演小品、小话剧,后来又拍电视剧《上海屋檐下》,尽快把一批年轻演员推上第一线。当时有的年轻演员怕没有戏拍,白穆老师总语重心长地和他们谈心:"作为一个电影演员,首先把自己的表演功底打扎实,机会往往满天飞,但它一定是寻找那些做好准备的人。"在剧团的老演员关心下,后来很多年轻人成了电影厂的骨干力量,如戴兆安、王伟平、陈红梅、谭增卫……有的年轻人成了制片、副导演。

1992年白穆的老朋友、我们上译厂的老厂长陈叙一因患病过早地离开人世。临终前白穆多次去看这位老朋友。当时陈叙一声带开刀,早已不能说话了,在病床旁陈叙一看看身边的女儿小鱼和外孙女儿倩妮,又深情地看着老朋友白穆。白穆很快就领会老友的心意:"放心吧!我会关心她们的。"陈叙一脸上露出宽慰的笑容。

白穆老师有3个孩子,女儿在美国,一个儿子在澳大利亚,老二因病过早地离开人世。老朋友陈叙一走后,他和夫人把小鱼、小倩妮当自己的孩子一样看待。小鱼一家子每年总和白叔叔、婶婶一块儿吃年夜饭。白穆也一直关心着小鱼的工作、倩妮的学习。小倩妮很努力,高中毕业后考进上海戏剧学院主持人班,白穆经常了解她的学习情况,给予鼓励。很快小倩妮毕业了,成绩优秀,她表示想进电视台工作,白穆对她说:"我可以托朋友了解上海电视台进不进新人,也可以推荐你去应试,仅仅是推荐,能不能通过,一切就看你自己的本事了。"小倩妮很努力,最后被电视台录取了,白穆对此感到十分欣慰,今后去天堂也好对老朋友有一个交代。

我和白穆老师在剧团接触最多的是演出《南海长城》。虎仔的戏不算多,他是从部队回来探亲,正好遇上匪徒来骚扰。为了演好这个角色,在和匪徒搏斗中,我设计一个从高台上滚下来,从侧面击毙匪徒的动作。白穆很赞赏我这个动作,可看到我手臂、膝盖常常发红发紫,为了安全他让我放弃这个动作,可为了表现解放军战士的勇猛,我坚持保留这一个大动作。后来他为我买了一副护膝、一副护臂肘。他跟我说:"演戏角色不在戏多少,主要在于动脑子,让你演的人物有出彩的地方。"总之,在排戏和演出过程中我受益颇多。

演完这个话剧,我去安徽搞社教,1965年回上海后接着就是"文革"。我是海燕厂的人,他在天马厂,没有在一起。再后来,我调上译厂工作了,只有影协开会或是文艺界有一些大活动时见见面,可我一直尊敬这位前辈。每年我都会给他寄贺卡,他也从陈小鱼那里获知我的地址,每年给我回贺卡,贺卡上还常常有他的打油诗,十分风

和白穆(中)、焦晃在上海影城合影

趣。开会见面我们也总会聊上一会儿,他会告诉我最近看了我译制的哪部影片,说点观后感,总之给我鼓励。有一年影协活动,我在会上朗诵了一首诗《不要说自己老》。在下一次见面时,焦晃也在一旁,他对我说:"小孙,我记住了你的朗诵,不要说自己老,一个人只要积极向上,心态平衡,多想着别人,就永远不会老。有道理!"我说:"这是黄宗英老师写的诗,我只是念念而已。""谁写的我不管,我是听你朗诵记住了。"倔老头很认真。当时我们3个人还留了个影。

　　白穆老师2012年4月离开了我们,享年92岁。一个正直的倔老头在我心中永远抹不去。

　　老仲走了，他是因为直肠癌扩散，于 2014 年 12 月 25 日中午离开我们的，享年 90 岁。老仲得知自己的病情，十分坦然。他说："我这辈子很知足，我热爱生活，我热爱电影，我都得到满足了。"

"演员的一切成就来源于生活"

　　我 1963 年进上影演员剧团就认识老仲了，他的风趣幽默一下子吸引了我。

　　记得有一次老演员们和我们一起聊天，跟我们讲他们去农村慰问演出的趣事。有一次在农村广场上演一个小话剧，讲兴修水利的事儿。演员在桌子上摊开一张修水利的图纸，演员围着桌子边指点边议论。一会儿就上来两个老乡也来看图纸，接着又上来几个，把演员全围在里面，这戏根本无法演下去了。老乡很实在，想看看桌子上的那张纸上面究竟有些什么……老仲也说了自己演出的笑话，他是从部队文工团来上影厂的，在部队文工团学了些西洋发声的唱歌方法，一次演出中他放开嗓门唱着，两位老乡就在他身边站着听他演唱，边听边议论："他学什么叫，是牛叫还是马叫，怎么都不太像啊？"你说我听了这样的议论还唱得下去吗？老仲说，从那以后我再也不敢用西洋发声法唱歌了，后来演出我唱电影《李双双》中的插曲："小扁担三尺三……"老仲说的，把我们乐得可开心啦！

　　后来我和老仲一起在干校劳动生活，又一起去上译厂配内参片。我调上译厂后

电影《李双双》剧照,张瑞芳、仲星火主演

我们在一些大活动中常常见面,我看他拍的电影,他看我们的译制片。退休后,我们在一起接触的机会更多,一直有着亲密的联系。

有一次影协活动,我跟他聊起电影《李双双》。那时我在东海学院教表演,我让学生看电影《李双双》,特别是喜旺和双双"夫妻吵架"那场戏,我认为这是电影表演上精彩的片段,是演员刻画人物成功的范例。瑞芳老师(饰演李双双)一边和面、切面、煮面条,老仲(饰演喜旺)弄个小罐在旁边不停地捣蒜,这场吵架戏演得十分自然而又精彩。"这完全是生活教给我的。"老仲说,"当时老乡下地干活,中午休息那一会儿,回家赶紧做饭,吃了下午还得干活,不可能坐下来谈事儿,只有采取这种方式,我边捣蒜边说事儿,这个动作很能帮助演员表演,捣蒜的节奏快慢可以表达人物的心情,在捣蒜的过程中把得意、不满的情绪都可以充分地表达出来,瑞芳老师也可以从麻利地和面、切面、下面条的动作中表达她的情绪，最后一气之下，不吃了，把喜旺推出门：'吃，吃，我让你吃……'"

说到电影《今天我休息》中的马天明，老仲说："这也是生活给我们提供了很多动人的故事，我们只是把这些真实故事搬上了银幕。我跟马天明生活过一个阶段，他是一个热心肠的人，一个认真办事的人，生活中有了榜样，这才会有我塑造的马天明。"

老仲真诚地对我说："告诉孩子们，演员离不开生活，要离开了生活，真的塑造不出好的人物形象，这个体会，我太深刻了。"

老仲说："我演电影《聂耳》中那个张曙就很不自在，赵丹、瑞芳很多演员有上海当年的生活经历，他们演得很自然很生活，我就有演戏的痕迹。没有生活，心里不踏实，演起来就别扭。赵丹是位很了不起的演员，他主演的电影《乌鸦与麻雀》，演那个小老板很成功，他有生活。我们这些从部队过来的演员演电影《南征北战》就生活化，就自如，因为我们刚从战场上下来，我们对部队生活太熟悉了，'生活是源泉'一点不假。"

老仲告诉我，他1950年进电影厂，当时什么都不懂，一切从头学起。那时候真的很认真很刻苦，看老演员演戏，看同辈演员演戏，导演的很多提示都反复琢磨。当时看了不少苏联电影，向外国演员学表演。电影《列宁在1918年》中演卫队长那个演员设计了一个用小木梳梳头的动作，他一直记着，念念不忘，梳头动作很生活自然，不同情景中用小木梳梳头，梳出人物的情绪，生动极了！

老仲告诉我一个真理：凡是人物刻画好的，最重要一点是演员有生活。演员又善于从生活中去寻找最典型最生动最富有感情的行为去展示人物的个性和特点。

老仲爱憎分明

记得1990年政府华表奖是在南通颁发的，我因执导法国影片《随心所欲》获当年优秀译制片华表奖而出席颁奖典礼，老仲和奚美娟因拍摄《假女真情》参加颁奖。老仲介绍我认识了奚美娟，老仲对奚美娟的表演特别赞扬，跟我说了很多拍戏的故事。

出席盛会的还有很多老艺术家,瑞芳、道临老师也去了。颁奖前一天晚上,我和道临老师一起去看瑞芳老师,正好老仲也在瑞芳老师那里。从译制片获奖很自然就聊到"文革"搞内参片的那些事儿。我们4个人当年都参加了内参片的配音,瑞芳老师来上译厂为嘉宝主演的《瑞典女王》配音,道临老师那时候最忙,又当翻译又当译制导演,又主配好几部内参片,老仲也是上译厂的常客,参加过很多影片的配音,实际上他早在20世纪五六十年代就参加《远离莫斯科的地方》《生活的创造》的配音,"文革"配了好多部日本宣扬军国主义的影片,如《军阀》《战争和人》《日本海大海战》,还有苏联的影片《朱可夫》《解放》等影片。

老仲很怀念那一段生活,他说,这是他一生搞电影中一段非常特殊的经历。这段经历拓宽了自己的视野,学到很多外国演员的表演技巧,对丰富自己的创作大有教益。老仲那时候十分欣赏扮演朱可夫元帅的那位苏联演员,他没有配戏任务也会常常坐在录音棚琢磨扮演朱可夫的演员的戏。

那天我们聊了很多当时工作的事儿,我们都参加了电影《基督山伯爵》的配音,道临老师为基督山伯爵配音,其中有一位法国演员演小黑店老板,邪恶极了,让人十分痛恨,我告诉他们这位演员后来在电影《拿破仑在奥斯特里茨战役》中扮演拿破仑,老仲和道临老师都十分惊讶,这演员太了不起了!瑞芳老师说,外国演员他们创作机会多,功夫下得也深,所以出了那么多大明星。

后来又聊到我执导的译制片《野鹅敢死队》,老仲和道临老师都看过这部电影,说这部电影的对白很精彩,展示了这些雇佣兵的性格,特别是于鼎配的那个卫生员,一个男同性恋者。老仲问我有些词儿是怎么挖空心思想出来的。如:"把你的屁眼缝起来。""回来姑妈铺好床单给你打针。"我告诉他们"打针"这词儿也是来自生活。我讲了一段故事给他们听。1976年在海南岛拍描写琼崖游击队的故事电影《特殊任务》时,军区俱乐部张主任有一次陪同我去五指山军工厂取拍电影用的子弹(没有弹头的),回来路上,张主任跟我聊天,他问我:"老孙,你有女儿吗?""有,才2岁。""长大了别让她来部队。""怎么啦?""我跟你说知心话,我在俱乐部干了十几年了，有些事让我伤心。各大军区的首长都会来三亚度假，我接待过很多人。其中也有个别'首长'不是东西，白天让小护士给他打针，可晚上非要给小护士'打针'，造成了极坏的影响。事后我们要做很多工作，为这事儿擦屁股。""打针"这词儿就是这么来的。

记得当时三位老人听我讲完都很气愤。瑞芳老师说："有些人居功自傲，为所欲为。"道临老师说："这些事总会有算总账的一天。"老仲很激动："这是畜生！"

演员一定要摆正自己的位置

老仲是和共和国同步成长的演员，他从1950年开始参加拍电影，从参演《农家乐》一直干到2014年参加最后一部电影的拍摄《毛泽东在上海1924》。在祖国发展的各个阶段都有他出色的作品。他在《李双双》中扮演憨厚纯朴的喜旺，在《今天我休息》中扮演热心助人的民警马天明，在《月亮湾的笑声》中扮演风趣的庆亮，在《乔迁之喜》中扮演幽默的严主任，开拓了自己表演的风格，可以说是我国生活化喜剧表演的开创者、践行者，为我们后来的喜剧表演增添了一笔亮色。

这样一位有成就的演员在工作中始终严格地要求自己，在任何一个摄制组都兢兢业业，又和大家打成一片，努力做好自己的本职工作——演好戏。

老仲深情地对我说："演员一定要有自知之明，把自己摆在一个正确的位置上，没有生活，没有人民，没有电影这个创作集体，谁知道你是谁！你离不开集体，要学会尊重人，这是做人最起码的条件。"

老仲的晚年生活很充实

记得有一次影协活动，老仲、老温（锡莹）、老赵（焕章）、夏天、高正一些老同志站在影城大厅里聊天，老赵说最近网上传咱们这些退休老人一定要有"五老"生活才安定,这"五老"很有意思:老人要有老窝、老伴、老友、老底、老嗜好。"五老"让大家很有兴趣,你一言我一语地议论开了,觉得挺有道理,最后大家冲着老仲:这五老你全有了,你是我们老头中晚年生活最幸福的代表。老仲憨厚地笑了:"是的,是的,我对我的晚年生活挺满意。"

老仲离休后,有老伴祝姨的照料,生活安定满足,在祝姨的陪伴下参加了不少戏的拍摄,出席很多文艺界的活动。老仲常常夸自己的老伴是"后勤部长、保健医生、老托所的阿姨,还是我健康委员会的会长"。在祝姨的关心下,老仲把烟戒掉了。老仲爱喝白酒,曾经有几次喝白酒过量而胃出血,差点影响拍戏。阿满喜剧的导演张刚就告诉过我,在拍摄《小大老传》时,在开机宴上,老仲兴奋了,喝过量了胃痛不止,半夜胃出血,立即送医院,医生让老仲住院。老仲只好说:"张导,你赶快换人吧!"张刚当时抓瞎了,老仲是主角,马上开机了,我上哪儿去找主角呢。当时安慰老仲先好好治病,我们等你。老仲明白摄制组耽误不起,这事儿完全是自己失控造成的。老仲让祝姨把医生请来为自己采取止血措施,医生认真地为他做了必要的治疗。第二天老仲在老伴陪伴下来到拍摄现场,在镜头面前一站,立马精气神来了,硬是坚持把当天的戏拍完。老仲得到祝姨的精心照料,每天为老仲打针、煎中药,吃流质,就这样边拍戏边恢复,一天也没有耽误拍摄,完成了《小大老传》的前期拍摄任务。

在上海做后期时,老仲坚持自己来配对白,老仲跟我说:"渝烽,喝酒误事这个教训太深刻了,我一定要改。"

后来我问祝姨控酒成功了吗?祝姨说:几十年的老习惯不可能一下子改掉,我让老仲有个过程,慢慢来。先是白酒的量减下来,后来改喝黄酒,现在每天喝我为他泡的药酒,有蜂蜜、枸杞、党参等中药,现在不馋酒了,每天吃饭喝个一小杯。所以后来每次见老仲总是红光满面,精神很好,每天乐呵呵的,好老伴祝姨对他的照料功不可没。

我们这一代人，现在都七老八十了，见面总会聊身体状况，长我几岁的见我总会说："小孙，你身体状况还不错、蛮精神的。"我会告诉他们，我得益于前辈演员李纬的教导。1960年代他曾告诉我锻炼身体贵在"坚持"。李纬的"坚持"一直鼓励着我。

互补

李纬和张莺这对夫妻都是上影厂的老演员。李纬是内向型的人，寡言、好静；而张莺是个外向型的，好动、直筒子，这个脾气至今也没改。他俩也有一个共同点——好强、好胜，在演戏上都很努力，演的人物不管戏多戏少一定要出彩。那个年代上影厂演员都集中在永福路52号搞学习活动。一上午开会学习，张莺有感发言会有三五次，而李纬一句话也不说，只有逼得每个人非得谈看法时，李纬才言简意赅说上几句，但句句都说在点子上。

有一件趣事我一直没有忘记。那是1964年，剧团领导想让大家有空锻炼一下身体，买了两条健身垫子。一天学习中间休息，我们几个年轻演员起哄，让我同学姚德冰、祁明远两个人在新垫子上比试比试。他俩都爱好体育，是摔跤运动员，就让他俩比俯卧撑。张莺、汪漪、保琪、二林几位女演员也来看热闹。俯卧撑对姚、祁二位来说是小菜一碟，两个人在垫子上一口气就是几十下，把我们都看愣了。演员任申突然起哄对张莺说："老大姐，你要能撑两下，我请你吃饭！"张莺一看俯卧撑挺轻松，又好强："小兔崽子看不起老娘，我撑两下给你看看。"大家很起劲："好好，看张大姐表演。"任申对张莺说："两臂要直，两腿也要绷直，像他们一样，你撑两下我就请客。"张莺涨红了脸一下也没撑起来："嗨，还真有点难度。任申你这小兔崽子别高兴得太早，等我练练再和你理论。"把大家给乐的。我当时稍留意了一下，只见李纬站在不远处靠着柱子在吸烟，什么也没说，之后摇了摇头，笑笑进去学习了。

没想到两个月后一次学习休息，张莺拖着任申："小兔崽子，上次说的俯卧撑还算数吗？""大丈夫说话哪能轻易收回，你只要撑两下我就请客！"大家一起哄又来到垫子前。张莺对任申说："看着我双手直吗，腿绷得直吗，数着！"蹭、蹭、蹭就是三下，张莺起身冲着任申："服不服？""大姐，我服，服，我请客。""那好，去买两箱雪糕回来，今天参加学习的每人一根。"记得是我陪任申骑自行车到乌鲁木齐路冷饮店买回两箱雪糕，回团后发给大家，而且言明是张莺老师的胜利果实请大家共同分享。

1997年我去北京领政府奖，见到任申又提起这件事儿，任申也乐了："渝烽你还记得这事儿。当时我太傻了，忘了张莺家里还有个坚强后盾李纬。张莺回家后肯定让李纬教她，猛练了两个月，不然女同志是很难做俯卧撑的。"

冤案

"文革"中李纬不明不白在干校被隔离审查了3年，一场典型的冤案。

1969年年底，上影厂（当时是天马、海燕两厂）演员全部下奉贤"五七"干校劳动，去后不久就宣布李纬、陈述有严重政治历史问题，隔离审查，不许回家。当时天马、海燕两厂分在两个营地，有一河之隔，工军宣队宣布纪律，互相不许来往，怕串联。李纬编制属海燕厂，张莺属天马厂，夫妻俩分开在两个营地。李纬隔离后，每个月张莺要为他送钱、粮票和衣服之类的生活用品。一开始这些东西都得交工宣队，他们夫妻不能见面，那些日用品还要认真检查后才交给李纬。直到后来由我接待张莺，也允许他们见见面，互相之间也就报个平安。李纬对张莺说："我一定让工军宣队把我的问题查清楚，还我一个清白。"张莺对他说："多注意身体，家里的事你放心，有我撑着呢！"

当年在干校每月只能返回上海一次，休息 4 天。李纬、陈述隔离审查没资格返回上海，大部队休息，开始是工宣队留人看管他俩，后来把这个任务交给了我了，大部队返回上海休假，我留下来陪他俩，等大部队回来我再回上海休息。我帮陈述带回粮票、钱和一些生活用品，因此我跟陈述家里人也熟悉了。

这 4 天我们也比较清闲，早上可以多睡一会儿，也只能睡到 8 点，食堂 8 点 30 分就关门，不起来没得吃。上午我们三人去我们三连的菜地浇浇水，下午可以睡个午觉。刚开始李纬、陈述跟我讲话很谨慎，陈述因为跟我比较熟悉，话还多些。后来更熟悉了，也就聊得比较多了，基本上陈述说得多，李纬说得少，偶尔插上一两句，笑一笑，在干校那些日子很少见李纬有笑容。

李纬的历史问题据说是在重庆参加过国民党特务组织，而且领过津贴，有花名册为证。工军宣队每次找他谈话，让他老实交代，李纬的回答就这么几句话："我在重庆演戏拍电影，没有参加过任何组织，更别说领什么津贴。我相信党、相信组织一定会把我的问题调查清楚，而且我恳求组织一定要帮我查清楚，还我一个清白，不然我无法向妻儿交代，无法向家庭、亲朋好友交代。"

工军宣队为此去重庆外调过多次，只见一份特务组织领津贴的名单，上面有李纬的名字，其他什么也没查出来。当时工军宣队找我去分析案情，我曾提出过：李纬当年在重庆演话剧拍电影有点小名气，也许是特务组织为了向上级多要点津贴，虚报了人头。工军宣队批评我头脑简单，说这不可能。李纬就这样不明不白在干校隔离了 3 年，最后又宣布解放，理由是查无实据。简直荒唐之极！

后来大队回上海休假，三连就留下我们 3 个人。我们常常会聊起以前拍电影的事儿，陈述还会跟我们聊解放前上海滩的事。那时我才知道上海大马路、二马路、三马路、四马路那些事。陈述记忆力特好，讲很多老上海的事，听起来很带劲。李纬你不主动问他，他不会夸夸其谈。我问他拍《飞刀华》，那些飞刀是真练出来的吗？他告诉我拍戏那会儿整天和杂技团的演员在一起，向他们学习飞刀、甩鞭子，每天起码练上 6 小时，的确练到八九不离十的功夫，不然拍戏心里没底，当时牛犇、朱莎都跟着练。我说，我看你演好多戏，身体一直都很棒，这是长期锻炼的结果吗？他深有感触地说：干演员这一行，手里一定要有活儿，那就必须坚持练，除非你不想干演员了。现在在干校我不能明着锻炼，可我一直没有放弃过练身体，坐着、站着、去地里干活儿，我都有意识地锻炼身体各部位的肌肉。我从小就喜欢体育运动，在北京又常常去天桥玩，那些卖艺的都有绝活儿，我很羡慕他们，也偷着练。小时候还偏爱看京戏，特别是刀马旦的武功戏，爱看！反正有绝活儿的人我都挺佩服。要说锻炼，说难也难，说容易也容易，主要看你意志强不强，能不能坚持。他这个教导我一直记在心里。

实际上李纬只要真正打开话匣子，还是非常健谈的，主要看他愿不愿意跟你说。他是个知恩图报的人，他告诉我 1937 年"七七事变"他离开北京赴四川求学，在途中结识了导演孙瑜，从此改变了他的命运。孙瑜看他体格健壮，又一表人才，介绍他进了电影界，他主演的第一部电影是沈西苓导演的《中华儿女》，接着又参加了孙瑜导演的《长空万里》，和白杨、金焰、王人美、魏鹤龄一起拍戏。1948 年他又在费穆导演的《小城之春》中主演章志忱。这些戏让他收获不小，开拓了戏路，而且从中学到不少表演的技能。1953 年又和石挥一起拍《我这一辈子》，得到很多教益。谈这些事儿，他往往沉浸在深深的回忆之中。

敬 业

李纬在我心目中是一位非常敬业的演员，看他演的电影总会感到十分过瘾，他塑造的人物总是十分精彩，令人叫绝。他能文能武，在上影演员剧团是一位多面手，能独当一面担任主角，又是很多戏里不可缺少的"硬里子"，为影片添彩加分。李纬的弟弟李农也是上影剧团的演员，小弟弟李志舆是上海戏剧学院的教授，也参加过多部影片的拍摄，因此他们被称为沪上影坛李氏三兄弟。

在我和他的接触中，他在表演上有很多精辟的见解值得我们回味、深思。

"演员要有活儿。"这是我常常听他讲的一句话。什么叫"活儿"？"活儿"就是有真本事，表演上有一套，塑造不同类型的人物有不同的"活儿"，符合人物身份、性格的"活儿"。实际上这"活儿"包含着生活的阅历、塑造人物的手段、表演技巧的运用。

他演的电影太多了，我举几部印象比较深的电影来看看他塑造人物的功力，也就是他说的"活儿"。在电影《飞刀华》中他饰演华少杰，一个身有绝活儿的杂技演员、街头艺人。李纬不仅展现了人物的绝活儿"飞刀""甩鞭子"，还生动地刻画了人物善良、正义的品德，给人留下深刻印象。他在影片中为了出彩，每次演出的出场亮相十分帅气。电影放映后，很多杂技演员都来向他请教出场亮相的那种帅气劲儿。

在电影《舞台姐妹》中李纬扮演唐如龙经理，一个戏霸。对于这个反面人物他不作脸谱化表演，而是衣冠整齐、西装笔挺，打扮成上海小开的模样，风度翩翩，表面上对女演员们十分关怀亲切，而骨子里满肚子坏水。这个人物塑造得很成功。谢芳十分称赞李纬的表演，说他一举一动都有精心设计，那手臂往上一伸，扇子一扇，动作漂亮极了。谢晋导演也十分欣赏李纬的表演，他曾对我说，年轻演员要好好向李纬学习。李纬对人物的行为都有周密的设计，人物行动线十分到位。李纬的眼睛很会演戏，瞟一眼、瞪一眼都是人物内心活动的展示。有一次我跟李纬聊天，他告诉我上海滩这些洋场小开，戏院子里的戏霸、经理人我可见得太多了，我把生活中见到这些人的特点都融进唐如龙这个人物中去，所以这个人物性格展示得比较丰富多彩。

1985 年李纬又在吴天明的《没有航标的河流》中饰演主角盘老五，这是一个长期生活在木筏上漂泊的船老大。李纬的表演常常令吴天明激动不已。那场光屁股在河里游泳的戏，就是李纬精心设计表演的，充分展示出人物内心世界的丰富情感。当时这样的裸戏是有争议的，李纬从这个具体的人物出发，大胆地设计了这场戏，让人们看了十分动情，这就是李纬的"活儿"。

1990 年，年逾八旬的李纬在张艺谋导演的电影《菊豆》中饰演一个性无能而又是虐待狂的染坊老板杨金山。这个角色几乎没有台词，李纬全凭眼神和丰富的内心感受将人物恶狠狠的变态心理表现得淋漓尽致，让人看后不寒而栗。这个人物充分展

《飞刀华》剧组，左起：程之、李纬、李保罗、徐苏灵（导演）、牛犇、张贵福（摄影）、朱莎、魏鹤龄、王蓓

示了李纬的精湛演技，也是他"活儿"的最高展现。影片中有一场从楼上滚下来的戏，当时剧组考虑到他的高龄，准备为他找个替身来滚楼梯。他坚决反对，他拍了一辈子的戏，从没有用替身这种事儿。他说，演员演戏不能找替身，从楼上滚下来这中间有戏，怎能让替身来演呢？这是充分展示演员"活儿"的时候。他硬是从楼上滚下来，中间还停顿了一下，展示人物的倔性子，这场戏让在场的所有人都为之动情。

李纬对电影这份事业的热爱还表现在他从来不挑戏，不管戏多戏少，只要戏里需要，他就会努力去完成。所以在上影演员剧团中他也是一位多产的演员。

有一件事让人十分感动。意大利著名电影导演贝托鲁奇来中国拍《末代皇帝》，他曾经看过很多中国电影，他让助手来中国找到 1948 年主演《小城之春》章志忱的演员，还要找到 1985 年《没有航标的河流》中扮演盘老五的演员。没想到相隔近 40 年的这两部戏的主角竟然是同一个演员李纬。贝托鲁奇到中国后见到李纬十分激动，一个年逾八旬的老演员还那么精神，还在为中国电影作出自己的努力。后来李纬在电影《末代皇帝》中扮演一个老旗人，两场戏、几个镜头。李纬演得十分生动，一个没落、凄凉的老旗人的形象让人看后难以忘怀，我现在脑海中还能浮现这个穿得破破烂烂、敞开上衣露出胸脯的老人孤零零地站在那里……

还有一次他跟我聊起译制片配音的事儿，他说在上译厂配音是学习外国演员表演的绝好机会，他曾经到上译厂参加过多部影片的配音工作，如《黎明前的战斗》《不可战胜的人们》《偷自行车的人》《罗马——不设防的城市》……他看了美国演员史泰龙主演的几部影片后十分感慨，对我说：人家美国演员，那才叫真有"活儿"。他十分钦佩史泰龙。我跟他开玩笑："你是中国的史泰龙。不！你是中国的李纬！"他不停地摆手："差远了，差远了！"他敬业又十分谦虚，我想真正的好演员都会有这样的素质。

2003年李纬中风了。李纬是个充满血性的人，年轻时就见不得欺侮人的事，路见不平他就会出拳相助，肚子里搁不下事儿。随着年龄增长慢慢收敛了。可是很多看不惯的事还是会常常让他生气，生闷气。他是一个在艺术创作上十分严谨的人，到了摄制组，很多现象他看不惯，最后气成中风。2005年8月21日上午，他告别了亲人，告别了他一辈子喜爱的电影事业，离开了我们，享年86岁。

　　周末上午快 11 点我游泳回来，女儿和外孙已来我家，正和小孙女在客厅里看电视，聚精会神，连我进门也没有听见。我一看，原来是在看老电影《渡江侦察记》，看得可认真呢！我忙着进厨房准备午饭。

　　吃午饭时，已是初中生的外孙问我："外公，演情报处长的那个演员你认识吗？"外婆指指墙上挂的一幅字："你看看这是谁写的？"

　　"喔，我想起来了，这位老爷爷还和我掰过手腕呢！对了，是陈述老爷爷。"

　　吃过午饭我坐在客厅沙发上望着墙上陈述 80 岁时给我留下的墨宝："好人一生平安，赠渝烽、美珠留念。"好多往事如同放电影一样出现在我脑海里。

　　我 1963 年从上海电影专科学校毕业后分配到上影演员剧团，从此就结识了这位长者，并一直保持着亲密的交往。我俩开始都住在南市区，上下班常常骑车同行，在剧团我们一同去部队慰问演出，同台演话剧，他教我游泳、拍照片、修自行车，我们在一起掰手腕、做俯卧撑。"文革"中又一起在奉贤"五七"干校劳动。打倒"四人帮"后他终于重见天日，又活跃在银屏上塑造众多人物形象。他参加我的 60 寿辰，我们又为他庆贺 80 大寿。后来我和妻子带着小外孙去探望他，永不服老的陈述躺在病床上还让我试试他的手劲儿，他拉着小外孙的手说："怎么样，老爷爷的手劲还挺大吧！"

　　真的，好多往事让我无法忘怀。1967 年我结婚前夕，一个星期天早上，天气晴好，他骑着心爱的"老坦克"自行车从安吉路来到老西门西仓桥街我家，用清漆为我翻新一只旧大衣橱，他的认真仔细远远胜过一个专业漆匠老师傅。后来我也学会了刷清漆，改造了好几件旧家具。就在那天约好，等我结婚那天他来为我们拍结婚照片。可就在我结婚前10天，噩运降临在他头上，莫须有的罪名让他隔离审查……在十年动乱中他吃尽了苦头。

1977年11月18日，我已从上影演员剧团调到上海电影译制厂工作了(在万航渡路)，下班前我突然收到陈述寄给我一张他自己制作的贺卡，上面工工整整写着"渝烽、美珠祝贺你们结婚十周年，老朋友陈述贺"。手捧这张贺卡，我们夫妻俩激动无比。

我还忘不了他在审查期间对工军宣队讲的一番话："你们说我反党、反社会主义，我不能承认，我演戏演过坏人，在电影《渡江侦察记》中我演过国民党情报处长，可我人不坏。解放后我一家子生活稳定、美满，我从一个业余演员成为一名电影演员，我有了广阔的创作天地，我为什么要反党、反社会主义？解放后我知道和我同名同姓的就有14个人。今天你们批判我在《集邮》杂志上发表署名文章，可那个陈述不是我，我写不出这种集邮的文章。我知道有14个人叫陈述，是不是还有我不知道，他们中间有谁干过坏事，总不能因为同名同姓就强加在我头上。请工军宣队一定审查清楚还我一个清白，让我对家庭、对子女有个交代。"他就这样不明不白在"五七"干校隔离审查整整3年，1000多个日日夜夜。

更忘不了在"五七"干校因为做烟灰缸挨批斗的事情。这件事一直让我心中对他愧疚。打倒"四人帮"后他解除隔离，我跟他聊起做烟缸挨批斗的事儿，他冲我大笑："当年要找个碴、拉个人当典型开批判会那还不容易吗？"

在干校时，每个月大部队回上海休息4天。当时工宣队让我留下来和陈述、李纬两个隔离对象一起生活，实际上是看管他们。这4天我们很轻松。有一天我和陈述发现盖草棚时剩下很多锯断的毛竹，我们不约而同想到用这些废毛竹做烟灰缸。我们就拣了一些毛竹节完整地带回宿舍做成一个个小烟缸。大部队回来，我返上海休假，回来时带了一罐清漆、一小罐红漆回来。陈述手很巧会刻字，我说："在烟缸上刻'多思'吧，边抽烟边思考这多合适。""多思"两个字刻好，红漆一刷十分醒目。我们做的竹节小烟缸成了工艺品,很多人都来要。可是没过多久,来了一场"反击右倾翻案风"运动。工军宣队把陈述当典型要开批判会,说一个审查对象"多思"就是企图翻案。我跟工军宣队力争,我说这"多思"是我想出来的,跟陈述没有关系。工宣队的头儿陈师傅说:"陈述那么起劲地刻字,骨子里就是想翻案、想复辟。"就这样陈述当了"右倾翻案风"的典型,大小批判会开了好几次。

乌云终于散去,陈述又恢复了他往日的性情。他开朗、好胜,热爱生活,讲究生活质量,是个生活情趣十分丰富的人。在外景地拍戏,最喜欢带上一把咖啡壶,每天都会煮上一杯香气四溢的手磨咖啡。在家里他能烧一手好菜,堪称"美食家"。记得有一次参加公益演出,活动结束后我们几个在一家小饭店吃饭,有于飞、曹铎、于振寰,大家想喝点酒,说最好来一盘油炸花生米。老板说这好办,没多久一盘花生米上桌了。陈述尝了一粒说:"火候还不到,再炸20秒就恰到好处。""回锅"后果不其然,老板尝了一粒连连称道。陈述就是这么精确。

还记得有一个夏天约他参加一个活动,我一早赶到淮海中路湖南路口他家,他正在吃早饭:豆浆、生煎馒头,面前还有一碟姜丝。他非让我吃个生煎馒头,尝尝他泡的姜丝。姜丝是他自己制作的,用嫩姜、老陈醋加冰糖浸泡的,十分美味。他对我说:"要健康,冬吃萝卜夏吃姜。"后来我也如法炮制,至今每天早饭总会吃两片自己浸泡的姜片。

陈述晚年喜欢打打麻将。记得有一次聚会,我们俩坐在一起,他突然跟我聊起打麻将的事儿:"你知道我这个人干什么都很认真,打麻将我也看过一些书,麻将的技巧、规律也掌握不少,不知怎么搞的,往往一手好牌也会出冲,一副赢牌最后反而输了。"

我看他十分认真的样子,就对他说:"老哥啊,这跟你的性格有关,你好胜心太强,耐不住寂寞,所以会输牌。"

"小老弟,看不出你还是位高手。"

"我不会玩只会看,我记得1960年代庄则栋谈打乒乓球的体会,要学会辩证法,比赛要讲究心态,谁心态好谁就会赢!"

和陈述在一起

陈述把眼镜框扶扶正,盯着我看了好一会儿说:"有道理。"

我不知道他后来是赢得多还是输得多,只知道他和老麻友杨宝和、曹铎、于振寰,每周两个半天,周四、周六下午在他家里玩,雷打不动。这两个半天最好别打电话给他,这是他晚年生活最大的乐趣。后来几个老人相继离去,杨宝和先走,跟着是曹铎,接着是陈述。在陈述追悼会上见到于振寰,他坐在轮椅上还是那么爱开玩笑:"现在他们三缺一,正等着我呢!"

一次影协活动,上影厂老朋友告诉我于振寰也走了。祝愿这4位老人在天堂里继续聚会,玩得开心一点。

在上影演员剧团有一位并不引人注目的老演员,我们都亲切地叫他"茂头"——茂路。实际上只要是喜爱电影的观众,在 1980 年代以前上影厂拍摄的影片中都可以找到他的身影:反映部队生活的影片,可以在炊事班找到他;表现工业题材的影片,在工人老师傅、老门房、仓库保管员中能找到他;描写农村题材的影片,他更是频频出现,典型的中国农民形象;反映解放前生活的影片,在苦大仇深的人群里也总有他;连儿童影片《宝葫芦的秘密》中也有他。匪兵、流氓、打手、保镖……几乎很多影片中都有适合他的角色。演戏他从不挑挑拣拣,服从组织安排,任导演挑选,虽然不是主角,可始终是一片闪闪发光的绿叶。要是把他参加过的影片开列一张片目表,一定很长。我这里信口说出一些影片:《护士日记》《三年》《林冲》《三八河边》《两个巡逻兵》《沙漠里的战斗》《宝葫芦的秘密》《秦川情》《传国密诏》……都有他出色的表演。

"我没有名利思想"

记得"文革"前期,剧团演员集中在永福路 52 号分组学习,批文艺黑线,我跟茂头在一个学习小组。一次批文艺黑线反党反社会主义,他发言很激动。他说:"我是从旧社会过来的,在旧社会为了糊口到处找活干,中学肄业后我在津浦铁路、湘桂铁路上干体力活儿。后来到了上海,我是北京人,会说国语,所以就在电影厂当群众演员,什么活儿都干,什么戏都演,因为你不演戏、不干活儿就没有饭吃,就没有地方住。解放后我进了演员剧团,工作有了保障,生活有了保障,只要好好工作什么也不要愁。我有新旧社会的强烈对比,我有切身体会,因此在我心中共产党好,社会主义好,谁要反对党、反对社会主义,我们绝对不会答应!"茂头那次发言说得很实在,很朴实,这是他的心里话。

还有一次发言也让我感到挺意外。在谈到演员有名利思想,争戏争角色时,他说:"我没有名利思想,几十年来我从不争戏争角色,组织安排我干什么,我就干什么,让我去哪个剧组报到,我二话不说就去哪个剧组报到。演员嘛就是演戏,演戏就是我的工作,导演安排我演什么角色,我就演什么角色。不管戏多戏少,我努力把我的戏演好。导演说我演得不够好,我就找人请教,下功夫琢磨着把戏演好。我拍戏从不争拍近镜、特写,有的戏导演需要给我近镜,甚至特写镜头,那完全是戏的需要,不是我去争来的。尽管我不是主角,是个龙套,龙套在特定的规定情景中也需要突出,也会有近镜、特写,比如说,惊恐万分、喜出望外。1963年我拍《宝葫芦的秘密》,在这部儿童片中,我这个宝葫芦也该算是个主角吧!可在画面上我出现的尽是小人儿,我也从不去跟杨小仲导演提什么近镜、特写的要求,按理说我是主角,我该提出些要求,我没有这样做。因此,我虽然是演员,可我没有名利思想。"

听完茂头的发言,大家都不知该说什么是好,记得主持会议的好像是大李(李玲君),大李说:"茂头谈自己的活思想,说得也很实在,但是名利思想不光表现在演戏上,还有很多方面,比如争工资、争待遇、争住房,不愿下生活、不愿接受工农兵再教育,好多方面都会反映出我们个人主义和名利思想在作怪。"

这两次发言给我留下很深的印象。他说的都是实在话,也反映出他的为人、性格。是的,他有新旧社会的强烈对比,因此他对一切都比较满足,尽管他收入不高,还有两个孩子要负担,生活过得十分简朴,但有什么条件就过什么样的日子,这就是茂头可爱之处。

"演员什么都得学"

我在剧团和茂头接触不算太多,可收益不少。记得当时我们剧团的人常去南京路新城游泳池游泳。茂头和陈述都喜爱这项运动。我是个旱鸭子,在农村时可以在河里扑腾几下,只会"狗刨"。陈述教我游泳绝对规范,蛙泳如何踢腿、收腿,如何抬头换气,我一下子根本学不会,只好按他的要领慢慢练。茂头对我的训练又是一种方法,茂头一下水就沿着游泳池边一圈圈地游,他不求快,练耐久力。他能在水中不停地游上一个半小时。他让我跟在他后面慢慢地游,在游的过程中来体会蛙泳的动作,游多了,再多看看别人怎么游的,就会悟出一些道理来。我这些年能在游泳中治疗我的腰脊病,全是当年陈述、茂头给我打下的基础。那时候我在水中坚持不了多久,20分钟,最多半小时,肯定要爬上池沿喘气休息,有时他也上来陪我聊聊天。茂头喜欢和年轻人聊天,把他的生活经历告诉我们,他会不停地絮絮叨叨,有人不习惯,我出于礼貌、尊重,不愿打断他,所以他爱和我聊,虽然絮叨,可我从中获得很多生活的道理、演戏的经验和教训。

他多次和我讲到一个演员学会的技能越多越好。他会游泳,去部队拍戏还学会了骑马。在拍《沙漠里的战斗》时,很多小战士怕他年龄大摔下来,他说自己行,硬是把骑马学会了,最后能骑在马上奔跑。在部队有机会打枪他绝对不会放过。演员枪不会拿,射击又不像样,那怎么能演战士?去农村锻炼,挑担子、割麦子、收水稻,他样样活儿都干。他说自己的形象演个老农民挺合适,所以去农村他什么都干,这样演农民就像个农民。去工厂深入生活,或是拍戏,他也找老师傅样样学,什么车、钳、刨各工种的活儿都学一学,干一干。他到门房去看老师傅如何做收发工作,去仓库看保管员如何把货物分类放在货架上。这些事干多了就会顺手,演戏也就会很真实!

他还告诉我,他跟武术老师学了一套拳,多少年来一直坚持每天早上在公园里练习,这样又健身,又有武术的功架,所以拍武打片,他的动作架势很规范,看上去就像

电影《连心坝》剧照,左起:茂路、马冠英、作者

有功底的人。

　　我退休后受聘在东海学院担任影视表演系主任一职。我给学生安排的很多课程都是受到茂头早年给我絮叨的影响。我给学生安排的课程,除了声(乐)台(词)形(体)表(演)四门主课外,还安排了学骑马。当时我和马场联系,他们给了我最优惠的价格,我让学生学三个半天。女同学不怕马,敢骑上马。男同学更厉害,第三次都能上马奔跑了。我还安排了学生学习射击。经过训练,学生们举枪、立射、卧射的姿势都很到位,射击成绩也挺出色,5发子弹最低成绩也能有30环。关于射击这件事,我自己也有深刻的教训。记得1976年,我在海南岛参演于本正、徐继宏导演的电影《特别任务》,我扮演琼崖游击队政委。戏中有一场和敌人的遭遇战,我要用机枪扫射敌人。样片出来一看,挺不是味道,一边打枪,可眼睛不停地眨巴。因为不习惯夜间看

子弹的闪光,所以会不停地眨巴眼睛。这形象太差劲了!于本正说:"这不行,老同学好好练练,我们重拍。"当时部队的张参谋长挺好,陪着我在靶场练习了好几次。这场戏重拍时,我两眼怒视前方,手中的机枪不停地射击。我又想起茂头的话:"演员一定要学会射击。"

我对学生的形体课也作了调整。两年课程中,我抽出一学期请武术老师来专门教授刀、枪、剑、棍。我还和体育课老师商量,表演系的体育课要教会学生掌握各种球类的姿势,老师教他们要领,课后让学生自己去练。我还安排了书法课,请我的同学宋妙来上课,他也算是一位书法家。还有化装课,学生演戏基本上自己化装。暑假里我让学生去学游泳,有条件的学生去学开车。我当时已预感到年轻演员不会开车是不行的。上海戏剧学院张应湘教授来我校授课,他看了我制定的教学大纲和课程安排,激动地说:"孙老师,你这里的课程比上海戏剧学院还丰富、还全面,让孩子们受益了。"

毕业参加工作的学生们后来纷纷打电话告诉我:"孙老师,东海这3年我受益匪浅,我到摄制组很受欢迎,我掌握的技能多。""孙老师,我参加一部武打片,我一摆功架导演马上就选中我了。""孙老师,我到剧组一下子能上马,骑上马就走了,组里惊讶了,这女孩子真行,我得感谢学校为我提供学习的机会。"这一切都得感谢茂头当年对我的絮叨,让我明白该如何教我的学生。

"我爱我的老伴"

1960年代在饭店吃饭根本没有打包这一说,吃完饭还带剩菜这是挺丢人的。可有一位就有超前的想法,可以说是走在大家前面,这就是实实在在、可爱的茂头。当年剧团也有一些聚会,茂头有一个手提布袋,是爱人缝制的,口袋里有一个带盖子的搪瓷茶杯。吃完饭后他会拣上一些平时难得吃到的菜或是点心放进小茶杯带回去,给他老伴尝尝。也有人说茂头抠门,他认为吃不完倒掉挺浪费。后来我跟茂头聊天,才知道茂头深爱自己的老伴。

　　牛犇曾经告诉过我，这老头很善良、憨厚而且十分多情。刚解放，演员都住在集体宿舍，茂头常常会跟大家讲起他在解放前的一段罗曼史。其实大家早已听厌了，有时晚上睡觉前会逗茂头再讲讲。茂头觉得有人听挺高兴，就又讲开了。牛犇说开始大家还搭个腔，后来都昏昏入睡了。茂头还在讲，后来发现大家都睡觉了，这一夜这个多情的茂头又开始失眠了。实际上解放前他没有固定的工作，要想成家根本没有可能。解放后他才结婚成家，并且有了两个孩子。他什么工作都干，所以也很忙，一部戏接一部戏地拍，虽然不是主角，可也得跟着出外景，一去少则一两个月，多则半年，甚至时间会更长些，家里一切都由妻子承担了。茂头工资当时也不高，勉强维持一家人的生计。妻子很能吃苦，会精打细算，日子艰苦些，可一家子温饱没有问题。茂头很感谢能吃苦耐劳的妻子，对妻子也特别好，只要在外有好吃、没有吃过的东西，他总会想到让妻子也尝尝，所以才会有聚餐后那些让人议论的动作。实际上他没有多占别人的，比如吃点心，每人一份，他不吃省下来带给妻子吃，这很正常。虽然当年有人看不惯，甚至说上几句很不入耳的话，茂头认为自己没去占别人的便宜，也就不放在心上。

　　1970年代，我调上译厂工作，和茂头接触少了，只有开会或影协活动见见面。每次见面他总是很热情，会紧紧地和你握握手，我们会聊上一会儿，他总会讲他看译制片的感受，而且对我的工作给予极大的鼓励。茂头也和好些老同志一样退休比较早，这一拨老人退休工资都比较低，他个性好强，不愿接受子女的补贴，他和老伴一起过着节俭的生活。

　　有一次和江平参加影协的活动，我们俩正好坐在一桌吃饭，聊起茂头，我说在剧团时茂头跟我聊得很多，他人很实在、憨厚，喜欢絮絮叨叨，可在絮叨中还真讲出很多做人的道理、演戏的经验。我在东海学院主持表演系时，课程的安排挺受他的启发。江平也告诉我，在拍摄《今天我离休》，等于是《今天我休息》马天民的续篇时，把茂头也请来了。江平说，开始对茂头也有些看法，觉得这老头有点爱占小便宜，比如我们给剧组老同志准备一些点心和饮料,茂头在结束时把两罐乳酸奶和一包法国饼干装进布袋带回家去。后来美工师告诉我,那天下午茂头在休息室里只喝茶水,没有动饮料和点心,问他为什么不吃,他说这份东西你们发给我,我想带回家给老伴吃,她一个人在家还没有吃过这些洋奶洋点心,我省下来让她也尝尝。

江平说,更让我意想不到的是,戏拍完后,我们感谢这些老同志来友情出演,每个人给了500元辛苦费,当时我是制片人兼导演,知道茂路退休早工资低,让剧务主任多给他300元,没想到当天晚上他打听到每个人只有500元的酬劳,他连夜骑自行车来剧组把300元退了回来,还谢谢剧组对他的关照,说:"我拿我该拿的钱,多一分也不要。"听江平讲这些,让我们在座的人对茂头肃然起敬。

我和茂头后来在衡山路、永嘉路、建国西路上遇见过几次,我赶着上班,只好跟他点点头打个招呼。一路上我总想着,茂头这样一个朴实、憨厚、又倔的老头,不正是中国普通老百姓的代表吗?几十年里默默无闻、勤勤恳恳地工作着,生活虽然艰苦,但总是知足,只要有一点点改善,就会满足了。

在长乐路口有一间普通的住房,这就是温锡莹的住处,我曾来过多次。上影演员剧团的同事对温锡莹的称呼很多:老温、温大腔(他屁股特别大)、犟驴。在我的印象中,老温是性格十分鲜明的人,是个有棱有角的人,是一个让人怀念的人。

演戏,要各派兼收

温锡莹,1920年3月出生于河北秦皇岛,1942年毕业于国立戏剧专科学校,后来进中华剧艺社,在话剧《大地回春》《棠棣之花》《金玉满堂》《北京人》《桃花扇》《清宫外史》中担任主角和重要角色,1947年加入国泰影业公司,拍摄了《遥远的爱》《痴男怨女》等影片。

解放后成为上影演员剧团的演员,一直工作到退休,先后参加拍摄的影片及后来的电视剧有近100部之多。其间还参加过多部影片的编剧,还导演过影片《特殊家庭》,是一位好学勤奋的演员。

在上影演员中他也是一位演技派的演员,他有理论、有实践、有自己的表演风格,戏路子也比较广,在银幕和银屏上成功地塑造了很多人物形象,如在《鄂尔多斯风暴》中饰年轻有为的牧民乌力记,在《大地重光》《翠冈红旗》《沙漠里的战斗》《渡江侦察记》等影片中塑造了我解放军从战士到各级部队干部的形象,在《宋景诗》中饰刘厚德,在《林则徐》中饰麦宽,在《摩雅傣》中饰热梭,在《飞刀华》中饰梅经理,在《李善子》

中饰朴致旭,在《火红的年代》中饰白显舟,在《血总是热的》中饰老周……这些人物都以各种身份出现在银幕上,给人留下深刻的印象。在很多影片中他又成功地扮演了我们老一代的革命干部形象,如《年青的一代》中的林坚,《庐山恋》中的耿烽,《党小组长》中的丁司令员。我戏称他是扮演首长的专业户。

温锡莹在长期的表演生涯中不断探索表演理论,他认为表演艺术不应该局限于哪一派,斯坦尼的体验派、狄德罗的表现派、中国梅兰芳的表演体系都值得研究,并且都应该融入自己的表演实践中去。

他常跟我们开玩笑说:"你们这些大学生都是斯坦尼表演体系培养出来的演员,讲究内心体验,挖掘人物内在真实情感,但最后总得表现出来吧,总得通过表情、肢体展现人物的丰富情感。那么手段呢,形体动作呢? 狄德罗表现派就为你提供了外部肢体表演技能,而我们的梅派京剧表演艺术在实践中形成了一套完整的程式化的动作,又为刻画人物找到一些值得借鉴的外部形体动作。我们为什么不学习、不应用呢?"

他曾多次跟我讲,表演艺术应该各派兼收,融化在自己的创作实践中。他说:"赵丹,你说他是什么派? 他在《乌鸦与麻雀》中的出色表演,他在《林则徐》中的精彩表演,你说他是什么派。从表演理论上来分析,什么派都有。我们剧团很多老演员的表演都值得年轻演员学习、研究。孙道临、魏鹤龄、张伐、韩非、杨华等,这些演员都是在几十年表演生涯中摸爬滚打出来的,每个人身上都有自己独特的表演风格甚至绝活,从而形成了上海电影演员百花齐放的局面。看上影的戏,演员都有功力,人物都很生动。要形成这样的演员班底是很不容易的。"

老温的这些表演谈一直留在我脑海里,至今也没有忘怀。

做人,不能和稀泥

老温为人正直,他好学认真,而且认死理。在学习会上他往往能侃侃而谈,说得

温锡莹(中)、夏天(左)与作者

有根有据,政策方针能说得头头是道,他自己的观点也十分鲜明,是即是,非即非,所以在学习会上常会跟人争得面红耳赤。

"文革"开始后我们演员就回上影厂和制景车间工人在一起学习。记得当时讨论"三十年代文艺黑线",老温从自己切身体会认为解放后我们所拍摄的电影还是在执行毛主席的文艺路线,拍摄的电影是歌颂新社会、歌颂工农兵,是健康向上的,没有受文艺黑线的干扰。一位年轻制景工人突然反问:"你们是改造好的知识分子吗? 没有改造好,那还是资产阶级知识分子,能拍出好电影吗?"这下把老温激怒了:"是的,我们需要改造,解放后一直边工作边改造,但我们总的倾向是进步的,我们拥护党、拥护社会主义,而且用我们的实际行动真心实意地为工农兵服务。你能说电影《革命家庭》《年青的一代》《聂耳》《林则徐》不好吗?"

类似这样的争论发生过好多次,可以看出他的为人:不隐瞒自己的观点。随着运动深入,矛头越来越指向我们这些"臭知识分子"。曹铎常常私下提醒老温:"温大腔,你别老那犟驴性子,有些话少说为妙。""行,行,我沉默,沉默是金。"

后来我们好多演员都借到上译厂去参加内参片的配音工作。当时上面有一条指示:所有参加内参片工作的人员,搞完影片后都要消毒,开展对影片大批判,要做到人人口诛笔伐,肃清影片的流毒。我当时负责组织大批判,老温在很多影片中配主角,必须发言,我做过记录,他的批判发言很有意思。如批一些美国的文艺片,老温批判说:"这些影片都在宣扬人道主义精神,当然是资产阶级的人道主义,这和我们的革命人道主义是格格不入的,必须批判。文艺有两个功能:一是娱乐功能,二是教育功能。我们怎么能去娱乐资产阶级的东西,我们又怎么能去接受资产阶级的教育呢?因此这些影片必须批判。"

在几部日本军国主义的影片《山本五十六》《啊!海军》《日本海大海战》译制完成后的批判会上,老温的批判也挺有意思:"这几部影片都在宣扬日本军国主义,极其反动。影片中宣扬武士道精神,表现出一种对天皇的'愚忠'。一个统治者是反动的、反人民的,这种'愚忠'就是彻头彻尾的反动。一个国家、一个民族不能搞这种'愚忠'。只有忠于人民,忠于祖国才是健康的。"

他就是以这样的"句式"述说自己的观点。

有一天我们俩聊天,他对我说:"小孙,社会生活就是这样错综复杂,你要不违心、不和稀泥,只有沉默。如果必须表态,那就得动动脑筋,看看该怎么说才合适,这是我几十年的生活经历。"

退休,反思的好时光

老温 1980 年代就退休了,那时我已经调到上译厂工作了。有时影协活动,我们还见见面,聊聊天。他常常跟我聊译制片的事情,我知道他早已是老配音演员了,

1950年代就经常参加配音工作,在配音上是很有成就的演员。1957年他为苏联影片《钦差大臣》中的市长配音非常出彩,荣获1949—1957年优秀影片评奖个人一等奖。他参加过影片《彼得大帝》配音,为彼得大帝配音,还有《夜店》《远离莫斯科的地方》。后来又为《华丽家族》《解放》《蛇》等一大批内参片配音。他声音浑厚有力度,国外很多粗犷型的人物他特别合适。

老温对老厂长陈叙一十分敬佩,说他本子翻译得好,台词译得准确、生动、口语化,演员易表达人物情感。这是很深的功底,必须外语好、中文底子厚,才能做到这一点。

有一次我送他两张内参片的电影票,我说:"你在长乐路离我们译制厂(永嘉路)近,来看看吧!"他谢谢我。后来我打电话请他来厂看电影,我为他留了票。他在电话里说:"小孙,不用留了,译制厂的电影票很紧张,你别为我留了。"他就来厂看过一次电影,他是一个非常善解人意的人。

有一次影协活动我没有见到老温,曹铎告诉我,温大腔这个犟驴最近又发生一件事。电视台邀请他参加一部古装戏拍摄,合同上写明他们几个老演员每次拍戏派车来家接,拍完戏派车送回家。有一天拍完戏,剧务对他们说,今天公司的车派出去了,请各位打的回家,车票留着下次拍戏时报销。老温一听不高兴,问剧务这最后一辆车去哪儿,剧务说回公司。"那好我搭车回公司。"到了公司,车有事开走了,老温就等在公司办公室,一直到晚上8点多钟,才有人回来。见老温还坐在那儿:"老前辈,你怎么还没有回家?""我等你们派车送我回家,我按合同办事!"公司马上叫车把老温送回家。从那以后,每次拍完戏总把几个老演员送回家。这就是老温的性格。后来我问他这件事儿,他说,实际上我心里有气,摄制组往往把我们几个老家伙早早接来,把我们晾在那儿,往往一上午也拍不着戏,几个工作人员整天围着几个年轻女演员转,我实在看不惯。

老温退休后好几次有记者要采访他,都被他拒绝了。这种事在好多老演员身上发生过,张伐、中叔皇都拒绝采访。老温对记者说,我过去干的事早已成为历史了,没什么值得谈的,要说拍戏,反正有影片在那儿,由大家评说,我现在再说就没有必要了。现在我已经是退休职工了,什么贡献也没有,靠国家发的养老金过活,我们一家子都挺好,真的没有什么好说的。

后来我应老温之约去他家看过他几次,有时间就多聊一会儿,没时间我坐上一会儿就走了。我发现老人还是很愿意有朋友聊聊天的。

有一次我上午去看他,他问我不急于走吧? 我说下午厂里录戏。"那好,我最近在家里琢磨出一个菜很好吃,今天你尝尝。"我问他什么菜,他说:"土豆,不是赫鲁晓夫说的那个共产主义土豆烧牛肉,可我这个土豆饼很有特色。"我当时想,孙道临老师也请我吃过土豆,道临老师把土豆压成泥中间加入好些葱花,做成一个个小饼在油锅里煎,挺香、挺好吃。我帮老温一起做,土豆先煮上,他从冰箱里取出肉末,还有小虾仁,把土豆压成泥,加入少量面粉、葱花,又打上两个鸡蛋,一半拌上肉末,一半拌上小虾仁,做成一个个薄饼,也放在油锅煎,两面黄后起锅,真香。我们又下了点面。我问他:"爱人、孩子不回来吃吗?""她们晚上下班才回来。"他还告诉我,茄子和大蒜瓣加点肉末一块儿红烧也挺好吃,一定要焖烂。回来这两个菜我都做给孩子们吃,他们爱吃土豆饼,就是费点事,味道还真不错。

又有一次我去看他,他指着桌上一大叠稿纸对我说:"我退休后一直在考虑想写个剧本,现在总算完成了,一个是写一对知识分子夫妻俩的人生道路,一个是写'文化大革命'面面观,其中有自己的反思。"我说这太好了,把剧本送出去让他们审看。"不! 不! 我还得好好修改修改,我写这些不是准备拍摄的,是自己一生的反思。通过一个剧本,通过剧中人物来进行反思,等我改好了你再看。"

后来不知道老温这两个剧本改得如何。老温 2008 年 12 月 14 日去世,告别了他为之奋斗一生的电影事业,享年 88 岁。

为纪念瑞芳老师逝世 1 周年，上海电影博物馆放映了瑞芳老师在 1950 年代初主演的影片《凤凰之歌》。我和仲星火老师一同观看影片，他和康泰都参加了这部影片的拍摄。暑假期间，我还和外孙、小孙女一起从电视里又观看了电影《青春之歌》，在影片中又看到了康泰，勾起了我对往事的回忆。

帅 哥

康泰原名刘秉璋，1927 年生于北京，1945 年进入华北电影公司任演员，1947 年成为上海国泰影业公司的演员，解放后成为上影演员剧团的演员。在我眼里，康泰一直是银幕上帅哥的形象。一部《青春之歌》当时风靡全国，康泰在影片中扮演了英俊潇洒、睿智沉稳的卢嘉川，那清癯的脸庞、高挺的鼻梁、深陷的眼窝，几十年过去了，人物形象至今难以让人忘怀。

康泰还在影片《红日》中塑造了年轻有为、带有书卷气的团政委陈坚，在《渡江侦察记》中塑造了为革命而不惜献出自己年轻生命的周长喜，在《海魂》中塑造了光荣起义的国民党海军军官……康泰成了当年银幕上真正的帅哥。

他不仅在银幕上帅气，而且多才多艺。每次去部队、工厂、农村演出，人们为他的独唱而倾倒。他以高亢的声音演唱《骑马挎枪走天下》，以风趣、轻快的声音演唱《卖货郎》，又以饱满的激情演唱《我为祖国献石油》……每次演出都会迎来满堂彩，不再

电影《海魂》剧照，左起：康泰、赵丹、高博、崔嵬

加唱一首歌是绝对下不了台的。

他的朗诵也十分迷人。我听过他无限深情地朗诵《赞歌》《向困难进军》《雷锋，我们的好兄弟》……充满激情，充满对人民的爱、对同志的爱、对祖国的爱恋。

帅哥在生活中也处处出彩。篮球打得很帅气，游泳姿势十分优美，剧团的老哥儿们都会亲昵地说他："这小子爱臭美！"

帅哥当然要娶美女。康泰夫人陈美兰是女大学生，游泳、跳水非常出色，我猜想康泰一定受了美国大片《出水芙蓉》的影响，20 世纪四五十年代这部美国片风靡全球。可是康帅哥养不起"芙蓉"，陈美兰出身资本家家庭，当时每月的零花钱比康泰的工资还要高。当他们有了一双儿女后，生活压力是很大的。每个家庭都有一本难念的经。记得瑞芳老师当年就对康泰说过："你喜欢她、爱她，就应该对她负有责任。"
帅哥康泰也千方百计使家庭和睦，在这方面的操劳也的确费了不少心血，所以最后帅
哥突发心肌梗死也是多方面的因素造成的。

乐 天 派

帅哥康泰是个乐天派的人物，整天大大咧咧、嘻嘻哈哈，我和他在剧团相处 10 年
中有很多生活小事让我记忆犹新。

"猪头肉"。有一年春节去部队慰问演出，晚上部队首长招待我们演员吃夜宵。
有一盘炒菜很美味，可突然康泰碰碰我："你看怎么是用猪头肉炒的！"我也挑了几片
肉吃，脆脆的很有嚼劲。康泰把这些猪头肉剔在自己面前的菜盘里，一会儿于飞来我
们这桌敬酒，一眼发现康泰盘里的肉问："你不吃这个？大傻瓜！"他凑近我们说："知
道吗，这可是熊掌肉，是老首长一个在东北的战友派人送来的。有一天熊瞎子闯进营
地差点伤了人，被值班战士打死了。那老战友给首长送来了一个让他尝尝鲜，今天特
地招待我们。"康泰一听赶紧把盘里的肉吃完了。"你怎么知道的？""这事我要不知道
还能算美食家吗？你一定把它当猪头肉了吧，哈哈！"于飞笑得开心极了。

睡地板挺舒服。1965 年我们海燕厂组织创作人员去安徽定远县搞社教，我和康
泰在厂里试镜头，比大部队晚了两天去。那天我们乘火车到滁县，住进地委招待所，
准备第二天坐长途车到定远。晚上我们不到 10 点钟就睡了，是一张大床，我睡不着，
康泰也一样。都 11 点了，康泰问我："小孙，怎么睡不着？""这床一直在咔崩咔崩地
响，睡不着。""估计这个垫子老掉牙了，里面的弹簧一直在响，咱们起来睡地板吧！"我
们把床单铺在地板上，被子半垫半盖，美美地睡了一觉。第二天要不是服务员叫我
们，肯定赶不上去定远的班车。康泰在车上对我说："还是睡地板舒服。"

"手艺不赖吧！"当时我们几个光棍住在剧团时，每月领了工资总相约在淮海路、
襄阳路口的"天津馆"去吃一顿饺子。1967 年结婚后我们住在岳父家基本上吃米饭。

有一次我对康泰说:"真想吃饺子。""这方便,星期天和你爱人来我家,我包饺子给你们吃,保你一辈子都忘不了。""我要韭菜馅儿的。"周日我们去了三个人,小舅子听说去康泰家,非要去,他是个影迷,太崇拜康泰了。11点我们带上了水果来到复兴路、皋兰路康泰家,正好遇见陈美兰带着孩子去外公家。"外公、外婆想外孙子了。你们多玩一会儿。"我小舅子早被康泰的相册迷住了,叫姐姐和他一块儿看。我在厨房帮康泰弄凉菜,康泰包了两种馅儿的饺子:白菜肉馅、韭菜肉馅。味道真的好极了,我大概吃了两大盘,我爱人、小舅子也被这美味吸引住了,吃得也不少。最后多了一盘,康泰非让我带回去让岳父、岳母尝尝。这天晚饭我一点也吃不下。老岳父吃着康泰包的饺子感慨地说:"真没想到,康泰这么有名的演员,戏演得好,还会包这么美味的饺子,真了不起!"第二天我把这话告诉康泰,他得意极了:"我的手艺不赖吧!"后来老演员告诉我,康泰拌饺子馅的绝招是加了肉皮冻和适量的胡椒粉,所以味道很特别。

"赤膊上阵"。"文革"时上影剧团很多演员都到上译厂参加内参片的配音。当时上译厂的录音棚搭在阳台上,夏天棚里气温高达40多℃,靠放在大木盆里的两块冰、一个旧电风扇来降温,根本起不了作用。康泰出去转一圈回来说:"今天下午全录我们男人的戏,咱们可以解放一下。"说完带头光膀子,只穿一条裤衩,一下子在棚里的男演员全光膀子配戏了。实在太热了就用手摸摸冰块往身上抹,来一丝凉意。打倒"四人帮"后,高博又扯康泰的耳朵了:"你这小子赤膊上阵为'四人帮'配黄戏。"康泰也不饶他:"高秃子,你也很卖力,卖力得把头发都掉光了。"这对老哥儿俩见面就互相掐,这成了他们俩生活中的一大乐趣了。

"肥皂糖"。这也是康泰一大笑料。"文革"中上译厂后期配戏稍微放松一些,有时大家会带点糖果来分发一下,往往都是空中抛糖。康泰喜欢吃糖,他总能比别人从空中多接几粒糖,剥了糖纸把糖塞进嘴里,然后得意而俏皮地跟对方说谢谢。有一天高博来得很早,带来花生奶糖,和几个老太太在一个角落里嘀咕着什么。一会儿康泰也来了,高博开始给大家扔糖,康泰又开始空中接糖。高博有意把一块糖从他头上扔过去,康泰一跳抓住糖迅速剥了糖纸塞进嘴里,只听见"哇"的一声,康泰冲到痰盂罐面前呕吐起来:"高秃子,你太缺德了! 怎么把肥皂包在里面!"这时候大家都笑得前仰后合了。

　　"戏说太监"。有一次高博、康泰、仲星火和我借到上译厂配完一部戏后回干校,正好遇上干校每月一次 4 天休假,连部决定让我们留下来,休假期间给菜地浇浇水。当时陈述、李纬一直留在干校,每天早上我们 6 个人去三连菜地浇完水就没事儿了,挺清闲,晚上也睡得早些。有一天晚上不知怎么会聊起"中国太监"的事儿。康泰兴致勃勃把在北京听来的传说告诉我们:"太监这事儿挺残忍的,新皇帝一登基马上派人去找年轻的小伙子,在宫中好吃好喝养上两三个月,就进行阉割,抓住生殖器用快刀全部割掉,插上两根麦管,撒一把香灰,用布一包,就被人抬到房间里去养着,很多人因流血过多而死去,命大的活下来的就留在宫中当太监。"听得我们汗毛都竖起来了。高博说:"康泰你在胡扯,这样干哪能不死人。"仲星火插话:"我在北京听说的跟康泰说的一样,的确很残忍的。"高博说:"当太监本身就是一件十分残忍的事情,但阉割的方法不是康泰说的那样,而是如同南方阉割公鸡一样,是把公鸡的雄性激素腺割去,也就是两个蛋割去,这样有势也不能举了,皇帝老儿也就放心了。"

　　记得当时陈述也插了话:"高博说得比较科学。"康泰说:"高博说的这些是后来发展了,古代的太监就是我说的那样。"后来他们七嘴八舌地说了好些有关北京太监的事儿,如北京有很多太监都挺有钱,他们偷宫中的宝物,有的太监也纳妾。对女人太监有两种态度,一种人是把女人当成宝贝,百依百顺;另一种是虐待女人,而且很残忍。太监中也有两种性格的人,一种太监是菩萨心肠;一种太监心理很阴暗,十分嫉妒正常男人,常常使坏害人。总之是封建社会人为地造成了人扭曲变态的心理。我从来没听说过这些事情,所以记忆特别深。后来在现实中也见到这种心理扭曲变态的人。

　　"钱肉"。在干校的确让我长了不少见识,好多第一次都是在干校经历的。有一天早上我和康泰买了馒头回宿舍里来,我带了点自己烧的酱。高博也在宿舍里吃早饭,见我俩进来就说:"来得正好,尝尝这个。"他从一个罐子里取出两片红色的东西给我们一人一片,告诉我们:"可以夹在馒头里吃。"我咬了一口,真香啊。康泰对我说:"这叫猪肉脯,只有像高博这样的'高知'才吃得起。"过了几年,我在淮海路一家食品店见到这猪肉脯,我也咬咬牙给孩子买了几片,家人都说好吃。猪肉脯现在满大街都有不稀罕,可当年这是高档食品。

还有一次,大冬天,张云立拿着一个大口瓶来到我和杨在葆床边(我和在葆是上下铺),从瓶里取出几段发紫的肉给我们吃,味道十分鲜美。在葆问云立:"这东西哪儿搞来的?""山东一个朋友带来的,我留了几块让你们尝尝。"我邻铺的康泰凑过来:"什么好吃的?"云立把瓶递给康泰。"好小子,这'钱肉'可是大补品啊!"看来康泰知道这是什么肉。后来在地里劳动时康泰告诉我:这"钱肉"是驴鞭子肉,中间有个洞,所以叫"钱肉",是稀罕的补品。真让我长见识。

我跟康泰都睡上铺,紧挨着。当时我跟杨在葆学针灸,也会那么几下,康泰常常让我给他扎足三里,还有关元穴。他又想扎,又嗷嗷叫:"喔,喔,酸啊,酸!现在胀了,胀了!"这就是又天真又乐观的康泰。

钟 爱 电 影

康泰是一个热爱艺术、热爱电影,愿把一生献给电影事业的人,很多老同志回忆起康泰都这么说。

那天和老仲(星火)一起看《凤凰之歌》,他就说,康泰是在城市里长大的,要演农民,他感到自己有很大的差距,所以住在农村,整天和年轻人去地里干活,学着挑水、干农活,让自己起些变化。现在看这个戏有很多不足的地方,可当年能拍成这样已经是很不容易了。

孙道临生前回忆起拍《渡江侦察记》的情景也说过,我们这些在上海生活惯了的人要演当兵的深感距离太大了,所以到了部队什么都想学。康泰爱唱歌,又打篮球,常常讲笑话,很快就和战士们打成一片,战士们都挺喜欢他。他演周长喜,戏不算多,可最后开着汽车冲向敌人,那股子忘我的精神也是受到战士们那种顽强精神的鼓舞。

秦怡老师和康泰一起在云南拍摄电影《摩雅傣》,深入少数民族,生活很艰苦,语言上也有障碍,在同吃同住中向少数民族学习。当时康泰很用功,看了不少资料,还听老人们讲古老的传说,最后成功地扮演了一个少数民族的青年。

高博和康泰这对老哥儿们生活中常常互相挖苦对方,高博常开玩笑说:看康泰的演出千万别坐在前排,要坐前排必须打把伞遮一遮康泰的唾沫星子。玩笑归玩笑,高博真是非常赞扬康泰演戏的那股子激情。康泰演戏十分投入、十分动情,所以看他的演出会给人一种冲击力,按现在的话说,他的正能量传达到每一位观众的心里。

1965年在安徽搞社教,结束时,瑞芳老师让我们几个演员排一台节目给18个大队的老乡演一演。我们排了两个独幕剧,康泰、顾也鲁、吴云芳三人演《小保管上任》,我和曹雷演《一分钱》。这两个戏,我们互相做导演。我在《一分钱》里有一场戏,要把算账多出来的1分钱给妻子变戏法变没有了,康泰看得很认真,说我的动作必须让观众看不出一点破绽,盯着让我练,最后练到他也不知道我什么时候把钱塞进耳朵里才罢休。他还提议我们排一个小节目《大实话》,四个老老头说家乡的变化,他一个个抠我们演老头的走路样子,直到他满意为止,那个认真、那个较劲儿真是少有的。

我后来从上影演员剧团调上译厂工作了,"文革"后他一直忙着拍戏,见面机会少了。我知道"文革"后他拍了不少电影,在《苦难的心》中塑造了罗秉真,在《第二次握手》中扮演了苏冠兰。1982年因在《特殊身份的警察》中饰演李渊风荣获第二届小百花奖优秀男主角奖。1985年1月22日在广州拍完电影《公寓》最后一个镜头,他突发心肌梗死,抢救无效,告别了他一生钟爱的电影事业,那时他才58岁。

和于
相是
处之
的老
日师
子

每当看到书房墙上于是之老师给我留下的墨宝"笔墨有情""不容易",就会勾起我对于老师的念想。

人生难得遇知己,认识于老师是我一生中的幸事。

1982年我参加谢晋导演执导的电影《秋瑾》,在影片中扮演竺绍康一角。由于剧本作了较大的改动,把秋瑾、王金发、竺绍康组织领导暴动的戏大大删减,把重心转到秋瑾去日本,加强了陈天华的戏份,我在电影中的戏份很少了。但有幸的是我在剧组结识了仰慕已久的于是之老师。

记得我从上海赶到《秋瑾》外景地杭州,来到剧组下榻的花家山宾馆时,剃成大光头、和蔼可亲的于是之老师在制片主任老毕(立奎)的陪同下和我亲切握手,并引我到他的房间:"毕主任已同意让你和我住一屋。"于老师这么对我说,真让我喜出望外。从此在杭州、在绍兴拍戏的日子里,我都和于老师住在一起。

后来我问老毕,我怎么会有如此殊荣?老毕告诉我,是你的一篇文章引起的。

在去杭州拍戏前,我曾在《新民晚报》上发过一篇小文章,题目是《大光头与大虎牙》,称赞于是之为了扮演电影《秋瑾》中的知府大人剃了光头,斯琴高娃为了在电影《骆驼祥子》中塑造虎妞一角装上了两颗大虎牙。他们为了塑造角色、贴近角色,置个人美丑于不顾,体现了一种敬业精神。当时有些年轻演员在拍戏上强调个人的美,而不考虑角色的需要。我写这篇短文目的在于歌颂这种为艺术而献身的精神,它值得我们青年一代演员学习。

于是之（右）和谢晋在讨论电影《秋瑾》

　　于老师在杭州外景地看到了这篇文章，曾问毕主任："这个孙渝烽你认识吗?"老毕告诉他："小孙，也是我们上影厂的，原来是上影演员剧团的演员，'文革'中从干校借到译制片厂去配内参片，后来就调到译制厂去当配音演员，还当译制导演。过几天就来咱们剧组演竺绍康。"于老师挺高兴，对毕主任说："来了，就让他跟我住吧!"

　　外景拍摄地两个多月的相处我获益匪浅。于老师是一位博学者，谈古论今，海阔天空。我们聊艺术创作方面的事情更多些。于老师在艺术上堪称是一位大家，当年在《龙须沟》里饰演程疯子，在《青春之歌》中饰演余永泽，刻画人物入木三分，是我们这些后辈学表演的榜样。后来我又在北京看过于老师主演的《茶馆》，他把王利发这个人物演得出神入化，让我十分敬重。他对艺术创作的颇多见解，我至今记忆犹新。

　　他对我说，一个演员永远离不开舞台，作为电影演员也应该争取常回舞台演演戏。在舞台上完整地塑造人物，每天演出都会有新东西、新体验，你跟观众交流会有新的发现、新的创新。他说，我参加拍电影，但我更热爱舞台演出。

他还告诉我，一个演员一定要善于观察生活，善于积累。有的生活可以亲身体验，有的生活只能从书本上去借鉴，演员一定要做生活笔记来丰富自己的生活积累。

他对我说，一个搞艺术的人一定要有自己的独立主见，不能人云亦云。这个独立主见来自丰富的生活积累，对作品的理解、熟悉，对人物个性的把握，特别要在细节真实上下功夫。这个教诲很重要，我后来主要担任译制导演工作，独立主见对我完成一部译制片作用很大。我每搞一部译制片都尽可能寻找影片的背景资料，阅读有关影片的史料，当我吃透了影片的风格、主题，了解了原片导演的创作意图，对影片中人物个性特点有了充分理解，才能和翻译、配音演员共同用语言、声音去还原影片的风格样式，正确地把握人物的个性特点，使每部译制片都有各自的特色而不雷同。我感谢于老师的教诲。

于是之老师知道我1960年从杭州扛着一个铺盖卷，拎着一只父亲留给我的破皮箱到上海求学，毕业后有幸留在上影厂，但还没有来得及演戏就经历了十年动乱，后来为事业、为家庭吃尽了苦，还能坚持笔耕，非常不易。当我们快离开外景地，返回上海前夕的一天夜里，于老师深情地为我写了一个条幅"笔墨有情"，以鼓励我继续笔耕。就在那天夜里，我还求于老师为我写下了"不容易"三个字。我告诉于老师，今后我要奋斗，争取有个小书房，我要把"不容易"挂在书房正中，这个书屋将称为"不易斋"，以此勉励自己努力不息。

后来，于是之老师带北京人艺来上海演出话剧《茶馆》，我去后台看望过他。上译厂配音演员于鼎是于是之老师的堂兄弟，他回北京探亲时，我托他带了上海城隍庙的梨膏糖（治咳嗽）、五香豆（可下酒）问候于老师。于老师也为我带来北京的茯苓饼。后来大家都忙，我们互通电话，互相问候致意。

于是之老师在舞台上、在银幕上塑造了众多栩栩如生的艺术形象，是一位真正的表演大家。

电影父子兵：
张翼、张云立

在上影厂有很多"父子兵""母子兵"，如徐韬和徐伟杰、吴贻弓和吴天戈、孙瑜和孙栋光都是父子关系，黄蜀芹和郑大圣则是母子关系，他们都为中国电影事业贡献着自己的智慧和心血。张翼和张云立也是一对电影"父子兵"，他们都是演员。

雄狮——张翼

对于年轻的电影观众来说，张翼这个名字是很陌生的；而对于中老年观众来说，提到张翼都会竖起大拇指，称赞他是位了不起的老演员。解放后他在银幕上塑造了很多栩栩如生的人物形象：在电影《林冲》中饰鲁智深，在《谍海雄风》中饰周大，在《51号兵站》中饰司令员，在《宋景诗》中饰王老德，在《母亲》中饰赵船长，还在《乘风破浪》《钢城虎将》《北国江南》《水手长的故事》中饰演重要角色；"文革"后，在电影《平鹰坟》中饰吴勇，在《征途》中饰宋志忠，在《再战江湖》中饰霍景山……要罗列的影片太多了，他一生主演过的影片有120多部，在老一辈演员中他算是一位高产演员。

张翼原名张雨亭，出生于1909年，浙江慈溪人，父亲是上海一个修理钟表的工匠，当年生活很艰苦。张翼14岁就开始自谋生路，他当过店员、水手。一个偶然的机会，他看了一部美国好莱坞影片，是由美国大明星范朋克主演的《罗宾汉》，影片中的打斗场面深深吸引了他。当年张翼身材魁梧，十分英俊。1920年代上海滩已有几十家影片公司，拍电影对他诱惑很大。1925年他毛遂自荐进了"海峰"及"暨南"影片公司。当时导演王槐秋正在筹拍《嘉兴八美图》，一眼看中了英俊潇洒的张翼，让他担任男主角。张翼的这部处女作一炮打响，很多影片公司都纷纷邀他拍片。当时是无声片，所以这些小公司的制片人、导演大都选择武侠、神怪、打斗的动作片。在20世纪二三十年代的十年中，张翼居然主演了70多部武侠片，如《火烧红莲寺》等，使他成为当时无人不晓的武侠明星，报纸上称他是"中国武打片第一人""中国的罗宾汉"，身材高大魁梧的张翼被誉为"雄狮"。

1933年他结识了孙瑜导演，后又进入联华影业公司，先后参加了孙瑜执导的多部影片，如《故都春梦》《清白》等，特别是在《清白》中他饰演一个洋行小职员，妻子被人霸占，他无力应对的痛苦心情表演得十分真切。孙瑜导演为他取了艺名张翼——"如虎添翼"。从那以后他又和金焰主演了《大路》《狼山喋血记》，在这两部进步影片中，他的表演流畅自如，生动地塑造了进步热血青年，使他赢得圈内和观众的一致好评。那个时期他先后和阮玲玉、金焰、陈燕燕、黎莉莉、刘琼等演员出演了《再会吧，上海》《镀金的城》《蛇蝎美人》《慈母曲》等一大批影片，他因出色的表演被当时媒体誉为"刚毅小生"，而当年的顾也鲁则被誉为"袖珍小生"。

抗战期间，张翼在香港、上海又主演了《还我故乡》《孔夫子》《中国罗宾汉》，抗战胜利后加入昆仑影业公司，参加了《丽人行》《幸福狂想曲》《红楼残梦》《无语问苍天》《同是天涯沦落人》《大地回春》等10余部影片的拍摄，张翼成为观众十分喜爱的演员。

我跟张翼接触最多的是在奉贤"五七"干校，从1969年到1971年，住在一个宿舍里，从他身上学到不少生活知识，特别是做人的道理。这位老前辈当时已是60岁的老人了，我们都亲切地称他张大哥。他身体健康，为人开朗平和，待人十分诚恳热情，在很多平凡小事中显出他的人品，很多事情我至今不忘。

在干校劳动，有一天我的套鞋鞋帮上裂开一个大口子，张大哥一看说没问题，我帮你修好，说完拿着一把剪刀出去了。一会儿回来，手里拿着一段旧自行车车胎："我看见食堂黄鱼车上有一股绳子是用自行车废车胎缠起来的，我剪了一小段，可惜

在电影《林冲》中舒适扮演林冲,张翼扮演鲁智深

是红颜色的。"他从床底下拖出一个小木箱,里面有各种小工具。他拿出一把小锉刀,一小瓶胶水,很快就把我的套鞋补好了。"美中不足就是颜色有点跳。"他遗憾地说。"谢谢了张大哥,能穿就很好了。"我感激不尽。然而没有想到的是,不久大部队回上海休假4天,当我4天后回来时,张大哥已经把我的套鞋改造好了。原来他回上海找了几段黑颜色旧自行车内胎,把我套鞋上原来红颜色的补丁锉平又覆盖一块黑色的补丁,这样一点也看不出补过的印迹。后来他先后为好多人补过套鞋,工宣队也来找他补鞋。

张大哥的手巧是出了名的,我们宿舍蚊帐的帐钩几乎都是他做的,有的用竹子,有的用铁丝,又好看又实用。他还会修伞、修表(这是跟他父亲学的)。在干校有一个阶段,我们还用竹子节做了很多烟灰缸,他和陈述做得最出彩,绝对是工艺品。后来陈述为此遭批判，工宣队说他在烟缸上刻"多思"是想翻案。

当时在干校，我们三连负责种菜，基本上是我们演员组在管理。张翼大哥对此特别有兴趣，每次休假回来都会带上各种应时种的蔬菜瓜果种子，所以我们的菜地品种特别丰富：茄子、辣椒、毛豆、豇豆、萝卜，还有西瓜、黄金瓜……样样有。我们的菜地一垄一垄的特别整齐。他爱去地里干活，每当要搞大批判写大字报，他会悄悄地跟我说："小孙，我跟陈述、李纬去菜地，我不会写大字报。""好吧！"我们写完大字报最后总把张翼的名字也写上，他回来一看对我挤挤眼，抿嘴一笑，这表情可爱之极，我至今也忘不了。

在干校我们聊得也很多，我常常问他当年拍戏时的一些事，他也说。比如当年拍武打片，摔下来都是在地上垫几条被子，摔不好也会骨折的，他身上好多伤疤都是当年摔出来的。

最让我感动的是他讲了一个做人的道理：那个年月拍戏，电影公司都是一些小老板、皮包公司，找个好剧本就招些人，租个摄影棚就开始拍戏了。照明工人、置景工人、化(装)服(装)道(具)，以及演员都是为了谋生，奔一个目标来的，就是把戏拍好，让这部戏能卖个好价钱，这样又可以接着拍下一部，所以摄制组都很团结、和谐，各部门互相帮助。当时演员和工人都打成一片，摄制组有什么事都一块儿干。当年他年轻又壮实，除了演戏还帮照明工人搬灯扛电线，也帮置景工人扛布景。张大哥在组里是出名的好人，有些小流氓到摄制组来捣乱，他挺身一站，小流氓就赶快溜了，因此摄制组各部门都十分尊重他。几十年来他一直保持和工人打成一片的作风，在摄制组他从来不摆演员架子，和大家亲亲热热，说说笑笑，在电影界的人缘特别好。

厂里的服装、道具工作人员对他也十分尊重，他一下摄制组大家都会对他说："张大哥，服装你有什么要求尽管提，我们一定为你做好，让你穿得舒服。""你要用什么道具尽管说，我们在全上海为你找，没有也为你定制，保证你演戏出彩。"

所以他深情地跟我说："小孙，几十年拍戏我有一个体会，拍电影，演员是出头露面，真正干活的是组里的工人，没有他们的辛勤劳动，电影根本就拍不成。我一直懂这个道理,所以我尊重摄制组每一位工作人员,我们老一辈的电影人都明白这一点。"这话是他的肺腑之言,也是他的为人准则,我一直牢牢记着。人要有自知之明,演员一定要摆正自己的位置,电影是集体创作,一定要学会尊重别人的劳动。

幸福——张云立

张云立年长我6岁。我是1963年进上影演员剧团的,他比我早3年进剧团。我是大学生分配进剧团的,他则是完全靠自己努力进电影厂的。上中学时他就参加了上海工人文化宫舞蹈队,他爱好跳舞。由于舞跳得好,很快成了当时赫赫有名的"上海柴油机厂"技术学校舞蹈队的辅导员,后来又调厂部工会担任俱乐部主任。1960年代表上海工人艺术团去北京参加全国文艺汇演,在演出中获了奖,周总理、朱德等中央领导人还亲切地接见了他们,拍照留念。当年上海很多文艺团体下生活深入基层都会去上柴厂,一是因为它是个大厂名厂,二是这里工人的业余文化生活搞得很出色。1960年上影演员剧团也来上柴厂慰问演出,孙道临老师是领队。张云立作为俱乐部主任接待了他们。接触中道临老师看中了这个小伙子,说他形象好,舞蹈也跳得好,问他愿意进电影厂工作吗? 张云立很高兴地说:"我愿意,可我不会演戏,条件不行吧?"这次谈话后没多久就来通知,让他到电影厂去报到。当年上影演员剧团需要年轻人来充实演员队伍。1960年底,张云立来上影演员剧团报到,同时还有于桂春、尤嘉、金肇渠等人。就这样,张云立幸福地和父亲张翼在一起共事了。

当时剧团以老带新,通过舞台演出,在实践中培养新人。云立进团后出演的第一个话剧是《借刀》,有老演员陈述、王蓓参加演出,这是个反映工人生活的话剧,云立熟悉这种生活,在老演员的点拨指导下很快适应了舞台剧演出,他也十分虚心地向老演员学习表演技能。

很快他又参加了第一部电影拍摄,在电影《红日》中饰演由舒适扮演的军长张灵甫的副官,又能在老前辈的帮助下学习电影表演。正当他参加了几部戏的拍摄,稍有长进之时，"文革"中断了这种学习的好机会。1969年我们一起在奉贤"五七"干校待了好几年，学习、大批判、劳动。那时，我们都年轻，三连负责种菜，我们挑粪下地是主力。当时我们演员组出去抢粪很厉害，一出去十几挑子，杨在葆、李兰发、张云立、徐阜、我……周边的粪坑都被我们挖干净了，所以我们菜地的肥源很充足。

"文革"后上影厂迎来一个创作兴旺期，云立参演了当时很轰动的电影《难忘的战斗》，后来又参演了《这是我应该做的》《大刀记》《庐山恋》《七月流火》《开枪，为你送行》。我和云立两人一块儿参加了《特殊任务》的拍摄。在海南岛整整4个月，他演地方游击队长，我演琼崖支队的政委。后来我们又一起参加了《革命军中马前卒》的拍摄。那时我已正式调上译厂工作，后来一块儿演戏的机会没有了，每当开会见面也总有好多话可聊。

1980年代中期，瑞芳老师主持上影演员剧团工作，她一方面积极培养年轻演员，一方面让剧团的演员走出去搞创作，充分发挥大家的才能，很多演员除了演戏还担任导演、制片工作。云立也和上影厂很多导演合作，向老导演们学习。在孙道临老师执导的《非常大总统》中担任副导演，又向舒适、高正、岑范等导演学习，协助他们拍片。不久他就独立导演了第一部电视剧《美的天使》，为他开辟了一个新的创作天地。

让他难忘的是1986年的一次出差途中，在火车上看到一则报道，讲一位女医生把自己的眼角膜移植给她的病人。人间真爱深深打动了云立，几个不眠之夜他写出了《引人忧思的梅花》电视剧本，上影厂编辑赵志强看后十分感动，协助他把剧本改得更动人。云立又亲自走访了医院，得到上海市卫生局的支持，这部自编、自导、自演的上下两集电视剧终于诞生了，在电视台播放后反响很好。接着他又导演拍摄了《女人不是月亮》，和上海市公安局合作导演拍摄了以交通事故为题材的连续剧，和解放日报社合作导演拍摄了电视剧《乐谱疑案》，还先后被邀请去杭州、福建、安徽等地拍摄电视剧。这期间他很忙，创作虽然艰辛，但一种能为社会服务的幸福感使他努力克服困难，拍好每一部作品。

1989年，北京正在筹拍电影《周恩来》，剧组一位副导演来上海挑选演员，云立和这位副导演在湖南拍戏时相识,他热情地陪同这位副导演在上影厂、上海人艺以及好几个剧团整整转了三天挑选演员。送走这位副导演后,云立又赶回安徽拍戏,同屋演员辛静对云立说:"我看你挺像叶帅——叶剑英。""哪儿像呢,我陪那位副导演在上海转了三天,他也没有发现我,不可能!"没想到辛静打电话告诉在《周恩来》剧组担任制片的儿子,不久剧组又派一位姓刘的副导演来上海。刘副导演和叶向真是同学,曾多次见过叶帅。他发现云立很像叶帅,拍了照带回北京。不久导演丁荫楠就打电话来,找云立去北京,在八一厂严碧君、北影厂王希钟等化装师的努力下,在部队和全体摄制组成立大会上,导演丁荫楠隆重向大家推出两位演员:王铁成饰演周恩来,张云立饰演叶剑英,全场报以热烈的掌声。1991年电影《周恩来》终于和全国观众见面了。这部电影影响非常大,对于云立来说,能扮演叶帅也是人生中的一大幸事。

1995年,当刘琼、岑范导演正在筹拍电视剧《袁世凯》时,张云立也参加该组工作,担任副导演,并兼演一个角色。

这时,广州突然给云立打来长途,请他立即去广州。原来,广州正在筹拍电视剧《广州市长叶剑英》,导演和宣传部领导想见见张云立。在《周恩来》剧组云立扮演的是老年叶帅,而现在要拍的是中年时期的叶帅。云立那天到达广州时,上身穿一件翻领短衫,下面一条牛仔裤,很精神。导演和宣传部长一见到云立,马上通过,决定让云立留下来。云立说我上海还有工作,宣传部长对他说:"张老师,你安心在宾馆看剧本,上海的一切事情由我们来处理。"

住下来第三天,叶帅的老警卫员李德才老先生就来到宾馆。李德才一见到云立就愣住了,下意识地举起右手向云立敬礼:"老首长你好!"这给云立极大的鼓舞,增强了他的自信。

半个多月他们在一起生活,70多岁的李德才先生详细地给张云立讲述了叶帅的一切:在部队带兵、打仗、当参谋总长,叶帅的性格、为人,以及家庭生活……云立告诉我,李德才对叶帅的感情十分深厚,有一天半夜里醒来,只见李德才坐在他床边。李德才先生说他想起叶帅很多往事,难以入眠……和李德才相处的这半个多月让云

张云立扮演的叶剑英

立获益匪浅，对他以后扮演叶帅起到了巨大的作用。

拍完《广州市长叶剑英》，张云立又在电影《叱咤香洲》中扮演老年叶剑英，接着又和卢奇一起拍摄了电影《邓小平》，他在剧中饰叶帅。当他们前往叶帅家拍戏时，警卫员、秘书列队欢迎他们，把云立当叶帅一样迎候。云立有幸参观了叶帅最后去世的房间，这是很少有的殊荣。

云立的夫人马（宗瑛）老师是个贤内助。当年两个女儿的衣服、全家大小的衬衣短裤、被单被里、枕头套全都是马老师踩缝纫机自己缝制的。我后来爬格子也买了一台蝴蝶牌缝纫机，我爱人学会后两个孩子的衣服、床上用品全是自己缝制的，这就是我们当年生活的真实状况。

搞电影的人，家里必须有一位任劳任怨的好妻子或好丈夫支持你的工作才行。

云立讲起这一点感到十分满意幸福。他这么多年能搞创作,离不开马老师的全力支持。想起我们当年在海南岛拍《特殊任务》,从上一年 11 月拍到下一年 2 月底,整整 4 个月才返回上海,春节也是在那里过的,年初一我们还下海游泳呢！当年拍电影出外景,半年、10 个月一点不稀罕。我对马老师说,那次出外景后,我就坚持留在上译厂工作了,因为我妻子太辛苦了,拖着两个孩子,儿子 8 岁念小学,女儿才 2 岁,每天抱着上下班。孩子送单位托儿所,每天下班后生煤球炉做饭洗衣服,最害怕的是孩子生病。马老师深有同感,现在想想真不知道那些日子是怎么过来的。她说云立当年在家里的日子少,几乎是背个铺盖卷、提个小皮箱就出去了,3 个月、半年不回家,家里的一切都由她撑着。

2013 年 9 月为纪念邓小平诞辰 110 周年,北京筹拍大型电视史诗剧《历史转折中的邓小平》,剧组再次邀请张云立参加拍摄。云立感到自己年龄大了,手也有点发抖了,记忆也差,怕记不住台词,影响拍摄进度,特别是有损叶帅的形象,就婉言谢绝了。第三次来电话,云立说让我先看看剧本行吗？剧组很快就把剧本寄来了。云立认认真真地看完剧本,又有了冲动,创作欲望也被激起来了。剧本中写了打倒"四人帮"这件令全国人民大快人心的事件,还写了叶帅和老一辈革命家如何极力把邓小平推上第一线,还有剧中有一场为叶帅庆贺 80 大寿的戏,而今年云立正好 80 岁,这太巧合了。他对我说,我与叶帅有缘,能在耄耋之年再扮演一次叶帅,有始有终,也算是我人生中一大幸事。就这样,在妻子马老师陪伴下,9 月赶到北京剧组报到参加拍摄。

没想到一个多月后,在京西宾馆拍戏时,云立的胆总管结石病又犯了,痛得在拍摄现场站也站不住了,剧组同意他回上海治病。马老师陪着他看了好几家医院,先吃药打针把病情稳定下来,等拍完戏回上海再彻底治疗。一个半月后,马老师陪云立回到剧组,在十三陵外景地拍戏。当时北京天气已很冷了,剧组也特别关心他的身体,现场一件大衣总不离身,拍完一个镜头就有人替他披上大衣。怕他不习惯北方饮食,常常为他准备一些南方的食品。云立很感动,在戏上也特别下功夫,马老师常常帮助他对台词,云立把每句台词的含义都搞准确。他暗暗下决心拍好这部戏向全国人民交一份满意的答卷。

我一直坚持看这部史诗剧，邓小平演得十分成功，云立演得也很不错，一是很多戏都有激情，二是在处理和邓小平的关系上分寸把握得很好，突出邓小平，绝对不抢戏。

我把观后感告诉云立，他十分高兴，那张一直笑眯眯的脸上又洋溢起十分幸福的表情，他对我说："渝烽啊，叶帅的家人对我扮演叶帅很认可，这是我最大的欣慰啊。"是啊！人生最大的幸福是什么？我认为一个人如果家庭需要你，社会也需要你，这应该是人生最大的幸福了。云立这几十年的路就是在这样一条充满幸福的路上走过来的。

后 继 有 人

云立值得骄傲的是他的小女儿张虹，1980 年代从海政文工团转业到上影厂，先后在电影《绞索下的交易》《土裁缝和洋小姐》以及电视剧《上海人在东京》《杜月笙》等中担任主角和重要角色。他的女婿卢青也是上影演员剧团的演员，先后在《巴山夜雨》《特殊任务》《小金鱼》《半张订婚照》等多部影视剧中担任主角和重要角色。他们夫妻俩现在在日本工作，仍然没有忘记对电影、电视的热爱，还在坚守从事摄影工作。

更可喜的是云立的小外孙吕卓海，在澳大利亚求学攻读传媒和导演专业，毕业后在国外有一份很好的工作，可他愿意回到祖国来创业，让外公看着他努力奋斗。29岁的小伙子在上海拍摄专题片、广告片，先后参加了多个电影节，勤奋地向老一辈电影工作者学习。

一个电影世家，雄狮——老张翼在天堂也一定会为儿孙们的努力感到欣慰，充满幸福感的云立也一定会为女儿、女婿、小外孙的努力加油鼓劲！

农
民
欢
迎
的
导
演

赵
焕
章

赵焕章是上海电影制片厂的导演，只要是喜爱电影的观众对他肯定熟悉。1980年代初的短短5年里，他连续拍出3部全国人民喜闻乐见的农村影片：《喜盈门》《咱们的牛百岁》《咱们的退伍兵》。《喜盈门》印制的拷贝数，是新中国成立以来农村片发行量最多的一部影片，印制了4 000多个拷贝。据当年统计，农民观看这部影片的人数为5亿多人次(还不包括城市的居民)。

这3部影片荣获了政府优秀影片奖、百花奖、金鸡奖等奖项多达10余项。由于赵焕章在电影领域里踏踏实实地辛勤耕耘，1981—1989年连续被评为上海市劳动模范，1988年荣获"新时期电影、电视十佳导演"殊荣。2005年是中国电影100周年，他又荣获"优秀电影艺术家"的称号。

被"艺术感染力"所感染

赵焕章1930年出生于山东利津县，高中毕业后，19岁的他到山东文联人民文工团当演员。1952年又毕业于山东大学艺术系，不久就和山大40多位同学来到上海，进入上海电影制片厂一直工作到1996年离休。

赵导搞电影那个认真、敬业劲，在上影厂是出了名的。

记得他跟我讲过一件影响他一辈子的事情。那是1949年文工团在一个广场上为解放军战士以及当地农民演出。他在一个小话剧《战斗里成长》中扮演一个老父亲角色,这个老父亲,因为贫困还不起债,最后喝盐卤死去。当演到老父亲死去时,他听到台下的战士、农民情绪激愤之极,口号声不断,甚至有人要冲上舞台,被人强行劝阻了。他躺在台上想,艺术的感染力居然有那么强烈,真让他没有想到。从那以后他就一直鼓励自己要努力演好戏,用艺术去激励观众。后来进了上海接触到电影,看了很多影片,让他无比激动,电影的艺术感染力是如此的强大——那忘不了的《一江春水向东流》《万家灯火》《大路》《我这一辈子》……

当时他们山大 40 多位同学进上海电影制片厂是来"掺沙子"的,解放老区来的年轻力量进上海,是来改造旧上海电影厂的。可赵焕章感到什么都是那么新鲜,都需要自己重新学习。刚开始他在一些电影中当演员演戏,后来他决心学习当电影导演。当时厂领导也要培养一些年轻导演,所以十分支持他。他的第一部戏就是跟着沈浮导演拍摄的,他非常崇拜沈浮导演的《万家灯火》。后来赵焕章又跟着桑弧导演。赵焕章认认真真地学,从当场记开始,后来又当导演助理、副导演,一直到自己独立拍片,一步一个脚印,踏踏实实。

赵导的谦虚好学、善良、为人厚道,是大家一致公认的。他导演了多部影片:《小康人家》《蔓萝花》《水手长的故事》《他们在成长》《一副保险带》《管得好》《新风歌》《风浪》《海之恋》,接着就是 3 部农村片。他孜孜不倦地追求电影的感染力,拍摄观众喜闻乐见的好影片。

"要尊重作家"

赵导说:我们搞电影的常常会谈到剧本。剧本,一剧之本。在拍摄 3 部农村片过程中,他深深体会到要诚心诚意地尊重作家,尊重作家实际上就是尊重生活。"艺术来源于生活"这句话我们常常挂在嘴上,但真正让他理解这句话的深刻意义,是拍摄这 3 部农村片的过程。

《喜盈门》是山东农村一个文化干事辛显令写的,这个剧本赵焕章和作家前前后后五易其稿。1980年赵焕章经厂同意请辛显令来上海修改剧本,他和作者见面第一天就约法三章:一、我们之间一定要取长补短;二、我们要对艺术负责,互相之间要无话不谈;三、我的意见,我的改动,最后必须由你来定稿。他为什么要定这样三条?目的是要互相配合,最终尊重作者的意见。因为作者有生活,他的语言也丰富。在五易其稿的过程中,赵导对人物设计等提出了自己的意见,如要加强小姑子的戏——把小姑子写好很重要,因为农村有一个普遍问题,就是姑嫂关系处理不好,作者熟悉这方面的生活。最后他们共同努力,把这个人物改得非常好,很出彩。

当时赵导和辛显令关在文学部日日夜夜,不断听意见,不断修改。最后赵导十分满意,认为剧本可以投拍了。可是他说了不算,还要经过多道审查,如编审、文学部主任、厂领导、艺委会、电影局,甚至市委宣传部,万一剧本拍不成,辛显令回去如何交代呢?细心周到的赵导把剧本送给《上海电影剧本》杂志社主编王世桢先生看。王老一看十分满意,立刻安排发表。赵导诚恳地对辛显令说:"万一通不过,不让拍,你就多带点杂志回去也有个交代。"

他们的辛勤劳动使得剧本很快得到局、厂通过,而且批准马上成立摄制组,投入正式拍摄。影片完成公映后,赵导做了一次有心人,他想了解这部影片究竟有多大的艺术感染力。结果经他统计,影片在上海放映时,有50多处观众爆发出会心的笑声。到山东县城放映时,笑声多达100多次。最后去当地农村放映时,观众笑声居然达到180多次。他知道了这部农村喜剧片农民喜欢的程度,这对他也是一次艺术感染力的考验。

完成《喜盈门》后他在筹拍《海之恋》,同时请文学部的编辑再去山东寻找好题材、好剧本。后来编辑部刘福年发现了一个中篇小说《咱们的牛百岁》,赵导看了很喜欢,生活气息非常浓,还找到作者袁学强,这是个很喜欢写写文章的农民,一边种地,一边利用业余时间在他仅有6平方米的小屋子里,点上一盏小油灯,不停地写作,他收集的素材有一大摞。赵导很快就和袁学强深谈了一次,希望他动手把小说改成剧本,而且作了很详细的辅导工作,讲解了对剧本的具体要求。袁学强很认真、很努力,在最

和赵焕章在一起

短的时间里写出了剧本。他白天拍戏,晚上抽时间讨论剧本,提出很多中肯的意见请作者再修改。赵导当时拍戏实在太忙,就请编辑刘福年帮助袁学强一起改。刘福年当时母亲去世,在奔丧期间还在看剧本,不断和袁学强交换修改意见。赵导拍完《海之恋》正在上海做后期,接到父亲去世的消息也赶回山东奔丧,其间又和作者见面,商讨剧本。袁学强十分感动。赵导最后还是把袁学强请到上海来改剧本,他和袁学强同样约法三章。

在一个大房间里,四周布满黑板,把每个章节所提出的意见都写在黑板上,他和作者日夜围着黑板修改。就这样七易其稿,完成了《咱们的牛百岁》剧本创作。在拍摄期间,他又把袁学强请到摄制组来,边拍边改。最后影片那场"砸锅"的戏把影片推向了高潮，那是袁学强从一大堆素材中找出来的真人真事。这就是赵导尊敬作者、尊重生活的成果。

这部戏的演员非常敬业，王馥荔、陈裕德都演得十分出彩。为拍雪地那场戏，当时没有下雪，就用化肥代替雪，王馥荔倒在雪地里，几次被化肥呛得晕过去，仍然坚持拍戏。

赵导同样为了让袁学强对乡亲有个交代，也请王世桢主编在杂志上先发表剧本。赵导非常喜爱这个朴实的年轻农民作家，多次向山东各级领导提出，能否为小袁创造一些写作的条件。赵导的努力终于有了结果，小袁后来有了一个固定的工作，还有深入生活作调研搞写作的机会。

《咱们的退伍兵》是从山西发现的好小说，是两位资深老作家马烽、孙谦合写的。赵导对这两位老作家是非常尊重的，请他们来上海改剧本。当剧本出来以后，电影局和厂领导提出了一些修改意见，请两位老作家再改一稿。以前这两位老作家写剧本是从来不改的，这次看到上海如此重视，破例答应认真修改一次。赵导拿到修改后的剧本当然很高兴，可也发现有些地方还需要作进一步的修改。但他知道，不能对两位老作家再启口了。与人为善的赵导采取了一个很人理的方法：他把剧本写成分镜头剧本，然后请两位作家过目提意见，有不合适之处再改动，特别是人物语言上的问题。两位老作家认真地看了老赵的分镜头剧本，其中有几处对原剧本作了补充和改写，改得入情入理，让人物更生动了。他们非常满意，就这样《咱们的退伍兵》又顺利开拍了。

赵导很深情地谈到，对作家一定要尊重，他们有深厚的生活底子。马烽、孙谦两位老作家都有自己定点的农村根据地，他们会常常去那儿生活。这些作家对农村的生活、人物、语言都十分熟悉，尊重他们就是尊重生活。作为导演即使改动了一些戏，作了结构上的大调整，最后也得让作家用自己的语言来定稿。4位作家和赵导的合作非常愉快，成效也是十分明显的。

"感 谢 生 活"

记得 1963 年我大学毕业后分配进上影演员剧团,当时赵导和强明导演正在拍电影《水手长的故事》,有两场戏缺一个作战参谋,我被选中参加拍摄。在摄影棚里搭了一个炮艇,海上作战的戏就在棚里拍摄。两天后我们看拍摄样片,赵导走到我身边:"小孙,你的军帽是否有什么问题,你怎么老是用手在摸帽檐。"看样片让我闹了一个大红脸。我发现了自己的问题:拍炮艇顶着风浪向前进,我在船头观察敌情,我总想有点动作,所以不自觉地老用手去扶帽子。镜头是一个个分着拍摄的,接起来看问题就暴露出来了,很不舒服,只见我的手不断在扶帽檐。赵导安慰我:"没关系,刚接触拍电影,慢慢地就会把握电影的规律。"这场戏补拍了两个镜头就过去了。

从那以后我认识了这位十分和蔼亲切的导演。后来我们又合作拍摄了电影《他们在成长》,我在电影中扮演工人老林。为不影响工厂的正常生产,我们常常拍夜戏。赵导十分关心我们,常常跟我们聊天,讲镜头的位置,让我们注意把握人物的分寸。

赵导曾跟我说,我一直有一个强烈的愿望,要用电影来表现中国的农村生活,1980 年代正好有这样一个机会让我如愿,写他们所关心的事情,写他们身边发生的事情。这种有浓厚乡土气息的影片,他们会感到亲切可信。农民的生活太苦了,我总想用喜剧的形式来展现他们的生活,让农民会心地笑,笑着向落后告别去迎接新的生活。我由衷地称赞他实现了自己的心愿,为全国农民拍了 3 部喜闻乐见的电影,并有着强烈的艺术感染力。

他深情地说,一切都得感谢生活,是生活给了我们启示,生活成就了作家,我们能和这些作家共同努力,才能完成创作。我这一辈子都感谢"生活",丰富的生活,才能带给我们创作的成果。

这是赵焕章导演发自内心的肺腑之言。

多产的女作曲家刘雁西

观看电影、电视剧的观众首先总是关注谁是男女主角,然后才是导演。对于电影的作曲很少有人关注,除非十分喜爱音乐的观众才会被电影、电视剧的音乐、插曲所吸引,才会去关注作曲是谁。

有一位女作曲家观众都不会忘记,她叫刘雁西,她先后为 80 多部电影作曲,为 220 多部电视剧作曲,还为 5 部话剧作了曲。

敢吃螃蟹

刘雁西 1943 年出生于湖北广济,后来跟着父亲辗转大西南,最后在上海定居。其父是德国留学生,回国后在贸易公司担任翻译。在上海定居后,便一直从事外语教学工作,是外语学院、外贸学院的德语教授。刘雁西在这样一个家庭中成长,从小就养成对文学的爱好。1958 年陪同同学去考上海音乐学院附中,没想到同学未被录取,而她对音乐的敏感使她进了附中,4 年后又直升上海音乐学院,1967 年毕业于上海音乐学院作曲系。毕业后她先在上海科教片厂担任作曲,后来调到上海电影制片厂担任影片作曲。

1975 年吕其明老师为故事片《战船台》作曲,让她参加了作曲的创作全过程,使她学到了很多新知识。首先认真研究剧本定音乐的设计方案,和导演傅超武讨论音乐的走向;然后不断地看拍摄样片,琢磨音乐的旋律,再看完成样片,定影片的主旋律,量影片需作曲的片段长度,写出影片的插曲,确定全片音乐的走向,写出总谱,并和指挥交换意见,确定配器,然后在棚里录音和插曲,最后进到影片的混合录音……在吕其明老师的帮助下,她了解了电影作曲的整个创作过程。吕其明老师还告诉她很多创作过程中的细节故事,以及会发生的很多特殊情况。一个作曲家要学会随机应变的能力,及时修改自己的曲目。作为一个电影作曲,要对影片负责,对导演负责,对观众负责,通过音乐充分展示出影片的风格样式,用音乐这种形式为刻画人物的性格情感服务,用音乐为影片作出自己的贡献。

搞完《战船台》,第二年刘琼导演电影《欢腾的小凉河》,居然十分信任她,把影片的作曲任务交给了她。刘琼是著名大演员,改行当导演,就把这样的重任交给一个年轻的新手,这使她又感动又紧张。看了电影剧本后,她向刘琼导演谈了自己的想法、设计,刘导演给她极大的鼓励,让她放手大胆地创作,有什么想法可以及时交换,并表示一定会尊重她的创作。刘雁西把压力变为动力,在刘琼导演的帮助、鼓励下,顺利地完成这部影片的作曲创作任务。

1979年范莱导演导了一部音乐电影《琴童》,影片中展示了大量的小提琴协奏曲。小提琴的音乐贯穿全剧,作曲的工作量大不说,难度十分高。这个任务交到了上影作曲组,当时组长葛炎决定外请作曲家来完成这个任务。刘雁西知道后,主动向葛组长提出自己来接这个任务。一是她出于好奇心,要尝试这部影片;二是上影厂的作曲任务要外请作曲家这有点失脸面,她想争这口气。刘雁西,强项是钢琴,为了《琴童》的作曲,她反复听了国外很多小提琴协奏曲,还认真做了笔记。功夫不负有心人,她终于出色地拿下了这一块难啃的"硬骨头"。

对刘雁西来说,什么类型什么风格,她都敢于实践、创新!当导演李歇浦导演《断喉剑》时,刘雁西再度和李导合作,她就大胆地向李导提出,用民乐来尝试现代派的风格。李导很支持她的想法,"行,你大胆创新,成功了是你的,失败了算是我的"。这给了她极大的支持和信任。所以这部影片她把中国的民乐,二胡、小鼓全用上了,而且加上现代的演奏手法。影片完成后,专家们喜欢这部影片的音乐,认为有创意,但很多观众并不认可,觉得音乐有点怪怪的,甚至有观众说影片的音乐太难听了。刘雁西高兴的是,自己在音乐创新上作了探索,从中也吸取了很多教益,为后面的创作开辟了新路。在另一部恐怖片中,她成功地运用民乐来展示影片的风格,其中的鬼叫声,她用中国古老的乐器"埙"的演奏产生瘆人的效果,绝对有创意。

为艺术而 "吵架"

我查了一下刘雁西合作的导演名单,可谓多矣。粗略算了一下有 150 多位,除了上影厂的导演之外,还有来自东北、西北、新疆、广州、江浙两省,以及我国香港、台湾、澳门等地的多位影视导演。艺术创作无止境,音乐好坏也没有绝对标准。影片主题各异,人物性格不同,加上地域人文、风土人情不一样,往往呈现出来的音乐也各不相同。刘雁西又是个极为认真、心直口快的人,上海话说,她是个"嘴巴一张就能看到肚肠的人"。所以在创作中,和导演之间会有不同的见解也是常事,为了艺术而争论甚至"吵架"也免不了。

刘雁西和上影厂的 5 位女导演——人称上影"五朵金花"的史蜀君、石晓华、鲍芝芳、沙洁、武珍年,都有过多次合作。她们年龄相仿,都极有主见,因此在创作上发生争论的次数就颇多,常常会为音乐、插曲、请谁来演唱,争至深夜,最后统一想法,修改乐曲,把音乐搞得更符合影片风格,为影片主题服务。刘雁西当然有一条宗旨:最后服从导演的意见。还有一条原则:为艺术而争吵绝对不能伤害对方的自尊心,互相要理解、尊重,要摆事实讲道理,自己为了说服对方可以拿出几套方案让导演选择。所以她们吵得最凶,最后成了最好的朋友,并保持合作的友情。

刘雁西和史蜀君合作过多部电影。在拍摄《女大学生宿舍》时,如何展现女大学生的风采,如何呈现青春片,她俩讨论特别多,争论也不少,常常至深夜。最有意思的是,当影片插曲写成后,史导演很满意,这时刘雁西突然不满足自己写的插曲,坚持要修改,两个人争执得很厉害,最后史蜀君说:"我说了算,这首插曲一个音符也不能

和刘雁西在电台做节目

改。"这才罢休。当影片正式录音乐时,对其中有一段音乐两人又发生争论,而且互不相让,上影乐团老指挥陈传熙先生在现场忍不住发话了:"你们两个女人要争到什么时候? 我这个大乐队可等不起! 我把两段音乐都演奏一下,你们好好听听,马上定夺。"刘雁西回忆当年的往事也深感有点过分了。

刘雁西告诉我,她和鲍芝芳导演合作过多部影片,如《午夜两点》《荒雪》《爱的漩涡》《情海浪花》《黑蜻蜓》《教堂脱险》《奥菲斯小姐》《激情辩护》等,因为影片的风格各异,为了更好完成这些影片创作,她们之间也有过不少争论,这些争论实际上也帮助自己在实践中不断提高创作水平。如今她回忆当年的创作,深深感谢和很多导演的合作,以及他们的帮助,如汤化达、凌之浩、钱千里、徐苏灵、梁廷铎、黄蜀芹、中叔皇、赵焕章、吴贻弓、徐伟杰……这是她成长过程中的一份宝贵财富。

人活着心态要好

我曾经问过刘雁西,你能为各种不同风格样式的影片作曲,除了认真大胆、敢于尝鲜,还有什么绝招吗?

她告诉我,喜欢看书、听音乐,很多灵感来自读过的各种小说,武打、言情、破案、侦探各种小说都看,书看得很杂。还爱听音乐,西方的管弦乐、协奏曲,好多名曲会反复听,还做些笔记研究它们的配器、和声,我国的民乐、地方小调、现代乐我也接触,这些对我的创作非常有帮助。

实际上每接一部戏都会有压力,但必须把压力变成动力,还要有一个好心态去处理创作上各种问题。她曾经有一个月身上压着两部电影、三部电视剧的音乐创作任务。她调整好自己的心态,作了先后顺序安排,每天起早摸黑,几个旋律同时在脑海里打转,她口袋里有笔、笔记本,一出现好想法就记下来,夜深人静时细细梳理,忙而不乱,终于按时完成任务。从那以后她想想也有点后怕,再也不敢同时接戏了。

1996年已是年底,厂里有一部电影《少年雷锋》必须赶在年底完成任务,原来的音乐送审没有通过,厂长来找她,让她一定要接下这个修改任务。当天下午看全片,接着就让她量尺寸,明天晚上要录音乐,只有一个晚上,一个白天,一共二十七段音乐,这个压力实在太大了,而且一点退路也没有。她想愁眉苦脸也得过,干吗不开开心心地过,也放松放松心情。当天晚上她美美地吃了一顿,不过晚上睡不安稳,满脑子都是影片的画面,直到天快亮时才迷迷糊糊地睡了一会儿。没想到影片的主旋律却在她脑海里形成了,她一跃而起坐在钢琴面前弹出了影片的主旋律。有了这个主心骨,27段音乐也就顺利地流淌出来了,保证了晚上的音乐录音。

1999年,电影《生死抉择》也让她感到压力很大。这是部主旋律电影,上海市委宣传部亲自在抓。面对这个压力,刘雁西给自己定了一套减压的办法,设定了最高目标,也同时想好退路,反正让自己心情放松下来,该干什么照干什么。她也逛街,可口袋里同样带着笔和笔记本,在人民广场地铁站突然来了灵感,她就靠着墙记下脑海里的旋律,越是心情放松,越会出灵感。终于和于本正导演商讨出影片的音乐,最后还受到表扬。她深有体会,搞创作的人,心态一定要好,只有放松、减压才能出活。

我退休后在东海学院担任影视表演系主任,我给学生开了一门音乐欣赏课。我认为作为一个演员,一定要有这方面的知识,要培养学生的音乐欣赏能力。我在上译厂搞了多年译制片,我深感影片的音乐对影片所起到的巨大作用,好的音乐会让人永远不忘,如电影《简·爱》的音乐,《音乐之声》的音乐,《佐罗》的音乐,一听到这些影片的主旋律就会出现影片的画面和人物形象。

有一次影协活动正好碰到刘雁西,我把开音乐欣赏课的想法告诉她,并邀请她来为学生上课。她听完我的叙述,一口答应:"好啊,让我有机会和年轻人在一起,我也会更年轻一些。"我对她说:"知道你很忙。实在忙的时候,我保证给你调课,保证你两不误好吗?"

"你放心,我答应你就一定会安排好时间准时来上课。"

就这样,3年中她为3个年级的学生上了音乐欣赏课,从未向我提出调课的要求。学生们都爱听她的课。我问她:"你让学生们那么喜欢你的课,有什么法宝?"

"我跟他们一起疯。"这个回答让我很意外。

后来我抽时间去听过她的上课,的确很有新意,枯燥的音乐知识,她全融在乐曲中给学生讲解,还不断加上她实践中遇到的小故事,一点也不枯燥,学生们也容易从生动的故事中记住这些乐理知识。她还用音乐和学生们一起做变奏游戏,任选一个曲子或一首歌,随后通过对原曲的变奏,加快速度,或放慢速度,变奏出来的音乐会表达出不同的情绪,一个欢乐的情绪会变成悲伤、变成消沉,或是跳跃、暴躁,让学生感到音乐的巨大魅力。刘雁西实践多,接触的音乐面广,而且有满肚子生动的小故事,所以她的课十分吸引学生。

后来我们见面,她总会对我说:"孙老师,要感谢您开了这门课,让我去教课。自从来东海上了音乐欣赏课之后,我一直就没有闲下来,有好几所艺术院校都请我开这门课,真的,你让我年轻了一把。"

最近我问她,除了还在为影视剧、广告作曲,还干点什么开心的事情?

她说:"我有三件事,一是喜欢逛街。逛街可以锻炼走路,又不脱离社会生活,可以看看形形色色的新事物,看看时尚商品,赶赶时髦,买点合适的回来享用。二是,我是个'吃货',美食家谈不上,可我喜欢品尝各种新鲜食品,享受人间美味。看看我的肚子,医生说我都5个月了,我正在适当控制。三是我在家里玩填字游戏,这个游戏是防止患老年痴呆症的,我可迷这个游戏呢!"

这让我想起苏秀对我说过:"小孙,玩玩填字游戏,肯定会让你脑子不生锈!"

刘雁西还告诉我,她在家里和女儿一起疯,没大没小,是个老小孩,整天嘻嘻哈哈很开心。

是啊!人活一辈子,愁眉苦脸也是活,干吗不开开心心地活它一辈子。刘雁西这个生活哲理对我们这些古稀之年的老人该是有启发吧。

声
音
塑
造
师
刘
广
阶

　　刘广阶(国家一级录音师)是上影厂老录音师,虽已至耄耋之年,一头白发,讲起
话来声音还是那么洪亮,侃侃而谈,没说上几句,话题就转到他录音那些事儿上去了。
我说:"老刘啊,你这辈子被声音迷住了。"他乐呵呵地回答我:"下辈子我还干录音,
还追求声音的美!"

刻苦

　　刘广阶是江苏江都人,1932年出生于扬州。1946年叔父刘恩泽领着14岁的他
来到上海谋生,进入国民党中宣部中央电影摄影场第二厂学习电影录音。因年龄太
小,开始并不为厂里所接受,苦磨了3个月后才被录用。生存的艰难对他日后尽职敬
业影响很大。

　　对于年幼的刘广阶来说,当年学徒的艰辛是可想而知的。整天在棚里推录音车,
跟着师傅转,拉马达线,后来又学用吊杆跟话筒。登高吊话筒线那是常事。当时在棚
里只要有机会他什么都学,从录音小助理到录音大助理,一个台阶一个台阶往上走。

　　在中电二厂他参加了多部同期录音的电影,有刘琼、秦怡主演的《忠义之家》,严
俊、王丹凤主演的《青青河边草》,赵丹、秦怡主演的《遥远的爱》,赵丹、黄宗英主演的
《幸福狂想曲》,赵明导演的《三毛流浪记》,还有歌舞片《莺飞人间》……刘广阶就这样
跟过很多录音师学习录音技术。

1949年上海解放后,中电二厂被接管,刘广阶成了上影厂录音科的职工,还有幸参加录音棚英国录音机的安装工作,多了一次很好的学习机会。对于只有小学6年级、3年私塾的他来说,要学习的东西实在太多了。刻苦学习,认真做笔记成了他一辈子的好习惯。

1950年他参加了《翠冈红旗》的录音,1951年跟林秉生一起为《大地重光》录音,1952年跟苗振宇为《南征北战》录音,1954年和录音师张福宝去新疆为《哈森与加米拉》录音,其间张师傅病倒了,就由刘广阶接替张师傅完成了影片的同期声录音工作。1955年刘广阶正式晋升为录音师,随后他又完成了3部影片的录音:《贩白菜》《女篮五号》《不夜城》。

“文革”中刘广阶进过“羊棚”。在“五七”干校时他被调去参加最后一部京剧样板戏《磐石湾》的录音工作。粉碎“四人帮”后上影厂调整领导班子,任命刘广阶为录音、剪辑、放映三部门的车间主任。由于他迷恋录音艺术的创作业务,又不善于纠缠人际关系、处理繁杂的行政工作,任职3个月就主动放弃了车间主任的岗位,转而投入《阿Q正传》《曙光》等多部影片同期声录音工作。

对录音师来说,同期声录音是很艰辛的工作。当年拍影片,录音师也要下生活,先期去拍摄景点录制很多环境声音,为影片后期制作所用。如刘广阶去新疆为《哈森与加米拉》录音,为了录羊群夜里在棚里的声音,他晚上一个人去羊棚外录环境声,正好遇到看护羊群的麋鹿(和看羊狗一样),遭到麋鹿的猛烈攻击,差点丧命,幸亏牧主人回来喝住麋鹿才救了他。

晚上去田野录虫叫声,录风声、雨声,乃至暴雨天气的环境声,雷声、闪电声,其中的辛苦旁人很难体会。

当年拍电影为保证质量,都有一道不可缺少的工序——“技术掌握”。明天要拍的戏,头一天或早几天导演带着摄影师、录音师、美工师、照明组长以及演员到拍摄景点进行技术掌握——导演确定拍摄景点场景;演员在现场走位;摄影师看近景、全景、推拉摇移;美工师看画面,确定现场如何加工布景;录音师要研究录音的位置,现场录音话筒吊杆如何架设,不能让镜头穿帮,又能保证演员对白台词清晰;照明组长要研究如何布光……各部门充分准备好才能正式开拍。同期声录音,录音师在现场非常忙碌,近景演员少还方便一些,中、全景演员如果一多,而且走动频繁,对录音师来说,可谓工作压力巨大。话筒放在什么位置、吊多高才不会被摄影机拍进去,吊杆多长才合适让演员台词清晰;指向性话筒要不断跟着演员的位置变动,稍不注意,话筒会滑进画面;或者演员对话话筒没有跟上,录的台词不结实,都得重来。而这些都会影响演员的创作情绪,重拍又会带来浪费,这就对录音师提出了非常高的要求。我后来搞译制片,发现很多美国大片、法国影片、苏联影片的画面上偶尔也会出现话筒的影子或话筒,虽然是一闪而过,观众也许没有注意到,可我们为编台词一遍遍反复看就逃不过我们眼睛。按理说这些镜头要重拍,保留下来肯定是考虑到拍摄成本,或是演员的情绪太好了,重拍达不到原来的要求而保留了这些画面。

外景的拍摄更复杂,环境声会随时窜进来,战争场面的拍摄难度就更大了。有些场景实在不能在现场同期声录演员的对白,就只好在录音棚补配对白。这时录音师会不断提醒演员要保持当时现场拍戏时的情绪,大声喊叫,但往往后期配对白总没有现场录的那么真实,演员有时会找不回现场的感觉。所以好的录音师总是千方百计要在现场录演员的对话,因为演员在那时的情绪更饱满、更真实。刘广阶在同期声录音上作了很大的努力,他擅长同期声录音,军事片录音、音乐舞蹈剧的录音都十分有把握,这和他几十年刻苦努力分不开,长期的录音实践使他积累了丰富的宝贵经验,而且锻炼了他现场的应变能力。

追 求

作为一名录音师,光把演员的对白录清晰是远远不够的,电影的声音艺术创作包含的内容太丰富了:时代感、乡土味、气势的渲染,都会在声音中表现出来。刘广阶追求的目标就是每部戏的声音艺术效果要符合剧本的主题,符合导演的总体构思,还原出时代气息、民族气息、乡土气息,声音的处理一定要为影片中主人公的命运服务,烘托出人物的感情色彩,共同完成人物的塑造。

《飞刀华》这部电影深受广大观众喜爱,影片再现了旧社会江湖艺人的真实生活。刘广阶在这部影片的创作过程中,和导演一起拜访了很多杂技艺人、卖艺的戏班子,听他们讲述不平凡的生活经历,颇受感动,因此对这次创作充满信心。

《飞刀华》有一场江边沙坝搁地摊卖艺戏。镜头是大全景横移,扫过江边沙坝两旁破旧小屋,可以看到茶楼、小摊贩以及来往行人。先听到牛犇、程之两位演员卖艺招揽观众的吆喝声,镜头再摇到演员身上。这场戏的背景声音内容十分丰富,有破旧小屋里传出来的川剧小曲声、茶楼的说书声、小贩的叫卖声,还有江边的水浪声、拍打岸边的水声。必须把这么多的声音交织地展现出来,才会有地方色彩、时代背景,才会有真实场景感。当年拍摄时,没有现在的录音条件可以同期把这些环境声全录下来。为了要达到各种场景的真实效果,刘广阶只身一人,带着录音器材先期到达重庆,找市文化局、电台说明来意请求帮助,把川剧小曲、茶楼说书、小贩叫卖声、人杂声都先期录下来,夜深人静时到江边录了江水拍岸声,最后在画面拍完后把这么多的声音效果合成,使得江边沙坝搁地摊这场卖艺戏,声音形象丰富多彩,充分展示出当年的时代背景、浓厚的乡土气息。当主演李纬、程之、牛犇看完配上音效的这场戏后频频向刘广阶竖大拇指,称赞他录音的气氛渲染得十分成功。

《飞刀华》还有一段戏,魏鹤龄饰演的老班主,重病栖身在铁路桥下,盼望卖刀的儿子(李纬饰)归来。惆怅之中听到隆隆火车声远远驶来,他拖着病躯起身上桥,只见空空的铁轨,火车已远去消失,不见儿归,忧心忡忡。这场戏是在棚里搭景拍摄的,大桥的石块制作有些粗糙,审看样片时厂长发现石头有些虚假,让摄制组重拍。当时组内有点为难,时间太紧了。刘广阶凭多年经验深知听觉效果的重要性,他背上录音机在沪杭铁路线上找到一处铁路桥边,蹲在那里把火车远远驶来的声音录下来,当火车远去时,把话筒移近铁轨录下了火车远去铁轨上发出的沙沙声,回厂后把火车效果声带套在画面上,再请厂长审看。这时强烈的火车效果声把观众的注意力全部引向老人的视线方向,厂长根本不注意石块了。刘广阶一辈子都在努力追求视觉和听觉效果的吻合,这是艺术创作极为重要的一条规则。

再说件事。当刘广阶负责电影《不夜城》录音时,有一场夜景戏。孙道临扮演的张伯翰和老父亲(崔超明饰)一个在楼上,一个在楼下,父子俩都在痛苦沉思。如何能把父子俩的心情统一到一个规定情景中去,刘广阶为这场戏煞费苦心。为了渲染好这场戏的环境声,他找了好几个上海夜里挑着担子在街头卖馄饨的小贩,录他们的叫卖声,从中选了一个声音低沉、凄凉的小贩,把他的叫卖"糯米赤豆汤""五香茶叶蛋"和"火腿粽子"的声音录了下来,由远及近,由近及远,最后把这段叫卖声放在父子俩各自沉思自己的心事这场戏作为背景声,充分展示了老上海的夜景,把父子的情绪统一到一起,由远到近,又由近到远去的馄饨叫卖声中,给人们带来了艺术的享受。

创 新

刘广阶进电影厂学习搞录音,几十年来接触的录音器材可谓多也,不夸张地说,他是我国录音器材运用发展的活字典。1940 年代当学徒时用的录音车是上海大来公司生产的光学录音车,是采用光电管镜头聚焦,通过将胶片上光学声带深淡密度转换成电声的录音车。每天拍摄完之后都要自己冲洗声带胶片试验片。录音师一定要等到印出声画一体的样片,听到声音完好才能安心睡觉。每天如此往复,一旦失误将被终身革职。

1950 年代开始引进日本川西生产的"摩脱"F 变程式单声道调幅录音车,通过改变声迹面积来转换成声能,技术上前进了一大步。拍内景时采用美国的铝带双向话筒,后来又使用日本"西典"动圈话筒,《南征北战》电影就用这种话筒。

1952 年引进苏联的"克致勃吾 6"中小型便携式光学录音机,话筒采用苏联"卡迪欧"话筒。话筒装在吊杆上录制拍摄现场的演员对白,当时放映师张银生发明用细绳子拉控方向盘,话筒可以根据演员走位变化而变化,这种方法沿用的时间很长。

后来又引进了法国三声道LPC便携式立体声磁性录音机,这成了中国立体声的前奏。

再后来又引进了美国48路调音台,24轨声道配有"杜比"降噪系统立体声混录设备,以及英国的双通道调音台、单双声道"那格拉"录音机、416指向话筒。

声音创作离不开高科技手段,终于迎来了无线话筒、佩戴式无线话筒的时代,这给刘广阶的创新带来了极大的空间,让他为电影电视录音开创了一个施展才能的新天地。

无线佩戴式话筒出现后,刘广阶自己掏钱买了各种佩戴式话筒在拍摄实践中使用,最终录出了让人们难以想象的同期声录音画面,他的创新迎来了专家们的频频好评。如拍摄电视连续剧《夫妻冤家》有这样一个大全景:一辆红色轿车从远处慢慢驶来,画面保持全景跟拉,车内坐着一对情侣在争吵,突然停车开车门女方下车,独自走在人行道上,男方无奈只好边开车边劝说女方,车内车外一路不断争吵。当车驶到镜头前,男方开车门下车劝女方上车,镜头又拉远成二人上车,汽车驶出画外。这么一个长达7分钟的镜头一气呵成。该片审查时专家不相信这是运用同期声拍摄的。刘广阶就是利用无线近场话筒的技术传送,完成了这个高难度的同期声拍摄。

又如《田教授家的二十八个保姆》有一场戏,田教授(李立群饰)和小保姆从热闹的小区深处走来,正是放学时刻,两个人边说边走,穿过车水马龙的人群走到镜头面前,出画,镜头长达6分半钟,一个长镜完成同期声录音,现场工作人员都拍手叫绝。我在该剧也客串演杜平教授。导演吴培民跟我说:"拍同期声一定要找刘大师,我再长的镜头,环境再复杂,刘大师都能解决同期声。田教授茶叶吃完了,空罐头摇一摇,里面还有一根茶叶,这种细小的声音刘大师也录得清清楚楚,真绝了。"广电局发的审片意见:"本剧情节精彩、台词富有个性、表演投入、同期声尤佳"。类似的专家评语

刘广阶更换第二代无线话筒在现场录音

很多:"本剧制作精良,同期声效果优良……"这些都是对刘广阶充分发挥近场话筒(无线话筒)创新运用的肯定。

更精彩的是刘广阶还为中国同行在日本争了光。上影厂与日本方面合作拍摄电视剧《远嫁日本》,刘广阶担任录音师,合同是这样签的:"录音质量保证 80 分以上,如在日本录的声音有误,外籍演员一切费用由录音师个人承担"。恐怕很少有录音师敢大胆签这样的约。刘广阶带去自己的一套无线录音设备。拍摄伊能静在酒吧唱歌这场戏时,原定日方要提供先期音乐录音带,可不知何故日本作曲没有提供先期录音伴奏带,作曲家也没有露面。刘广阶为了不耽误拍摄,采用伊能静提供的伴奏带,用酒吧演唱扩音机电声辅助。他用自带的编辑用 MD 放伴奏带,把其中一路直接送调音台右声道,一路送酒吧扩大机给伊能静听,而伊能静的演唱则通过佩戴话筒录制在左声道。老刘又把自己带去的混响器将演员的歌唱音响向伴奏带靠拢，保证演唱和伴奏同步。伊能静演唱完听了自己的录音，高兴极了，太美妙了！对刘广阶高超的录音技术赞不绝口。

这样的事例可以举出很多。我问刘广阶如何能做到这一切，他的回答很简单："这是多年来在录音实践中不断改进、创新的结果。"

最后我还想告诉大家，刘广阶还有一项重大贡献值得称赞，值得年轻录音师们借鉴学习。这几十年，他收集的各类音响素材有2000多个条目，长达20多个小时。他的很多音响素材早已流传全国，很多电影、电视剧、广播剧制作中都会用到他收集的各种类型的素材。退休后他花了很长的时间进行归类整理，最后把这些宝贵的资料送交北京电影资料馆和上海电影博物馆保存。

这些资料是他一生的心血。如收集虫鸣、鸟叫，都要事先观察熟悉地形，一旦机会来临，放弃休息耐心守候录下来。收集雨声，从雨点开始到下暴雨，渐渐到雨停，屋檐滴水声，形成一条完整的素材。打雷有闷雷、霹雷、远处的滚雷声……有了这样的音响素材，戏里需要什么气氛，计算好时间长度，就可以用到影片中去。

录枪炮声、各种爆炸声，特别是真枪实弹是有一定危险性的，要根据地形，做好一切安全防护以及自身的安全。现在影片中常用的抗日战争、解放战争的两套（大号小号）军号声是他在拍《曙光》电影时录制下来的，非常完美。

收集音响素材最头疼的是环境、马路、车流、人群声，公共场所的杂声，因为干扰特别大，你拿个话筒在录，有人问你句"你在录音啊"就全完了。后来刘广阶把话筒线穿在袖口里，再用毛巾缝个布袋，把抓话筒的手藏在里面，再用一根医用纱布绷带把藏话筒的手吊在脖子上，后面背个小录音机，听着小耳机，看似受伤的人，这样一来没有人来打扰你，反而为你让路，他就用这样的方法收集了很多环境声，诸如公交汽车、地铁、火车站、人群密集的群杂声，这种声源还增加了很多动态气氛，又真实又自然。

刘广阶退而不休，这些年把自己的经验整理成文，写了不少论文，期望有一天这些论文能印制成册传下去。

　　"剧本、剪辑是影片的生命。"这句名言是日本大导演黑泽明拍摄电影后总结的感言。上影厂剪辑师周鼎文对此深有感触。作为一个幕后工作者,估计很多观众不知道他,也许圈内也有很多人不了解他,可是出自他手的很多部电影、电视剧观众是喜欢的。他剪辑过的电影有《春催桃李》《青山恋》《小足球队》《青春》《天云山传奇》《牧马人》《秋瑾》《高山下的花环》《芙蓉镇》《最后的贵族》《清凉寺的钟声》《生死抉择》《海之魂》《詹天佑》等 30 多部故事影片,1985 年后他又参加电视剧拍摄的剪辑工作,那就更多了,仅举几部供大家回味:《家·春·秋》《上海一家人》《严凤英》《杨乃武与小白菜》《林则徐》《家在上海》《我想有个家》《东方梦》《京华烟云》《徽州女人》等。2014 年还担任秦怡老师筹拍的电影《青海湖畔》的剪辑指导工作。

　　周鼎文是国家一级剪辑师、中国电影电视剪辑学会的副会长,他是中国唯一荣获两届电影金鸡奖最佳剪辑奖的剪辑师。1983 年因《牧马人》获第 3 届金鸡奖,1985 年又因《高山下的花环》获第 5 届金鸡奖,2009 年中国电影家协会、中国电影电视剪辑学会还授予他杰出贡献荣誉称号。

和谢晋导演合作 16 年

　　周鼎文生于江苏泰兴,在泰兴度过了他的童年、少年。初中毕业后,1955 年来上海跟父亲在华新装订厂干活。1958 年一个偶然的机会,因为印刷公司年轻人多,而和印刷公司有密切关系的电影公司需要年轻人去充实,当时征求周鼎文父亲意见,是否同意让儿子去电影公司工作,当时周父曾犹豫过,最后才同意。就这样,周鼎文有了一个新天地。

当时上海电影公司下属三个电影厂:海燕、江南、天马。周鼎文被分配在海燕厂剪辑组工作。当组长带他到剪辑室参观时,让他惊讶的是,进剪辑室必须换鞋,工作人员一律穿白大褂,像医生一样。周鼎文很满意自己能在这样的环境里工作。一开始他学做剪辑助理,好学勤快的周鼎文很快就参加了第一部彩色宽银幕立体声影片《老兵新传》的剪辑工作。导演是沈浮,主演是崔嵬,剪辑师是他的老师陈祥兴,沈浮导演给了这个年轻人很多指导。

当时进电影厂的年轻人不管干哪一行,都得干上七八年、10年才能独立工作。周鼎文特别幸运,只干了两年就让他独立剪片了。1963年,赵丹、钱千里拍《青山恋》,组织上决定让周鼎文参加该片独立剪辑工作,他跟着赵丹学习有半年多时间。1965年又跟着女导演严碧丽参加电影《小足球队》的剪辑工作。"文革"期间,周鼎文借到上海电影译制厂参加内参片的剪辑工作,参加了《啊·海军》《战争与人》《山本五十六》等多部译制片的剪辑工作。搞内参片让他大开眼界,又多了一次学习的机会。接着1973年又参加了汤晓丹、汤化达两位导演重拍故事片《渡江侦察记》的剪辑工作。

周鼎文热爱自己的工作,也虚心好学,他深知自己文化低,修养差,所以向老导演们学习,向书本学习。剪辑工作很锻炼人,一个个镜头画面,一段段胶片都要认真记,才能把戏接顺,工作非常繁琐,工作量又特别大。画面反复看,反复选,增强了他的记忆力,养成了极其认真的好习惯。这一切都为他以后和谢晋导演长达16年的合作打下了扎实的基础。

1975年,海燕厂决定把京剧《南海长城》改编成电影《磐石湾》,这实际上又是一部京剧样板戏。谢晋担任该片导演,厂里决定让周鼎文担任剪辑。谢晋导演还从没有和周鼎文合作过,很不放心,他问厂里,这个周鼎文对京剧可热爱?戏曲片和故事片剪辑是不一样的,特别是京剧有板有眼,锣鼓点十分重要,你一刀要剪不好,不在点子上,剪在腰上了,一锤打下去又没在点子上,那这戏可就完蛋了,根本没法看。当时还是工军宣队当家,他们就来找周鼎文,问他喜欢京剧吗? 周鼎文如实回答:"并不太喜欢,如果组织上把这个任务交给我,那我一定会认真学习,加强这方面的修养,让谢导放心,我一定会完成好自己的剪辑工作。"那时候电影院天天放映京剧样板戏,他一有空就去看,反复看反复琢磨,有意识去学习。这和一般的娱乐性看片完全不同。《磐石湾》工作下来,谢晋导演对他印象很好。

1977 年陈冲主演的第一部电影《青春》开拍了,谢晋是该片导演,又找周鼎文合作。戏拍得很顺利,审查通过后谢晋很高兴,他塞给周鼎文以及和谢导经常合作的伙伴一个小纸条,纸条内容是邀周鼎文等去他家聚餐。

《青春》拍完后,谢晋筹拍《啊,摇篮》,厂里说先停一停。正好俞仲英导演要拍《雪青马》,找周鼎文合作,他一想新疆还没有去过,谢导的戏暂时又不上,正好有个空当接这部电影,就答应了俞导演。可没几天,谢晋从北京回上海就找周鼎文:"你怎么答应去拍《雪青马》啦,我的《啊,摇篮》马上也要拍了。"谢导去找俞仲英商量,没有谈下来。谢晋狠狠地批评周鼎文:"没有征求我的意见,就这样随便跑到另一个剧组去了!"周鼎文只好向谢导道歉,并表示如谢导信任他,以后其他任务一概不接,实在有任务的话,一定先征求谢导的意见,你说不行我就闲着等你的戏。这次谈话很重要,后来谢导早早地就把《天云山传奇》《牧马人》的剧本交给了周鼎文。

谢晋导演在拍摄上是一位非常严格的导演,也是一位十分聪明的导演,他善于调动摄制组各个创作部门的积极性。和谢导合作过的人都深知谢导会想方设法把每个人身上的油水(创作激情)全榨干。

谢晋导演要求剧组所有创作人员都得下生活去实地考察。周鼎文和他合作 16 年,深知谢导的创作习惯。作为一名剪辑师,每部戏都要向他交出 3 份答卷。首先是谢导把文学剧本交给你了,作为剪辑你就得从剪辑师的角度对文学剧本提出看法、设想,找他当面谈也可以,或是写出书面意见,提出的设想和建议还不能少,这是第一份答卷。

第二份答卷是在谢导出了分镜头剧本以后，周鼎文必须从剪辑角度，提出场景转换、场次之间的互相转换如何更流畅更自然更舒服的具体意见，供导演参考，这项功课也必须做。

第三份答卷是作为剪辑师周鼎文每天必须到拍摄现场（这在其他摄制组没有这样的规定，剪辑师不跟现场的）。谢导让剪辑师在现场一块儿拍戏，并让你出主意提想法，他说这样在剪辑时才会有灵感。

交了这3份答卷，实际上周鼎文和谢导之间已经达成很多创作上的默契。哪一天在现场要看不到周鼎文，谢导就会问："周鼎文在哪儿？"

拍《牧马人》时，有几场戏在北京饭店拍摄。当时饭店接待外宾任务很重，所以对摄制人员限制很严格，只发了20张卡，必须去的人凭卡才能进饭店参加拍戏。有一天谢导找周鼎文，制片主任毕立奎说："他没有卡，不能进来。"谢导说："怎么回事，他怎么能不来现场，让他每天来。"当场他就指名某某可以不来，把卡给周鼎文。就这样每天拍完戏，谢导都会问周鼎文这场戏在剪辑上有什么想法，让他拿出意见来。后来周鼎文常常把一场场的戏剪好用小放映机放给谢导看，直到他满意为止。

周鼎文告诉我，作为一名剪辑师一定要认真参与到影片的创作中去，有时甚至可以突破导演的想法，让戏更出彩。《牧马人》女主角丛珊饰演李秀芝，她的出场戏按原来导演的分镜头拍下来的素材来剪辑，周鼎文感到十分平淡，没突出"文革"这样动荡的时代大背景。因此他主动向导演提出除了按原分镜头拍摄火车的画面外，必须增加拍摄四个画面镜头供他剪辑用：一、火车车轮滚动的画面；二、火车的铁路轨道画面；三、火车闪过的两边树木的画面；四、火车经过闪现在两边的大幅标语口号或墙上的大字报的画面。有了这样一组画面，周鼎文把它剪成26个短镜头，车轮滚滚反复出现了七八次，跟着女主人公眼神一闪一闪，一会儿是车轮，一会儿是轨道，一会儿是标语口号，一会儿是树木闪过的画面，再配上音乐，把一个动乱的气氛营造出来了，然后镜头一下子跳到火车的车窗里面，镜头往上推进去，一个女孩蜷缩在那个装煤的车

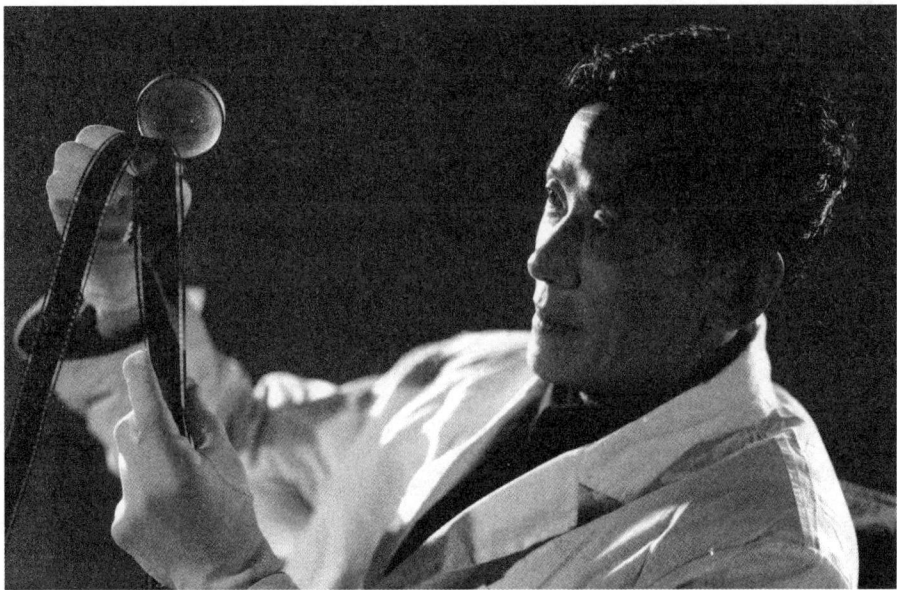

周鼎文在剪辑电影《牧马人》

厢里。影片女主角李秀芝的出场是在这样一个动荡的年代,就一下子突显出来了。

再比如《牧马人》中朱时茂扮演的许灵均被打成"右派",在农场放牧和马在一起生活。他在马棚里有一场轻生的戏。在拍摄现场,周鼎文也向导演提出要加拍很多特写镜头:马棚里挂着的套马的绳子、马鞍子、马的各种表情特写、马注视的特写、马回头的特写、马流泪的特写、马的嘶叫声等画面。有了这些画面,最后周鼎文在剪辑台上组接出一场十分精彩动人的画面,马和人感情交流了,最后许灵均打消轻生的念头。

拍摄《高山下的花环》时很多大场面是用 3 台摄影机从多个角度拍摄,打仗的大场面还有航拍,所以素材画面的量非常大。如果每台机器反复两三次,那素材就更多了。为了达到演员的表演真实、自然、动作的连贯,很多场戏也是 3 台机器从不同角度进行拍摄,中、全景都在里面。能否在最短的时间里从这么多素材中选出有用的画面,把演员的表演有机连贯地剪出来,这对剪辑师是一个能力的考量。尽管素材多,由于自己心中有谱,周鼎文每天晚上都能把一场场的戏剪出来,给谢导看,听取他的意见,谢导再晚也看,而且十分高兴。他对周鼎文说:"现场拍的有些画面如何剪我还没有考虑好,你倒已经剪出来了,而且想得很仔细。"

多机位拍摄给剪辑师带来更大的创作空间,画面选择的余地也更丰富了,一改过去按导演分镜头拍摄的习惯——当时一个镜头多少秒都是卡死的,10 秒、15 秒,镜头组接只能一个萝卜一个坑,让你剪辑没有任何发挥的余地,最多把画面接得流畅一些。而现在这样的拍摄给剪辑师提供了更大的创作空间。累当然是更累了,但谢导在任何时候都保证周鼎文有一个安静剪片的空间,单独的小房间,而且规定演员不许去打搅他的工作。这也是非常重要的,演员一进去看自己的画面那肯定要乱套。谢导深知这一条的重要性。

当我们再回过头来看看周鼎文获金鸡剪辑奖的评语,可以看出他在剪辑台上的用功,以及和谢导的创作默契。

《牧马人》获奖评语:"周鼎文同志在《牧马人》中发挥了剪辑艺术的创造性,使影片结构的完整性和节奏的鲜明性得到加强,特授予最佳剪辑奖。"

《高山下的花环》获奖评语:"周鼎文在《高山下的花环》的剪辑创作中,对影片的结构、节奏、时空转换等作了合理安排,镜头组接细腻、流畅,为影片的最后完成作出了宝贵的贡献,特授予最佳剪辑奖。"

剪 辑 台 能 把 电 影 救 活

1980 年代后期,全国很多兄弟电影厂都纷纷拍电影、拍电视剧,迎来了一个创作兴旺时期。但是问题也不少,很多剧本根本不过关,也有很多"导演"根本没有导戏的能力,拍出来的电影、电视剧无法看。我知道当时汤晓丹夫人、剪辑师蓝为洁老师就常常被很多电影厂请去救电影。周鼎文也曾被请去做抢救工作，这绝对是一项吃力不讨好的工作，后来他推辞了不少这样的活儿。

他跟我说起过有一部影片，是某兄弟厂拍摄的，是一部侦探片，拍得挺认真，可影片送审后被电影局否定了，没有通过。该厂打听到上影厂有个能人周鼎文，派人来上海请周鼎文帮忙救救这部电影。周鼎文推辞了。对方通过上影厂的朋友，并一再恳求周帮忙，周鼎文答应先看看剧本素材。对方把影片素材全带来了，住进上影招待所，专门包了一间房间供周鼎文专用。周鼎文看了影片，问他们审查不通过的原因是什么。"乱，结构不合情理，无法看。"就这样，周鼎文在这里整整关了 3 个星期没有回家，按侦探片的风格样式，把素材结构调整，在剪辑台上重新剪出一部影片来。其中有些画面无法补拍了，他认真地从改台词下手，用声音蒙太奇来弥补。最后他跟对方领导、导演说，为了保证影片的成功，请上海电影译制厂的配音演员为影片配音吧。就这样，在上海整整一个多月的时间，把这部影片重新整理好。兄弟厂的领导把影片再次送中央电影局审查，这次审查反映很好，通过了，并且说："你们很了不起，在这么短的时间就补拍把影片修改好了。"由于这是一部侦探片，发行公司看过后也很满意，还多订了几十个拷贝。周鼎文就这样在剪辑台上救活了一部电影。

说起剪辑的功能，我也着实体验了一把。我在上译厂执导了 300 多部译制片，我算了一下也有 80 部译制片让我动过剪刀，有些只是个别镜头删一下，或是几段戏修剪一下。但我也碰到一部让人头疼的影片，当时中影公司给我厂发来一部 22 本长的印度故事片《印度先生》，任务单上明确注明："本片太长，22 本修剪成 12 本配好音送审"。厂里把这部片子交给我导演，总得努力完成任务吧！我等翻译把剧本翻译出来，原想对着翻译本多看两遍影片，把它修剪好，可是不行，翻译的本子和口型对不上号。我们有一道工序很重要，要搞出一个配音台本来。没办法，我只能硬着头皮把 22 本的口型本做出来，搞配音台本过程中，我对戏也熟悉了，心中也有底了，哪些戏可以删减，本子搞完，删减方案也就出来了。围绕主角的两条副线中，我砍去一条副线的戏和人物，再删了两场歌舞，正好留下 12 本，很快完成配音送北京审查一次通过了,中影来电表扬:"删剪得很好,戏更紧凑更好看了。"从那以后,印度片大多都让我们删减。那种16本、18本的影片做上下两集放映,观众不接受,只能剪成十一二本来放映才合适。我和伍经纬(译制导演)常常接这种任务。不光剪画面,还要把音乐素材有机地连接起来,我厂的剪辑也有这种本领,累是相当累,但让我也长了不少知识。

剪辑不只是技术活

1985年后周鼎文参加拍摄电视剧的机会更多些了,他和很多导演合作过,如上海电视台的李莉导演,拍过《上海一家人》《家春秋》《杨乃武与小白菜》等。后来又和张子恩导演合作比较多,拍摄了《大龙邮票》《宫廷画师郎世宁》《京华烟云》《大长垣》等。由于电视剧是多集的,每集时间都掐得死死的,一集戏包括片头、片尾限制在45分钟,不能多不能少,它中间要插广告,都是定时的,每一集到什么地方打点停住,一定要寻找好有悬念的地方,让观众明天继续看下去。这种吊胃口的本事,大多由剪辑师来定的。这个点是否打得准确,又不能损害剧情的完整性,要恰到好处,这是对剪辑师的考验。

周鼎文在这方面是很下功夫的。几十年的电影剪辑工作实践下来,他深深体会到搞艺术创作离不开生活这个丰富的源泉,只有生活经历丰富的人,在剪辑台上才能有好的感觉。比如一大段讲话,画面上只有一个人在那里说,观众1分钟就会有视觉疲劳感。如果在讲话过程中穿插他在拍照,对方在听,把一个镜头剪成若干短镜头穿插其间,那就完全不同了,观众不会产生视觉疲劳感。但是在判断一个内容该多长时,这就完全靠每个人的生活经历了,要凭自己的感觉走。你要懂戏,同时还要有悟性,要有灵气,缺少这些也是搞不好剪辑的。实践中他还深深感到当一个剪辑还得学点心理学,不但要凭自己的感觉走,还要掌握观众的心理,了解观众的欣赏点在什么地方,对什么感兴趣。所以他常常会在街上停下来观看人们吵架,或是发生什么事件,观察当事人的表情以及围观者的反应,这些在影片剪辑过程中都会发生,会给你产生很多灵感。

当一个好的剪辑师,对很多事情都要十分仔细,考虑周到些。比如观众看戏看到某些场面会哄堂大笑,你在剪片子时就要小心,接下来的台词往往会被观众的笑声所淹没,观众会听不到银幕上人物在说什么,碰到这种情况,剪辑师就要留出一两秒钟的画面余地,让观众止住笑声,听清台词,这就是心理学。当然画面留长留短这里面大有学问。周鼎文告诉我一件事,他永记在心。沈浮导演有一次来剪辑室看画面,看一会儿,会闭眼想一想。他对小周说:你别以为我在打盹,我心里在默念,这个画面该停多长,1秒、2秒还是3秒,这不能随心所欲,要看画面内容的信息量来确定画面的长度,这才是艺术。沈浮老导演的社会阅历丰富,说得多么精辟啊!

我们那一代电影人的收入都很低,生活条件很差,完全是凭着对电影事业的热爱。周鼎文当年的住房还不到12平方米而且还没窗。房内只有一张床、一个小柜子、一张小桌,在屋檐下烧饭,只能放个煤球炉。因住房太小,衣服都堆在床边。他的大儿子那时才四五个月大,一天早上发现大儿子被衣服压着已昏迷,夫妻俩抱着孩子就往蓬莱医院奔去,幸好还及时,输了氧把孩子抢救过来了。所以我们见面,我总会问起他大儿子磊磊怎么样了。想想当年为抢救影片,他关在厂里整整3个星期没有回家,妻子能没有怨言吗?实际上很多老电影人都能倒出一大堆苦水来。

沈耀庭：我一生足矣

我和沈耀庭都是 1960 年代初进上影厂的，他比我早 3 年，是复员军人。在上影厂，他当过放映员，当过《上影画报》记者，后来调上影厂导演组当场记，一步一个脚印，从场记、助理导演、副导演，最后独立拍片成为一名电影导演，经过 10 多年的刻苦努力，他终于圆了自己的梦想。回顾走过的道路，他深情地对我说："渝烽，我这辈子能拍 15 部电影，其中有 7 部是自编自导，20 多部电视连续剧，18 部大型纪录片，我一生足矣！"

这是他的真心话。在同辈中，沈耀庭并非佼佼者，只有初中毕业的文化程度，在部队锻炼了几年，能踏进电影圈，能在老导演的带领下最后独立拍片，很多影片被同行和广大观众所认可，委实不易。他拍了《405 谋杀案》，当年观众超亿；还拍了《心灵火花》《淘金王》《马素贞复仇记》《侠盗鲁平》《风雨相思雁》《卧底》《刘胡兰》，电视剧《上海滩绑票奇案》《奋起中华》《狼窝里的战斗》《黄金大案侦破始末》……都有极高的票房和收视率，被誉为拍谍战片的高手。

我们俩相知、相熟，成为多年的好朋友，是因为我们有过相同的经历。"文革"后，我们都跨入中年，上有老下有小，当时工资都很低，为了改善孩子们的生活，只有一条出路，白天在厂里干活，晚上利用业余时间写稿投稿。他趴在缝纫机上写，我趴在床边上写，挣点小菜钱，他还要挣点烟钱。沈耀庭手很勤，思路敏捷，我在上海多家报刊上不停地看到他的文章。每当电影局开大会见面，我们总会聊聊爬格子的事。他对我说："渝烽啊，你要开拓写作的面，除了写电影故事，还可以写影评、写花絮，介绍你搞译制片时掌握的影片背景材料,这些影迷们都爱看,拓展自己写作的面。"老大哥的点拨对我帮助很大。后来他对我说:"你们写的影评文章我都看了,挺好。现在外国影片越来越多,究竟哪些电影值得看,我首先看你们写的影评,最后决定看哪几部影片。"这对我鼓励很大。当年我们上译厂,我、苏秀、伍经纬、曹雷都结合自己导演的译制片写过不少影评,起了一定推介的作用。

刻 苦 努 力

电影对刚进厂的沈耀庭来说是个非常陌生的天地。当时厂里的很多年轻人都是艺术院校科班出身的大学生,而他却是半路出家,面对的合作者也都是一些电影大师、老导演,摆在他面前要学的内容实在太多了。

给他的第一课就是很多英语名词:如"开拍""准备""重来""第二条""画外音""OS"……一大堆电影术语,而且老导演都是用英语讲的(电影本身就是舶来品),连听都听不懂,如何当场记? 耀庭首先啃这些硬骨头、拦路虎,用最短的时间到处请教,把这些电影术语记住了。他平时爱记笔记,手勤快,脑子反应也快,有悟性,所以很快就适应了场记工作。在拍摄现场,他把每个镜头,特写、中近远、大全记得清清楚楚,每场戏的人物、服装、道具、场景、演员的台词记得清清楚楚,还有上下镜头的衔接,演员接戏的动作、眼神,演员看的方位、灯光的位置等,反正现场的一切都会在场记单中标记得一清二楚,所以很快就被导演们所认可。

作为电影导演,光有这些是远远不够的,很多有关电影的技术知识要学,比如1秒钟胶片走24格你要知道,出画入画你要知道,慢动作拍摄你要懂得……总之这期间他阅读了大量有关电影创作的理论书籍、技术书籍,做了大量的笔记,并在拍摄实践中加以印证。他跟徐韬导演、刘琼导演、徐苏灵导演拍戏,向他们学习,吸收很多成功经验。他还记得沈浮导演谈戏,沈老说:"电影是劝人为善,是表现人的心灵的。只有真、善、美的电影才能被广大群众所接受,一部好的电影一定是十分美好的。"如今听来也是金玉良言。

　　耀庭十分善于总结别人的好经验,而且把这些好经验用在自己的拍摄实践中去。在拍电影《刘胡兰》时,刘胡兰有一场英勇就义的戏,需要刘胡兰慢动作走向铡刀。当时在山西拍摄,山西电影厂没有慢动作拍摄的机器,在难题面前,耀庭和演员池华琼商量,让演员慢动作走路来达到拍摄的效果,这里必须精确地计算出每个动作的秒数用多少格胶片,才能达到连贯的慢动作效果。由于沈耀庭多年拍戏的经验,所以在没有慢动作拍摄机器的情况下,也完成了这组镜头的拍摄。

　　又如电影胶片是要分本的,现在数码不存在这个问题,分本好坏直接影响观众的欣赏。导演一定十分重视分本处的衔接,分本处的画面一定不能有台词,留出适当的动感画面作为分本。这些看似很小的技术问题,作为一个细心的导演,必须认真考虑好。

　　还有,在蒙太奇手法处理上,要多注意心理蒙太奇的运用,这往往会更感人。不同的题材在镜头运用上也应有变化,有些表达人物内心活动的戏可多拍主观镜头,感情浓烈的戏多采用长镜头,这对演员要求高,但这样出来的戏,感情连贯会非常感动人。

　　只要谈到创作,耀庭就会滔滔不绝。他体会最深的是,拍电影一定要讲好故事。开头一定要抓人,头1分钟就要让观众入戏。故事发展要无奇不有,情节一定要千变万化,出人意料,但必须合乎生活规律,不能胡编乱造,也不能走套路,要有新意……

　　他把自己拍摄的15部电影比作15个孩子,每部影片第一次公映和观众见面,都成了他盛大的节日,只有辛勤耕耘的人才会有这种深切感受。

懂 得 感 恩

　　沈耀庭常挂在嘴边的一句话也是他一生的总结——人要懂得感恩。

　　他回顾自己的一生,说要感恩的人很多,感恩老师,感恩同行,感恩治病救人的医生,感恩妻子……他说我能拍电影,要感谢带我走进电影这片新天地的老师们,他忘

不了徐韬、刘琼、徐苏灵、沈浮导演，以
及后来很多合作过的导演们，是他们教
会他拍电影，把好经验传授给他，把教
训告诉他，让他少走弯路；是他们教导
指引他去实践，去创新，才会有他的贡
献。他感恩电影厂的同行们，电影是集
体创作，少不了每个部门的协同工作。
他从很多老导演身上学得好品质，在拍

沈耀庭和妻子郑雅珍

摄现场从不发脾气，善待各个部门的同志，不管是摄、录、美、化、服、道、照明工人、置
景工人一视同仁，和和气气商量着，互相理解把拍摄工作做好。每天拍摄完后，他总
会帮电工收收电线，帮道具服装整理道具，清理一下现场。事情虽小，他是出于一颗
感恩的心。对待演员他十分尊重，演员是合作者，是导演意图的体现者，他保持互相
尊重互相理解。很多演员和他合作很愉快，充分体现了他的修养和素质。

几十年来，他两次患病，1970 年胃病动了大手术，是中山医院的医生治好了他的
病，让他能重新拍戏。2004 年又发现膀胱癌，又是中山医院的医生为他做切除手术，
使他能继续享受晚年幸福生活。因此他十分尊重医生这个神圣的职业，当他在新闻
报道中听到医患矛盾时，常常会想到，作为病人和家属要尊重医生这个职业。

他和妻子郑雅珍 1962 年结婚，至今早已过了金婚，五十多年来相濡以沫。两次
大手术，没有她的精心照料，他无法走到今天。对老伴的感恩是默默藏在心间。家庭
生活中很多大事，他尊重妻子的决定，特别到了晚年，更是一切听从夫人的安排。他
感到有这样一个美满家庭，一儿一女都有自己的工作，一生足矣。

　　我跟在葆是 1965 年他从上海青年话剧团调入上影演员剧团后相识、相熟、相知的,有 6 年时间我们是在一起的。1971 年,他被诬陷为"现行反革命"入大狱,被关了整整 4 年。也就在那一年,我从干校借调去上海电影译制厂搞配音,后来正式留在上译厂做导演工作直到退休。粉碎"四人帮"后,在葆才得以平反,回上影厂拍摄电影。后来虽不在一起工作,可我们一直保持着往来。在葆退休后定居在北京,来上海我们总会相聚聊一聊,平时我们也会通电话互问安好。

"给自己画个五官端正的肖像"

　　那是 1990 年仲夏,一个偶然的机会,我们俩在合肥相遇,他是应安徽水利厅邀请来合肥参与讨论剧本,我正好在合肥参加张刚导演的"阿满喜剧"的拍摄。老朋友见面总免不了天南海北扯一通。这天夜里,我们在宾馆聊得很晚。

　　当时,我对他好几年没有拍戏意见颇大。我说:"你都有 5 年没有上银幕了,观众要把你忘了,怎么回事啊,有人谣传你走穴走昏了头。"

　　在葆呆了:"我是那种昏了头的人吗?责备我不拍戏的何止你一个人!我是演员,演戏是我的职业,我时时刻刻都想演戏,对人民尽职。但我有一个宗旨——绝不能对不起养育我的工人、农民和保卫我们的士兵,绝不能在银幕上得罪广大观众。这几年我没有少看剧本,也没有少得罪人,有人骂我摆架子,有人说我臭清高,这些我都认了,可是我看不中剧本,我绝对不参加,我不能让观众指责我不负责任。

"我一直在思考,近年来的剧本不多的原因何在?比较清醒的想法是改革开放以来,有多少新生事物冲击着各行各业,冲击着我们每一个人,对如此纷繁的生活,我们剧作家、电影工作者还缺少慧眼去寻找时代的主旋律,我们还跟不上时代的节拍,对新时代的生活研究得还太少,浮躁之心让我们沉不下来认真思考该写什么、该如何写,所以我没有选上合适的剧本。

"至于说到走穴,我不反对别人走穴,但这几年我真的没有参加,我也知道走穴能挣钱,社会生活离不开钱,但我不挣那钱,因为我没有好节目去献给观众。有的演员有本事能演出观众喜欢的节目,观众爱掏钱看他的节目,这有什么不好呢?演员只要别忘了依法纳税就行了。有人说我走穴昏了头,这你能信吗?我是那样的人吗?"

在葆对社会上的种种现象也有自己的看法。他感慨地对我说:"渝烽,咱们是多年的好朋友,跟你说说心里话。我一直在想,人生一世,实际上我们每个人都在为自己画像,就是以自己的行为为自己画一幅历史肖像。我国历史上有多少人为自己画了像,岳飞以自己的行为为自己画了一幅民族英雄的肖像,而秦桧为自己画了一幅卖国贼的肖像。生活中,人们的道德观念尽管不一样,可是无不在画自己的肖像。其中有不少人画了个缺鼻子、少眼睛或是嘴流口水的肖像。我50多岁才悟出这个道理,因此我总想,要以自己的言行为自己画一幅五官端正的肖像。"

这次夜谈的内容我一直记忆犹新。所以,我能理解他为什么这么多年很少参加拍片,因为他坚守着一个宗旨——绝不能对不起观众,他坚守着要为自己画一幅五官端正的肖像。

"人生历练很重要"

在葆人生经历中遭受打击的事太多了,让这个硬汉子挺过来的是他的顽强、自信。在他身上,有一种面对生活积极向上的动力。

  1971 年,在奉贤"五七"干校,在葆不明不白地突然被宣布为攻击"无产阶级司令部"的"现行反革命"分子,当即被押送进监狱。这让我们所有人都蒙了。工军宣队宣布不准打听,不准询问,还要揭发杨在葆的"罪行"。在"五七"干校,我和在葆睡上下铺,平日里又形影不离,工军宣队立即把目标集中在我身上,让我揭发杨在葆的"罪行"。我什么也说不出来。"炮打无产阶级司令部"? 我只听说他说过徐景贤是"徐老三",这算是对"无产阶级司令部"成员的不尊重吧! 说他是"现行反革命"? 他是还想演戏,他对我说过:我们出身都不好,但只要接受改造,今后还是有戏的,总要用年轻演员来扮演工农兵形象。工军宣队说我在美化杨在葆,接着贴了我一面墙的大字报,标题是"孙渝烽何去何从"。可后来对我就没什么下文了。粉碎"四人帮"后我才明白,在葆被诬陷为"现行反革命"分子是因为他知道 1930 年代江青在上海的那段历史。在葆当时接触过有关这方面的资料,因此,他"必须"进监狱。

  粉碎"四人帮"以后,在葆才无罪释放。出狱后我去见他,我们抱头痛哭……4 年的牢狱生活把他锻炼得更坚强了,他坚信自己无罪。所受的苦当然也一言难尽,可他用乐观的态度描绘了这 4 年的生活:第一年还提审,还让写交代,第二年、第三年就没人问津了,他都害怕以后自己不会说话了,每天捧着《毛选》4 卷大声地念。在牢里无所事事,他把自己穿的长裤拆开来,翻面再缝制起来。因此,他告诉我旧裤子都可以翻新,一定要为我翻两条。直到第四年才让他参加监狱里的劳动,每天吃不饱。同狱的人知道他胃口大,偷偷地给他留点吃的,而且以暗号、眼神"通知"他馒头藏在何处……"渝烽啊,这 4 年的牢狱生活对我是一次人生历练,很重要的历练,我在牢房里想得很多很多,母亲、妻子、儿女,我都不知道该如何报答他们!"

  粉碎"四人帮"后,迎来了我国电影文化事业的新局面,在葆也激发了最大的创作激情,塑造了众多光彩照人的银幕形象,他参演的影片有 1976 年的《江水滔滔》,1978年的《大刀记》,1979 年的《从奴隶到将军》,1980 年的《血,总是热的》,1982 年的《上海屋檐下》,1984 年的《双雄会》,1985 年的《代理市长》《白求恩大夫》,1986 年的《党小组

和杨在葆在一起

长》《原野》，1998 年的《昨日的承诺》他荣获过"金鸡奖""百花奖"、政府奖的最佳男主角奖，他是亿万观众心中最坚强的男子汉，是英雄形象的代表。

就在他创作最旺盛之际，却遭到中年丧妻的沉重打击。妻子夏启英曾伴随他走过最难熬的岁月，小夏还一个人承担了抚养在葆老母亲和一双儿女的辛劳。爱妻的离去对在葆打击太大了。他只能用 7 尺白布为小夏写下动人的挽联"一生清白无媚俗，遇难时节有傲骨"来和小夏永别。

没料到，1996 年儿子宝宝又患上"尿毒症"。这对在葆又是一次重大的打击，他千方百计为儿子进行治疗，尽一个做父亲的职责。

在葆就这样经受着人生的历练，渡过一个个难关，以自信和乐观面对生活的挑战！

散发人格魅力的硬汉子

和在葆近 50 年的交往中,处处可以感受到他的人格魅力。

1960 年代,在葆和小夏两个人的工资加起来才 100 多元,上有老母亲下有一双儿女,生活够艰苦的。可在葆始终保持着乐观的生活态度,绝对不跟人攀比,"自己有什么条件就过什么日子",这是他的宗旨,面条、稀饭、馒头、家常菜,让老人、孩子吃饱穿暖就行。他跟小夏都是演员,可衣着十分简朴。小夏告诉我,在最艰苦的日子里,她的衣服都打着补丁,她没有钱添一件新衣。邻居见她这样穿着,常常说:"你们单位的劳动挺多的。"小夏苦笑着点头应承着:"是的! 是的!"

当时我也有两个孩子,父母在农村,也得寄去一点生活费。在葆常鼓励我说:"咱们人穷志不穷,生活总会慢慢好起来的,一定要坚信这一条。"1990 年代初,他来到我家见我也添置了洗衣机、电视机,为我高兴,他对我女儿说:"这都是你爸爸爬格子为你们挣来的,要珍惜啊!"

在葆在生活中对那些媚俗的行为十分反感。原来有一个朋友,为了个人私利巴结官员,而冷落自己的朋友。在葆从此也冷落他,"这种人不可交"。

在葆常说:"一个人对自己认准的事、认准的理不能坚持,那活着还有什么意义啊!"这些年来,他一直坚持着自己的信念:"人不能做亏心事,演戏绝不能对不起观众,剧本不好的戏我不接。人不能为了钱丢自己的人格,商业广告我拒拍,走穴演出我没本事我不参加,只有公益活动,只要合适我都参加。没有事做我不会寂寞,我看我的书,练我的书法,我和我的好朋友聊天谈人生……"

在我的心目中,我的这位兄长不仅是一位观众喜爱的好演员,更是一个浑身散发正能量的硬汉子。

『"游击"导演张刚』

改革开放初期,中国电影界出现了一位挺有名气的"游击"导演——张刚。20 年间,他"游击"于各地的电影制片厂,从那里寻觅拍摄电影的指标,为他的"阿满喜剧"系列电影寻找名正言顺的"娘"。张刚凭着对电影的执着,为电影观众留下了近 30 部"阿满喜剧"电影,如《丈夫的秘密》《风流局长》《多情的帽子》《哭笑不得》《大惊小怪》《想入非非》《男女有别》《多此一女》《变脸》……

"张 刚 现 象"

张刚原是江西省话剧团的演员兼导演,他的梦想是拍电影。他认为舞台演出有局限性,而电影艺术有广阔天地。在改革大潮的冲击下他离开了江西省话剧团,于 1985 年组建了一个"南昌电影电视创作研究所",带领 10 多个志同道合的人开始创业拍电影,拍电视剧。可以说他是民营电影公司最早的开拓者。

拍电影并不简单,首先要有"厂标",这是电影走向市场的通行证,而一个民营企业想获得一个拍摄电影的"厂标"没那么容易,于是张刚就游击于全国各地电影制片厂,以求得一个拍摄电影的厂标。他的近 30 部喜剧电影都是挂着各个厂的厂标走进电影市场的:有上影厂、北京青年电影制片厂,有福建、潇湘、珠影厂……因此,张刚就以"游击"导演而名扬电影界。在他带动下,不少民营电影企业也效仿他的做法,拍摄了一些电影,在夹缝中求生存,后来一些电影评论家称这种现象为"张刚现象"。

我和张刚有着多年交往,是好朋友。他的第一部电影就是来我们上译厂做后期配音的,我担任配音导演。后来他拍摄的近 30 部"阿满喜剧"中,我统计了一下,有 23 部电影最后对白配音都是我负责帮他完成的——是信任和友谊结下了这段情缘。

我深深理解他在夹缝中求生存之艰难。每次来上海搞后期他的表情是多变的:"喜悦"——他终于又完成了一部他所追求的"阿满喜剧",他把拍电影比作生儿子,生下儿子能不高兴吗?"痛苦"——为电影的发行而发愁,如果卖不出拷贝,还不了债,下一部电影就更艰难了。"无奈"——又得为下一部电影找"娘家",又得花钱买厂标。我从不打听他的经济状况,反正买一个"厂标"不便宜,而且对方要挑剔你的剧本,合不合口味,怕你砸了他的厂牌。拍摄期间要不停地请对方来审看样片,要有高规格的迎送。"笑脸相迎"——对新闻媒体,对各级审查领导都得笑脸相迎,乞求他们对影片的好感和厚爱,为"阿满喜剧"电影放行,求生存、求发展……

当然还有研究所一大堆事务要处理,过度的操劳,终于让他病倒了,过早地离开了他钟爱的电影事业。

张 刚 的 创 作 理 念

张刚拍摄"阿满喜剧"系列电影是深受日本电影导演山田洋次的影响,这位日本电影导演一生都在拍摄描写日本平民生活的电影,在为小人物立传。

张刚从小丧母,在艰苦的岁月中长大成人。他认为中国老百姓太善良了,他们忍受一切艰难困苦,顽强地生活着,他决心要为小老百姓立传。于是,他以"阿满"这个小人物为代表,写不同的阿满,表现各种阿满的生活、工作,表现他的喜怒哀乐。"阿满"这个名字非常平民化,每部电影的主角都叫阿满,但并非同一个人,而是不断变化。张刚有一个创作想法,一定要用喜剧形式来展现阿满这个人物。小老百姓的生活太艰苦了,生活里要多点笑,多点幽默,多点人情味,要让人们在笑声中度过每一

张刚(中)与作者(左二)、岳红(右二)及配音演员合影

天,忘记忧愁,忘记痛苦,让人们期望明天的生活更加美好。

张刚在"阿满喜剧"挑选演员方面也有一个宗旨,男演员形象不求好,丑点也没关系,因为阿满这个人物身上也有不少缺点,这才是真实的老百姓。牛犇、仲星火、毛永明……都饰演过阿满。

而挑选女演员要讲究,要美些、漂亮些,她们爱上阿满是因为阿满的心灵美。岳红、凯丽、徐雷……都在"阿满喜剧"电影中担任过女主演。

剧中的情节都是现实中发生过的真实事件,都是发生在老百姓身边的琐事,当然会选择一些典型的人物和事件,会有所夸张、扩大,但人物的嬉笑怒骂都是老百姓所熟悉的,因此观众会感到特别亲切。

据调查,"阿满喜剧"电影在中小城市特别受欢迎。在20世纪八九十年代,其电

影拷贝平均每部都在 200 个以上,超过不少大导演拍摄的影片。有了这个基础,张刚
就能维持生存,就能不断推出他的"阿满喜剧"。这给张刚创造了实现自己梦想的机
遇,他又当老板,又当制片人,又当导演,又编写剧本,往往还自己主演阿满,过过
戏瘾……

"阿 满 喜 剧" 电 影 的 得 失

在怀念老朋友张刚之际,也说说我对他的电影得失之感。

一组系列电影能连续坚持拍摄近 30 部,这在中国电影史上也算是一件不易之
事。张刚的创作理念应该说还是不错的,用喜剧形式来表达小老百姓的生活情趣,为
中国电影百花园增添了色彩。他对电影的执着和努力也是十分可贵的,特别是那种
在夹缝中求生存、坚持不懈追求电影梦的精神值得后辈们借鉴学习。他的摄制组纪
律严明,多次获广电部电影局的表彰嘉奖,是优秀摄制组。每当提到这件事,他都会
对我说:"老孙,我的摄制组能评上优秀,得感谢你们译制厂对我的教育。干事业必
须这样,要有严明的纪律。"

张刚第一部电影是来我们厂配对白的,当时老厂长点名让我负责完成配音工作。
我和张刚第一次见面后,我告诉他第二天早上 8 点钟我们开始工作。第二天上午他
带着两个助手 8 点 30 分到我们厂,一看我已带领所有配音演员坐在放映间等他们
了,他闹了个大红脸。我告诉他,译制厂准 8 点正式工作,一到 8 点,放映机就把片子
放出来,我们厂的所有工作人员都会提前到厂。从那以后,整个配音工作期间他都
提前到厂,并对我们配音的认真严肃一丝不苟印象深刻。后来他的摄制组拍戏也制
定了纪律:去外景点拍戏,8 点开车出发,他总会提前 10 分钟坐在车上,到 8 点就开
车,迟到的人自己打车去拍摄现场,还要受到批评。形成了制度,自己又带头遵守,所
以他带领的摄制组工作效率特别高。

回过头来也说说他拍的电影的不足。张刚每部影片的投资成本是有限的,绝不

可能像现在的投资上千万元,甚至上亿元。他那时能凑到100万元算是天文数字了。我知道他最后投资最多的影片也没有超过150万元。所以拍摄时间抓得特别紧,在现场磨戏是绝对磨不起的。我曾参加过他的摄制组,演员晚上对词、排戏,第二天拍摄,紧张的程度可想而知,因此有时戏显得不精细,甚至有些粗。关键是他的很多剧本是赶出来的,开掘不深,浮于表面,多部影片是他自编、自导、自演,人再有才能,本事再大,精力毕竟是有限的。我曾经多次跟他交换意见,向他提出:"你要搞系列电影,应该成立一个搞剧本创作的班子,让作家为你写剧本,花点精力好好写。"他苦笑着对我说:"老孙啊,我何尝不想这样干,一是成本太高,我没有钱;二是时间耗不起,我无法等他们两年三年拿出个剧本来,是否能用还是未知数。"

关于演戏,我劝过他多次,让他别自己主演了,把精力放到剧本上,放在导戏上,演员多的是。最后他听我劝告,自己不演了。但是他的精力也无法全部投入拍戏上,分散他精力的事情实在太多了,所以他也常常发脾气!要筹拍摄资金,要"厂标",要卖拷贝,要为研究所的生存而拼命……所以有些戏显得粗了些,人物浮于表面。戏拍得挺热闹,但给人们留下多少启示和回味呢?

张刚坚持电影必须拿到上海来做后期,请我们上译厂的配音演员为他的影片配音,这是一种信任和默契。他有两三部"阿满喜剧",是"厂标"方坚持在当地做后期而无法来上海,他都很后悔,但无奈啊!

在为他的影片做后期配音的过程中,我们常常和他商量改台词,使之说得更生活些,更人性化些,更风趣幽默些,甚至加上点人生哲理。演员表演上的不足之处,我们也通过声音做些弥补,比如哭啊,笑啊,在画外加上一两句台词作个补充。总之通过配音为影片加点分,这是张刚信任我们的最大原因。我自己是演员,参加过很多摄制组,我深深感到拍一部电影不易,所以凡是来我厂做后期配音的影片,我们一定做到为影片加分。张刚的拼搏精神十分可贵,所以我愿为他尽一份力。当时也有人说,张刚给我报酬高,所以我一直为他做后期,在这里我可以告诉同行们,我作为他影片的配音导演,开始每部戏150元,后来最高的拿过2500元酬金。现在年轻演员会说,这算个啥！是的,我们这些老家伙,讲的是别人对自己的信任,讲的是情谊,讲的是干点实事,讲的是能为电影出点力,能做点小小的贡献就满足了!

"拍电影离不开上海"

张刚干电影,他总结一条心得:"拍电影离不开上海这个电影发祥地。"他曾多次对我说,搞电影要充分利用上海的人才,是上海电影界的这些朋友们帮我实现了拍电影的梦想,特别是"阿满喜剧"系列电影。我们打开"阿满"电影的主创人员名单,可以找到许多上海电影人,摄(影)录(音)美(工)化(装)服(装)道(具)拟音、作曲、乐队指挥、配音……而且上海电影人也为张刚的研究所带出一支他自己的拍摄队伍。张刚的儿子张坚后来成为能独当一面的摄影师,张刚的助手黄彪也成长为能独当一面的电视剧导演,以此为基础,研究所拥有了属于自己的电影、电视剧拍摄团队。张刚一直都感谢上海电影人对他的支持和厚爱,他在上海有很多好朋友。特别让他感动的是,耄耋之年的吴茵老师,被张刚对电影的执着所感动,参加了他的"阿满喜剧"的拍摄,在影片中饰演阿满的母亲,一位双目失明的老人,剧中的阿满由张刚亲自扮演。这一段戏中的母子情谊一直延续到生活之中。当张刚在北京拍戏时获悉吴茵老师去世的消息,当天拍电报给我,让我置办一个大花篮,上面一定要写上"上联:妈妈安息;下联:不孝儿张刚痛悼"。后来我和吴茵老师家属沟通,他们理解张刚的情谊和心情,但拍戏和生活毕竟不能一样,同意大花篮上这样书写:"吴茵老师安息! 南昌电影研究所张刚痛悼"。

痴
迷
艺
术
的
唐
群

　　唐群是一个痴迷艺术的人。也许爱好文艺的人早已知道她了,可真正被广大观众所熟知,应该是在 2011 年 11 月第 48 届台湾电影金马奖她荣获最佳女配角奖之后。她在电影《到阜阳六百里》中饰演一位钟点工大妈,她以真情,以大起大落的感人表演获得专家和观众的一致认可。金马奖评委主席张艾嘉宣布对她获奖的评语是:"唐群以内敛诠释角色及表演浓度令人难忘而轻易胜出。"

　　在评奖的酒宴上,台湾著名导演侯孝贤有三次见到唐群,都动情地拍拍她的肩膀,重复的是同一句话:"你演得好,演得好。"之前在第 14 届上海国际电影节上,日本著名导演、该届评委会主席岩井俊二先生在走红地毯时,主持人问他:"在亚洲演员中你印象最深刻的演员是哪几位?"他思索了一下告诉主持人:"在中国电影《到阜阳六百里》中演大妈的女演员我最喜欢。"

　　唐群为上海文艺界争得荣光,在台湾金马奖评选中她是上海第一位获奖的演员。

从小痴迷艺术

　　唐群是山东人,母亲是一位小学校长,她 3 岁时母亲就说"这孩子将来一定是演员"。母亲很重视孩子的爱好,特别创造条件培养孩子这方面的天赋。唐群最早叫唐群群,6 岁随家搬迁到南京。由于她嗓子条件好,接受能力特别强,电台请她去录制《牧童歌》。南京市每次接待外宾的活动中少不了她的演出,当时苏联代表团来访次数很多,每次"小红花"艺术团都会送上精彩的表演。每当有这样的演出,唐群的小表弟总等她回家,然后从小表姐的口袋里找到很多好吃的糖果。母亲为自己的女儿感到高兴,把唐群群的名字改成唐群,这样好记,还为女儿做了一件有毛翻领的小红外套。唐群回忆小时候有一件事让她害怕:当时演出多,每次晚上回家总要经过城门,穿一条灯芯绒裤子,走路时会发出嚓嚓嚓的响声,夜深人静声音特别大,似乎总有人在后面跟着走,自己走得快,后面的声响似乎也快,常常吓得她奔跑起来,一口气跑到家,心总是怦怦直跳。

15 岁那年,上海音乐学院附中到南京招收学生,唐群遇到了她人生中重要的伯乐——张仁清老师。张老师也觉得这个梳着两根黄头发小辫子的姑娘,长得十分讨人喜欢,特别是唱歌声音很美很动听,表情又十分投入。就这样,整个南京市只有唐群一个被选中进入上海音乐学院附中。在声乐科里她成了学习声乐的 14 人当中的一个,4 年附中毕业后就她一人直升上海音乐学院本科,攻读声乐。

如今已 80 多岁的张仁清教授十分喜欢唐群,每当聚会时,他介绍到唐群时总会说:"这是我的宝贝学生。""宝贝"两个字说得特别重,特别亲切,可见她们的师生情谊。

在音乐学院声乐系学习的 5 年中,她们利用业余时间在校园里排练很多节目,有《年青的一代》《刘三姐》《江姐》片段,还有《求婚》等,当年的金复载(著名作曲家)还当过她们的导演。只要有艺术实践活动,唐群从不放弃。在校期间她还给电影配插曲,跟舞蹈学校的同学一起演跳舞节目……后来遇上"文革",学业中断了,可演出一直没有停止过,音乐学院的"工厂演出小分队"是经过钟望阳院长亲自挑选的,几乎集中了音乐学院各系的尖子生,有拉二胡的闵慧芬,有小提琴手俞丽拿,有民乐尖子朱晓谷,有女高音唐群……演出实践活动极大地给了她们扎扎实实的锻炼。

后来所有即将毕业的大学生都到军垦农场去锻炼,唐群他们到了江苏一个军垦农场。部队里突然来了一大批音乐学院的人才,首长太高兴了,马上组成文艺宣传队,一半是音乐学院的大学生,一半是部队的文艺骨干。这大半年里,大学生们都穿上了军装,宣传队去部队巡回演出。痴迷艺术的她又编又导又演,累得她最后发不出声来,一个星期都不拉大便,终于病倒了。这下把宣传队的成员们急坏了,队员们守在她的床边,切盼她赶快好起来。痴迷艺术的人似乎有一股子不屈的劲头,累了趴下,稍好些就又劲头十足,唐群又活跃在繁忙的演出活动之中了。

在宣传队期间,上海歌剧院正在筹备排演歌剧《白毛女》,剧院打报告想调在农场劳动的唐群来参加排练演出。这份报告一直传到张春桥那里,张春桥的批示是:"大学生一个也不能动。"这件事一直拖到大学生毕业分配后,唐群分配到上海歌剧院,才如愿演上了《白毛女》。

我想干更多的事情

唐群毕业分配也很有意思,先到"上海乐团",去报到那天,乐团正在挑选《延边人民歌唱毛主席》的女声领唱(因为西哈努克特别爱听女声合唱,这首歌排好后是为他演唱的)。唐群心想我一个大学毕业生刚到团,在很多老演员面前不好意思参加试唱。可老演员们都让唐群试唱,唐群一试唱,大家一致说"就你了"。这个见面礼让乐团对唐群刮目相看,同时为团里来了一个好苗子而高兴。

当年上海决定排演交响乐《智取威虎山》,要把京剧用交响乐的形式搬上舞台。唐群和许幼黎被选中表演小常宝和杨子荣,他们两人去京剧院学习,一对一地学。齐淑芳教唐群,童祥苓教许幼黎。他们学得很认真、很刻苦,尽管发声方法不一样,还是坚持认真地学习,很快交响乐《智取威虎山》就搬上舞台。于会泳很称赞唐群饰演的小常宝、许幼黎饰演的杨子荣,上海观众也乐意接受这种演出形式,后来都迷上了京剧交响乐。当年演出盛况空前,在上海演出到了一票难求的地步。

我忘不了当年有个周末,我好友蔡惠光(作曲)带着许幼黎来我家玩,当时我住在南市区老西门西仓桥街华兴里石库门房子里,许幼黎为我们清唱了一段《打虎上山》,那高亢的声音把我的房子都震动了,我的岳父母、小舅子一家人为能在家里居然欣赏到这样的高雅艺术而十分高兴。许幼黎还为我们唱了《甘洒热血写春秋》,这情景我至今也难以忘怀!

后来唐群正式调上海歌剧院,由于她十分努力,对艺术执着地追求,虚心好学,吃苦耐劳,热情又有灵气,很快成了歌剧院的新生力量、后起之秀,接替老演员成为骨干,独挑一面,担当歌剧的主要演员,先后在 10 部歌剧中担任女主角:《白毛女》《洪湖赤卫队》《江姐》《货郎与小姐》《芳草心》《雁儿在林梢》……她的努力为自己赢得了荣誉,得到广大观众的认可。对于一个年轻演员有这样的成绩应该有所满足,同事们都很羡慕她,有同事说:"从 70 年代末到 90 年代,咱们上海歌剧院是唐群的年代。"可唐群并不这样想,她是个不知满足的人,她觉得自己还有使不完的劲,还可以干更多的事情。歌剧院的舞台为她提供了艺术创作的天地,但半年排一部歌剧,演出仅有几场就结束了,她深感浪费自己的青春。这期间她四处找活干,参加社会辅导工作,在不影响剧院排练演出的间隙参加一些影视剧的拍摄。1981 年,她参加珠影厂电影《小海》的拍摄,饰演小海妈;后来又主演了电影《红蜘蛛》,不间断地参加了一些影视剧的拍摄,可总不能放开手脚。1994 年突然看到一个文件,可以提前退休,她见文件的当天就向院领导打报告,要求提前退休。当时很多人不理解她,歌剧院干得好好的,领导又十分重视,外国艺术团来中国访问,市里指名让她主持表演和陪同,她是上海市青联委员、市妇联委员、区政协委员、少数民族市委委员……社会职务一大堆。有人认为唐群"吃错了药""神经搭错了"。

唐群不顾同事们的劝说,也不理睬各种各样的议论,坚持提前退休。她想赢得更大的创作天地,可以放开手脚在艺术的天空里自由地飞翔。

痴 迷 艺 术 是 要 作 出 牺 牲 的

退休后的唐群,生活节奏改变了,她如同快速弹钢琴一样,10 个指头不停地弹奏着。姜海(唐群的丈夫)和她一同外出,永远赶不上她,唐群走路飞快,脑子里永远都有事，一个计划接着一个计划……

她在大学里教课：上海戏剧学院、东海学院表演系、上海复旦大学视觉学院等多所艺校……

当时，我在东海学院主持表演系，我请他们夫妇俩来担任声乐教学。每学期他们的学生都会有一台精彩的小节目汇报演出，这也是学生成绩的考核。他们认真严肃的治学态度让我钦佩。在上海戏剧学院，她为学生不认真学习而流过泪，感动了同学们。在复旦视觉学院，她为学生的刻苦学习达到她的教学要求也激动地流过泪。

她在工厂、企业搞群众辅导工作，为企业培养了一大批文艺骨干力量，她和姜海辅导的群众演出活动，在全市、全国连连获奖。她对企业的老总、职工一视同仁，凡参加歌咏比赛的人员一律严格要求，每次排练都首先从发声训练起，要等节奏、音准、状态都到位，才开始正式练唱，往往累得她扶着墙走出排练厅……

政协、民委、市青联、妇联的节日联欢活动、企事业的一些大型演出活动都有她的身影。凡是她负责的节目，都尽其可能以达到完美的演出效果，演员出场、下场、服装、话筒、伴奏、灯光，她样样管样样有要求，不放松任何一个细节，这就是唐群的风格。

更多的，是在影视领域里，她一部戏接着一部戏参加拍摄。剧组与剧组之间时间上常常发生撞车，她要来回奔波，才能应付各种突如其来的变化。

唐群为艺术牺牲太多。当年在演交响乐《智取威虎山》时，由于演出太忙、太累，她的第一个孩子小产了。在歌剧院为了演《江姐》，领导曾亲自登门劝她打掉第二个孩子。

退休后快节奏的生活又让她甘愿为艺术付出更多的牺牲：孩子无法照料，只好请保姆。丈夫生病住院无法尽心照料，只好抽空跑医院。为了拍戏，她成了火车上、汽车上的常客，奔波于几个摄制组之间，啃面包、喝瓶装水、吃盒饭，早已成了家常便饭。

失眠也成了她生活中最大的困扰。接到一部好戏，让她兴奋，做案头工作、修改台词成为她的必修课。她必须努力把人物的台词改成说"人话",说出角色内心的情感,说出感人的台词。在奔波的火车上、汽车里,看她闭目养神,实际上她脑子在不停地转动,为角色设计着服装、动作、表情,琢磨着什么样的台词更准确。同伴们说:"你们看哪,唐群又入戏了。"

由于她的努力,唐群常常获得导演的赞许、默认、放心,获得演对手戏的演员们的亲近、默契和友谊。特别是在拍摄现场,她那种认真、执着的劲头,受到摄制组工作人员的尊敬。

唐群在创作上有一股子不认输、勇于挑战、敢于尝试的劲头。早在歌剧院时,她在歌剧《芳草心》中扮演双胞胎姐妹俩,在法国轻喜剧《美丽的海伦》中除了扮演女主角海伦外,还反串小王子。在电影《红蜘蛛》中除了演女主角,还兼演一个男角色。在台湾电视剧《雁儿在林梢》中又扮演姐妹俩……她拒绝平庸,痴迷创作,以苦为乐,愿为艺术做出自己的牺牲。

生活中的"马大哈"

唐群在生活中是个出名的马大哈,她闹的笑话可以写成一个小册子。

"文革"期间内参片的票子可是一票难求,她好不容易搞到 2 张票子,因演出忙自己无法去看,便把这 2 张内参片电影票很郑重地送到她的老师家。老师很高兴,夫妻俩兴致勃勃地打的前往新光剧场。到了那里收票的工作人员认真地看过电影票说:"老先生,你们的票是昨天的。"老师对夫人抱歉地一笑,说:"我一直没法精彩地介绍我的唐群,这下可有说头了。"

姜海告诉我,他早已习惯她的马大哈,再提醒也没有用,每当她要出门,姜海总在门边等着,知道一会儿她就会回来,因为不是忘带手机,就是眼镜,或是钥匙,对她的"哈"早做好了准备。

一次我们受邀乘豪华游轮"哥诗达"去韩国旅游,我目睹了唐群的"马大哈"表演。

和唐群、姜海夫妇在一起

那天，我们去济州岛，导游安排我们逛免税店购物。唐群为儿子、儿媳、小孙子买了一大包礼品，出来后我和他们夫妇俩到邻街的化妆品店里转了一转，接着我们登上等在路边的大巴士。一上车刚坐下，唐群突然大叫起来："我买的东西呢？姜海你拿了没有？""没有啊，不是你提着吗？"唐群动作飞快地下了车往化妆店那头跑，姜海也跟了上去。一会儿唐群提着包气喘吁吁地回来了。

"马大哈"发生在唐群身上一点也不稀奇，大凡"马大哈"的人肯定是专注在某一件事上，才会把其他事情忘掉。唐群告诉我，她的很多老师都是"马大哈"，她的恩师张仁清教授也是这样。

老
同
学
黄
达
亮

惊愕

2013 年 11 月 10 日晨,我接到原上海电影专科学校同学来电:"渝烽,告诉你一个不幸的消息,我们的同学黄达亮昨天夜里走了。""什么? 谁? 黄达亮! 什么病?""心肌梗死,送医院抢救无效。"

我坐在电话机旁发愣,爱人问我怎么了,我黯然回答:"黄达亮昨天夜里走了。""他身体很好,怎么会这样?"我难以相信这是真的。在我们同班同学中他身体一直是最棒的,前不久见到他还又说又笑,精神状态非常好。他从小就爱体育运动,虽然年过古稀,每天还坚持走路、遛狗。在电影学校时,篮球场上总有他的身影,在乒乓球台前提拉抽样样行,在校运动会上跑步、铁饼、掷铅球、跳高、跳远,为我们班级捧回无数奖状。那一身肌肉着实令人羡慕。毕业后,老同学聚会时,他总是精神饱满、笑声爽朗,我还跟他开玩笑:"达亮,咱们同学中间要出百岁老人也就数你了。"可如今,他怎么可能走在我们前面?!

同 学

1960 年我们一起进入上海电影专科学校。1959 年学校招过一个表演班,当时称

"表一班"，有达式常、朱曼芳、姚锡娟等，我们是第二届，故称"表二班"。我们班同学分贫富两类，有的家庭条件比较优越，出自资本家、高级知识分子、高干家庭，或是烈士子女，有的则是来自农村，还有城市的小职员家庭。我当年是申请助学金的，记得当时每月 8 元 5 角助学金刚好够每月的伙食费。由于各人家庭状况不一样，生活方式、言谈内容完全不一样，刚入学参加建校劳动，很快形成了亲疏关系。直到正式上课，进入表演课节目排练，紧接着我们"表二班"赴舟山群岛一带为东海舰队的海军战士慰问演出，同学之间的关系才随着学习、排练节目、演出而得到改善，变得十分融洽。我跟黄达亮开始也挺疏远，他出身资本家家庭，生活优越，我们因为排练节目而熟知，后来成为好朋友。当时我们两个人排了一个节目：对口词"枪"。这种形式的节目当年很流行，语言节奏铿锵有力，两个人在台上随着台词内容的不断变化而摆出不同的造型，很有气势，动作性特别强，去部队演出非常受欢迎。达亮穿海军服，我着陆军服，对口词一句接一句绝对不能打嗬儿，两个人的动作造型要好看，要有精气神。这个节目我们排得特别认真。周日休息，达亮回家，我住校，他家装有电话，达亮有睡懒觉的习惯，于是我便在上午 10 点以后在学校传达室往他家打电话，我们俩在电话里把台词对对，以确保演出时不出差错。

在部队慰问演出近 3 个月，这对我们是一次很好的锻炼，边演出边排各种新节目，回校后我们立即进入新的表演学习。接下来就排了两个毕业大戏：阿尔巴尼亚剧作家皮塔尔卡的《渔人之家》，曹禺的《雷雨》。黄达亮在《渔人之家》中饰演父亲，十分成功，我在剧中扮演二儿子，一个革命者，这部戏我们多次去部队、工厂演出。后来我又在《雷雨》中饰演周朴园一角，在校内多次演出。记得当时赵丹、瑞芳老师来看我们演出的《雷雨》。赵丹的评价是"娃娃们能演这个戏很了不起"，主要是指我们太年轻，生活阅历太浅，理解这样复杂的人物关系达不到深度。这是很中肯的意见。

1960 年直到毕业我们都生活在"自然灾害"的艰苦时期，当年什么都发票。黄达亮家庭富裕是属于吃"高级饼"的阶层。记得有一次我们排练完《渔人之家》已经是晚上 9 点多了，又冷又饿，我们七八个同学决定分骑 4 辆自行车，去离学校有一段路的程家桥吃山芋汤。我们几个穷小子早已是这里的常客,黄达亮是第一次去。我们按老规矩,山芋汤端上来先喝汤。老板都习惯我们这种吃法,总要为我们加两次汤。达亮第一次来,实实在在吃山芋,见我们加山芋汤,他也要求加了一次。他问老板才知道,山芋汤 6 分一碗,这么便宜,他宣布今天他请客,付钱时一算只花了他买一块高级饼的钱(当时高级饼 5 角钱一块)。回校的路上我问他感觉如何,他说:"适意(上海话),又暖和又填饱肚子。"他常常用上海话来表达情绪。

1962 年,医生检查后说我患有肝肿大,营养不良。每次我去北新泾医院,医生根据我的病情,总会给我开两瓶"乳磷子糖浆"。只要我去医院,第二天我们宿舍的同学都会买馒头回宿舍吃,我这瓶糖浆成了大家夹在馒头里的果酱。两瓶两个早上全解决了。那天达亮也回宿舍吃早饭,看我们很热闹就问:"你们吃的什么好东西?"我顺手从瓶里勺了一匙,给他夹在馒头里吃,他咬了一口说:"嗲(上海话)好吃,比果酱还有味道!"

黄达亮是校篮球队的主力队员,我因为在初中时就爱打篮球,所以也参加了校篮球队。当时我们常和周边一些学校比赛,成绩都不差。在队里我上场比赛比较少,坐"冷板凳"的时候多,达亮有时很会照顾我的情绪,"侬上(上海话),让我歇一会儿。"我有机会上场总是十分卖力,有一次我跑步投篮得了 2 分,他在旁边大声为我叫好。

在生活中黄达亮的确是少爷派头十足,每周返校他总要提回一个大包,装满了一周的洗换衣服。他每穿一件衣服就挂在蚊帐里,穿过从不洗,隔一天看看哪件还比较干净就接着穿,袜子也从来不洗扔在床的角落里。有一次我对他说:"袜子每天洗挺方便的,一洗完脚顺便洗一下就完了。"他接受我的意见自己洗了两趟。后来干脆用个口袋把臭袜子装在里面,周末还是带回家去了。"回家洗便当。"在生活上可称得上不拘小节。

在学校里我们相处得挺好,1963 年毕业后我们都分配到上影演员剧团,后来我调到上译厂去工作了。可我们一直都保持着交往。2000 年,我 60 岁,孩子们说,"老爸,你这一辈子挺不容易,60 岁生日请好朋友来聚一聚,也感谢老朋友们对我们家的关心、帮助。"我打电话给达亮,他正好在忙拍戏,我说拍戏重要,咱们改天再补,可他一口答应我说:"一定来!"我生日那天他在剧组调了拍摄计划,驾车来参加我的生日宴会,还给我带来一瓶法国名酒。他是个很重情谊的人,在剧团人缘特别好,与世无争。

我们虽然不在一起工作,可每当参加影协活动,一见面总有聊不完的话。好几次活动完了,他开车送我回家。有一次在车上我们聊开了,我说我 2000 年 2 月就拿了驾照,可一直没有开车,上海道路拥挤,家人反对我开车,是个"本本族"。他冲着我说:"侬这老师,自己不开车却让学生们一定要学会开车,这也太过分了。实际上开车是熟练工,只要胆大心细,什么也不用怕。"

当时我在东海学院担任表演系主任。自己是干演员出身的,知道工作中缺什么就得补什么,在学校让学生应该多掌握一些表演技能,除了"声、台、形、表"四门主课外,我给学生加了很多课,如骑马、射击、武术、书法、化装等。男女同学首先要会骑自行车,家庭条件好一些的学生,还建议他们利用寒暑假把机动车驾照考出来。作为一个演员这些都用得着,达亮对我的课程还是很支持的,演员缺什么就得学什么。

眼 神

我这位老同学在表演上应该说是非常有天赋的,在学校时表演系的老师们都挺喜欢他。他不光外形条件好,主要是能进戏,能动真情。在排《渔人之家》时,有一件很搞笑的事让他终生难忘。

我们班有一位同学宋妙来在戏中扮演德军少尉,来渔人之家搜查。妙来患有严重的鼻炎,有一次排戏,穿上皮靴,一上场就对着达亮扮演的老渔民来了一个敬礼,碰脚跟的动作很帅气,可突然鼻涕流出来,挂得好长,妙来发现不对,猛地一吸鼻涕缩了回去,这下黄达亮忍不住了,放声大笑,戏无法演下去。后来每当排练到这儿,达亮都会控制不住笑场,把孙铮老师气得停课:"演员这点控制能力都没有,今后怎么演戏?

休息!"半小时后,孙铮老师决定先排别的场次的戏,最后再排这场戏。达亮下课后给我看他的嘴唇都咬破了,硬是没有再笑出声! 这件事对他触动很大,多年后我们还会常常提起它。

黄达亮演戏认真是出了名的,报上称他是"反派专业户",是影视界的又一棵"常青树",这一点也不过分,要列出他主演的影视剧可以开出一个长长的名单:《青山恋》《玫瑰香奇案》《华丽家族》《传国密诏》《美丽的囚徒》《情深深雨蒙蒙》《半生缘》《回家的诱惑》《一念向北》等有 100 部之多。他扮演了很多有深度的人物,如黑社会老大、十恶不赦的杀人犯、诡计多端的特务头子、让人恨得咬牙切齿的十足坏蛋……这些人物都给观众留下了深刻的印象。但在生活中,他是一个大好人。他爱家,是个好丈夫、好父亲;他讲情义,是个好朋友、好兄弟。他的突然离去,让大家十分悲痛。

达亮在表演上一直认真钻研,他多次跟我聊及,电影演员一定要利用银幕这个特殊的视觉载体,通过眼神把戏做足。他告诉我,他一直在琢磨上影厂很多老演员的表演,最出彩的地方就在于他们用眼神来表达人物的内心活动。赵丹是这样,张伐是这样,李纬、韩非、魏鹤龄是这样,吴茵、上官云珠、瑞芳老师……一大批演员都是这样,在人物的眼神上下功夫,给观众留下难以忘怀的人物形象。所以后来我一直关注他演的戏,他扮演很多阴险狡诈的黑社会老大,不仅在造型上、形体动作上努力塑造,还特别注重用眼神来传达人物的所想所思,把人物的内心活动通过眼神惟妙惟肖地表达出来。这是达亮塑造人物的成功之处。我为老同学在表演上所做出的努力和成绩而感到无比的骄傲。

要 改

黄达亮不仅认真演戏,还十分关注我国影视事业的健康发展。他参加的剧组多,接触面广,知道的事情也多。我们聊到影视圈的一些现象,颇有同感,认为很多不良风气必须改,才能使这支队伍健康,才能拍出高质量的影视剧。

和黄达亮在一起

　　说到影视圈的"潜规则"，达亮认为这绝对是文化素质低下的表现，一些人丧失了做人的起码准则。我说我也查过资料，从电影诞生后，这样的事情就发生了，20世纪二三十年代欧美也盛行。当年美国的"选角沙发"就成为公开的秘密，导演或是制片人在一个小屋子里考察女演员，这个屋子里必定会有一张沙发，名为选角，实际上进行"潜规则"。这里有导演、制片人的素质和品德问题，也有一些女演员是被名利所诱惑，做人缺乏最起码的自尊、自爱。这种现象必须杜绝，必须改，主管部门也要采取一些严厉的惩处措施。

　　我们还常聊到现在摄制组一些不正常的现象，明星开天价把摄制组的大笔经费拿走了，用于拍摄的经费和给其他演员的费用就少得可怜。我也遇到过这样的情况，跟你来谈价，说摄制组经费很紧张，请你帮忙，定几天拍戏合同，这几天里把全剧所涉及的戏都集中拍出来,最后把这些演员累得实在够呛。达亮还告诉我另一种情况,所有的演员都围着明星转,大明星要高价,为了赶拍明星的戏,所有搭戏的演员全陪着,这也是十分累人的,一点戏也得在现场耗着,熬夜不用说,往往就靠香烟、咖啡撑着,人都累得精疲力竭,谈何质量?

在对待群众演员上,很多时候对他们缺乏起码的人格尊重。达亮说,他有时看不惯就为群众演员说说话。群众演员在每部戏中都少不了,而且对戏的整体质量有很大影响,但是有不少的导演、剧务对群众演员缺少起码的尊重。有的导演在现场不仅不耐心讲戏,还随意骂人甚至动手。有时群众演员早早来到现场,却被晾在一边无人问津。人与人之间应该建立互相的尊重,要想提高影视剧的质量,必须认真做好群众演员的工作。

教 训

老同学黄达亮突然离世,除了令人悲痛,我想也应该从中引出一些教训。

其一,达亮的身体一直很好,因突发心肌梗死不幸去世,我认为有多方面的因素。人要保证身心健康,生活一定要有规律。达亮长期进摄制组拍戏,有时还跨两三个组,生活规律早已被打乱,加班熬夜成了家常便饭,这是最伤身体的事情。对于上了年纪的人一定要特别重视,摄制组如果关爱老演员,在这方面一定要多加注意,尽可能让他们生活正常些,有规律些。

其二,饮食要有节制。我跟达亮几十年的交往,我知道他也算是个美食家,在饮食上还是比较讲究的。但在摄制组,朋友相聚免不了也会暴饮暴食。他有一个习惯不好,这和作息不规律有关系,他爱吃夜宵,而且爱吃甜食,有时睡前还要吃点甜汤圆。他说,吃了会睡得很踏实。

其三,一定要戒烟戒酒。他抽烟我是知道的,在学校那会儿就很厉害。1960年代初困难时期,抽烟对我们学生来说是一种奢望。记得我在《雷雨》中饰演周朴园时,上影厂老道具老孙头挺有办法,从上影厂给我寻来一盒雪茄烟,我留了两支演戏用,其他的都由达亮等几个同学分享了。达亮这辈子也戒不了烟了,他爱人劝他戒烟戒不下来,只好买质量好一点的烟抽。所以在《非常夫妇》节目里他笑谈:"爱人对我好,买好烟给我抽,我还能戒烟吗?"开车对他限酒非常有好处,好多次聚会他都因开车而拒酒,也不知在家里他还痛饮吗?

其四,运动绝对不能少。这方面他还能坚持,每天除了走走路,还遛狗。上了年纪的人认真体检就显得十分重要,及时发现自己身体的病源,及早治疗,及早预防。达亮体检后发现胆固醇偏高,而就在 11 月 9 日,他和朋友相约去了阳澄湖吃大闸蟹,不知心肌梗死和这次吃蟹是否有关。

老同学黄达亮,你突然离去给家人带来极大的痛苦,给我们这些老同学、老朋友带来无限的思念,你这棵"常青树"走得也太早了一点,你应该还能为我们留下更多一些影视作品,让更多的观众分享你努力刻画人物的成功之处——用眼神来传达人物的内心情感,刻画众多栩栩如生的人物形象。老同学,一路走好,我们在天堂里再相聚!

提起王龙基这个名字,必然和张乐平先生创造的"三毛"这个家喻户晓的儿童形象联系在一起。王龙基在电影《三毛流浪记》中成功塑造了"三毛"这一艺术形象。

我和龙基是上海电影专科学校的校友。他在文学系,我是表演系的。记得进校后我观看过很多好电影,其中就有《三毛流浪记》,没想到这位扮演三毛的王龙基是我的校友。这样一位童星居然不在表演系,却在文学系,一直让我大感不解。

参军的梦

王龙基的经历挺特别。他当年(1948—1949年)拍了多部电影,尤其是拍了《三毛流浪记》,是个耀眼的童星。上海电影专科学校毕业后去部队当了6年兵。复员后又去工厂当工人、车间主任、副厂长,最后成为中国电子、电路印刷行业中的一位杰出企业家。

龙基是这样解释的:解放后从小学到中学一直有一个参军当解放军的愿望。1960年在行知中学毕业后,学校曾保送我进哈军工学习,当时正好上海电影学校也在招生,父亲王云阶是搞电影作曲的,同住一楼的方正老师是电影学校的教务处负责人,非让我进电影学校,赵明副校长建议我进导演系学习。父亲挨不过这么多朋友相劝,让我放弃去哈军工,转而进电影学校求学,但让我进文学系搞创作。父亲是搞音乐创作的,他认为搞创作才能充分发挥自己的聪明才智。我尊重父亲的意愿,进了文学系。1963年毕业时,福州军区政委刘培善中将通过老战友上海市委书记陈丕显向上海要人才,把上海戏剧学院戏文系的黄海芹(黄佐临先生之女)、我,还有电影学校表演系的倪金红同学,推荐去福州军区前锋文工团报到。倪金红分配在话剧队,黄海芹和我到了创作组。龙基说自己终于圆了当解放军的梦。

严 父 、 慈 母

王龙基的父亲王云阶是我国著名的作曲家,他曾为许多电影作曲,被誉为"中国电影音乐之父"。我略举一些由他作曲的电影:解放前的有《新闺怨》《万家灯火》《关不住的春天》《希望在人间》《丽人行》《乌鸦与麻雀》《三毛流浪记》等,解放初期的有《团结起来到明天》《翠冈红旗》《六号门》等。1955年他辞去中央电影局音乐处副处长一职后回到上海担任电影乐团第一任团长,再次激发了他旺盛的创作热情,作曲的电影有《青春的园地》《母亲》《林则徐》《护士日记》《万紫千红总是春》《黄浦江的故事》《飞刀华》《丰收之后》《青山恋》《不夜城》等,以及我国第一部立体声故事片《魔术师的奇遇》。"文革"后又为电影《傲蕾·一兰》《海之恋》《七月流火》《江水滔滔》《阿Q正传》等作曲。这个片目足以说明他为中国电影音乐所所做的巨大贡献。

王云阶还创作了他人生中的3部民族交响乐。1956—1963年他创作了第一交响乐《建设祖国》,分3个乐章:《炉火熊熊》《田歌阵阵》《喜报声声》。1958—1959年创作了第二交响乐《抗日战争》,分四个乐章:《抗战》《苦难的回忆》《到敌人后方去》《欢庆胜利》。1990年又创作出他的第三交响乐《春天》,展示祖国欣欣向荣的春天。

王龙基对父亲十分崇拜。他崇拜父亲勤奋好学。父亲曾对他说:"文化是一切的基础,有了文化,才能干什么都出成绩。"他崇拜父亲热爱生活、热爱家庭、热爱工作的品质。父亲对他说:"一个对生活冷漠的作曲家,是不可能写出动人心弦的音乐作品的。"他还崇拜父亲的执着。王云阶走路节奏很快,他是个不愿浪费任何时间的人。他常对人说:"人靠的七分精神、三分体质。"

王龙基和父亲王云阶

王云阶民主治家。他把孩子们当作自己的朋友,从小到大从不打骂孩子、训斥孩子,始终以理服人。家里常常会在晚饭后召开家庭会议,讨论家中的一切事务。每个人都可以发表自己的意见,还互相进行表扬和批评。孩子们有事想不通,或有事自己决定不了都可以去找爸爸谈。王云阶会耐心地分析利弊,最后由孩子们自己决定该干什么,不该干什么。决定的事情一定要努力做好。王龙基说,全家人从不过生日,但每年 8 月 13 日,全家必定要聚会,庆祝父母的结婚纪念日。会上父亲会表扬母亲,母亲也会表扬父亲,这是全家最快乐的时刻。王龙基十分感慨地说,父亲是一个对孩子要求很高的严父,但采用的方法是民主的、交心的,是以自己为榜样来教育孩子的。

王龙基的母亲李青蕙是一位传统的贤妻良母,相夫教子,在艰苦的环境中支持丈夫的工作。1949 年进上影厂工作,1955 年调到上海电影译制厂担任音乐编辑及电影剪辑工作。我进上译后和李青蕙成了同事,而且我们合作过多部译制片。我担任译制导演,她负责影片的剪辑,如《佐罗》《出水芙蓉》等。她搞的影片还有《叶塞尼亚》《冷酷的心》《音乐之声》《英俊少年》《大篷车》等。龙基母亲给我的印象绝对是一个乐天派的人,经过剪辑工作室,常常可以听到她爽朗的笑声。

龙基对母亲十分感怀。他说,母亲是一个十分善良,任劳任怨的好母亲。1939年 8 月 13 日她和父亲在冼星海合唱团结为夫妻,母亲是父亲工作最大的支持者。50多年来,不论父亲买什么书,她都说应该买。父亲买收音机、取暖器,她会说这很需要。父亲不会算账,也从不算账。母亲有钱时给父亲用,没钱时自己用酱油汤、辣椒下饭吃,而且总是乐呵呵的,心甘情愿。当年龙基小的时候总以为母亲喜欢吃鸡头鸡脚,在拍"三毛"时聚餐剩下很多菜,龙基专拣鸡头鸡脚带回家,说母亲喜欢吃。后来长大了才明白,原来母亲一直把好的给父亲和孩子们吃,自己只拣鸡头鸡脚吃。

龙基说,母亲和父亲结婚前,把外婆给她的唯一财产一枚金戒指给父亲治病用了。结婚后把唯一的一条被子给住院的父亲盖,自己却裹着棉衣睡觉。"文革"时母亲把自己每月仅有的 20 元生活费花在父亲身上,自己只吃辣椒拌饭。母亲为爸爸和我们孩子们可以牺牲自己的一切,一辈子为儿女们操劳,就是忘了自己。

艰苦的拍摄

当年拍摄《三毛流浪记》的很多实情挺有意思。

1948 年画家张乐平的不朽之作漫画《三毛流浪记》出版后,一下子风靡上海滩。昆仑影业公司看中了这部漫画作品,著名剧作家阳翰笙很快就把这部漫画作品改成同名电影文学剧本《三毛流浪记》,昆仑公司艺委会的沈浮、陈鲤庭、史东山把寻找影片主角三毛的任务交给了严恭。在长达几个月的时间里,严恭看了几百个儿童,也没有找到三毛的合适人选。当年很多有钱富豪把自己肥头大耳的少爷推荐给严恭,说能选自己的孩子参加拍摄,可以重金酬谢。严恭不为所动,继续苦苦地寻找三毛。

一个偶然的机会,严恭在昆仑公司不远处,见三个男孩子在地上打弹子玩。一个小个子的孩子赢了两个稍大些的孩子,两个大孩子不认输,欺负小个子,还先动手。小个子不畏"强暴",迎战两个大孩子,拿回自己的战利品。严恭突然眼睛一亮,仔细看那男小孩:大脑门、细脖子、一双大眼睛、瘦小的身体、倔强的脸,这不正是"三毛"吗?他很快把这小孩带进公司,让化装师辛汉文、姚永福给孩子化装,拍下造型照送给公司的几位艺委会看。史东山、陈鲤庭、蔡楚生、沈浮一致认可,张乐平看后非常高兴:"这正是我所画的三毛,三毛就是他。"从此 8 岁的王龙基和三毛画上了等号。

找到了三毛,昆仑公司马上组建摄制组。1948 年 10 月 17 日正式开拍,导演赵明、严恭带着全体摄制组人员借住在小木桥中电公司的摄影棚,张乐平也经常到拍摄现场,给小龙基讲三毛的故事,画三毛的像送给龙基。当年在昆仑公司工作的龙基父母王云阶、李青蕙每星期总会抽时间来看望自己的儿子,给他鼓励,让他听话。

拍摄是非常艰苦的。首先说说化装,每天要起个大早,把熟睡中的龙基叫起来,为他粘头上的三根毛,还要贴个大鼻子。化装师辛汉文、姚永福每天都要为他用剃刀刮头皮,这样才能把用细铜丝和毛线编织的三根头发粘在头顶心。接着要化装大鼻子,当年没有乳胶,把一大包美国进口的口香糖也就是泡泡糖放在开水里化,把糖分全都泡掉,捞出胶母,作粘鼻子用。每天龙基起码比别的孩子早起2个多小时。化装师每天叮嘱龙基别动头上的三根毛,别使劲擦鼻子。每天刮头皮很疼,龙基和化装师吵闹过多次,都是在连哄带骗的情况下完成的。

三毛是个流浪孩子,生活很艰苦,很多戏都是找实景拍摄的。龙基回忆当时有几件事让他至今也不能忘怀:拍进垃圾桶找吃的,现在想起来都叫人恶心。垃圾桶是实景,又脏又臭又酸,而且里面滑滑的,有一层绿绿的毛,头一伸进去就会让人窒息。在导演一哄再哄之下,给他塞了几个垫子进去后才完成这场戏的拍摄。

贴标语喝糨糊这场戏也够喜剧的,喝的虽然是藕粉,可是那又破又脏的糨糊桶看了也让人恶心。导演带头先喝,龙基才抿着嘴喝下去。因为拍这场戏前先让龙基饿了一天,所以戏拍完,龙基还在喝,加了糖的藕粉实在太好喝了,最后剧务把桶抢了下来。

三毛和大孩子打架那场戏,那大孩子真的扇他耳光,打得龙基眼睛直冒金星,好久才缓过来。

拍流浪儿、小乞丐的住处是在外滩桥下,在排污水沟旁边拍的,臭极了。在肇嘉浜河边拍摄"滚地龙",什么叫真正的"滚地龙",那是用废旧自行车的钢圈搭起来的"房子",把一半钢圈埋在地里,填上稻草,每天睡觉要躺下钻进去的,爬进爬出,流浪儿的生活真的比猪狗还不如。

《三毛流浪记》的多数场景,有80%都是实景拍摄的,人群熙攘的外滩,流浪儿奔跑、卖报、捡香烟头,在四川路桥头流浪儿争抢推三轮车上坡过桥向乘车人讨点小费,都是实景拍摄。风雪严寒的冬天，流浪儿衣不蔽体，无家可归，冻死、病死街头，那一场场的戏，和张乐平先生的漫画融为一体，真实可信。影片把黑暗不公平的旧社会充分地展现在银幕上了。

王龙基拍戏的几个月里整天赤着脚，光脚走路都习惯了。拍完戏，爸妈奖励他，给他买了一双皮鞋，他怎么也不肯穿，赤脚舒服，自由自在……

珍 贵 的 史 料

电影《三毛流浪记》是一部值得纪念的影片，它是横跨两个时代完成的。

正式拍摄是在 1948 年 10 月，拍摄期间迎来了上海解放(1949 年 5 月 27 日)。因此影片有着鲜明的时代感，有力地揭露了旧社会的黑暗。在拍摄过程中主创人员多次收到恐吓信，为逃避国民党对影片的封锁，昆仑公司的艺术家把影片拷贝藏起来。

上海解放后，时任上海军管会文教副主任的夏衍和文总处长于伶，对影片十分重视，让导演赵明、严恭把封存的胶片找出来，重新构思，把未拍的戏拍完。解放后又补拍了"豪华舞会""大闹公馆"等，并加拍了一个结尾"三毛迎解放"。因此这部电影有两个结尾。

1949 年开国大典前夕，《三毛流浪记》作为新中国正式公映的第一部影片，首先在上海大光明、美琪等头轮影院公映，在上海连映两个月，场场爆满。10 月，影片在全国公映，引起极大的轰动。

王龙基在宋庆龄副主席的带领下，到各处举行救助流浪儿活动，那个名为"三毛乐园"的慈善义演活动，目的是让流浪儿童有个自己的家。

毛泽东长子毛岸英在北京看了电影《三毛流浪记》后对爱人动情地说，影片太真实了，我和弟弟小时候就过着这样的流浪生活，十分悲惨。

《三毛流浪记》是一部珍贵的史料。其一，影片绝大部分的场景是在实景中拍摄的，老上海很多场景都被真实地记录下来了。你想了解旧上海吗？就看看这部影片，是上海新旧社会最好的对照。特别对于年轻一代来说，只知道改革开放的上海今天是不够的,要牢记历史,不忘历史。

其二,中国电影的发祥地在上海,这部影片是一部众星捧月的影片。为了拍摄这部影片,为了树立三毛这个形象,当时上海电影界几乎所有的电影工作者都参加到影片的拍摄中去了,很多明星在片中演个小角色,当个跑龙套的群众演员。

影片中有一场"豪华舞会",上海几乎所有的电影演员都参加了,这些人后来分散在全国各地,有当编剧,有当导演,有当制片人,有当话剧演员,我把这份名单真实地记录下来,人们可以在解放后拍摄的很多影片中看到他们的身影,找到他们的名字。

在这张"众星捧月"的名单中:为三毛当配角的演员有:关宏达、林榛、杜雷、黄晨、陶浩、程漠、龚伯安、马飞、苏鸿、莫愁、薛敏、柳杰、洪骏、马中婴、姚姚(上官云珠女儿)、钱理群、王云阶、孟树范、宋衍万、钱风、杨少乔、陈光复、王公序、冯继雄、丁然、陈重、刁光覃、石炎、方伯、岳勋烈、顾鉴、稽启明、田振东、何学初、陈家松、孙仪、小涵。

参加"豪华舞会"的男女贵宾有:上官云珠、中叔皇、吴茵、林默予、高正、黄宗英、赵丹、孙道临、兰马、蒋天流、王蓓蕾、应萱、吕薇、阮斐、林子丹、金淑之、奇梦石、徐曼、徐缓、袁蓉、郭玲、黄温如、梁明、高依云、许兰、章曼萍、张乾、张劭、张婉、张逸生、傅惠珍、张庆芬、程梦莲、农中南、汪漪、熊伟、关鹏、应宣、兰伏心、苏茵、苏曼意、谭云。

还有一点可贵之处,当时的电影人都不计较名和利。说几件小事:影片的编剧第一任是阳翰笙,后来又改了二稿的是陈白尘,三稿是李天济,可他们在影片中都不署名,他们尊重阳翰笙。导演原来请陈鲤庭,陈导说自己正在搞《丽人行》的结尾,而且谦虚说自己不熟悉儿童片,极力推荐自己的学生赵明、严恭来担任导演,自己给予指导。很多演员参加拍摄是没有报酬的,拍摄"豪华舞会"这个大场面的戏,昆仑公司只提供了5辆小汽车,陪女演员去理发店做头发,大家兴高采烈地完成拍摄任务。

由于电影《三毛流浪记》在国际上的影响不断扩大,连续获国际大奖,王龙基也被评为当时的国际四大童星之一。这个当年的童星,后来的知名企业家,如今已是快进入耄耋之年的老人,他依然关心着中国电影事业的发展,依然和电影界的朋友们畅谈中国电影,讲好中国故事,让更多的中国电影走向世界。

我跟牛犇相交有 50 多年了。他比我才大 5 岁,可在我的眼里他是中国电影界的小老前辈,我一直很敬重这位老大哥。

牛犇其貌不扬,可他塑造的众多人物形象却栩栩如生,让人难以忘怀。在《沙漠里的战斗》《海魂》《飞刀华》《红色娘子军》《牧马人》《天云山传奇》《多此一女》《夫唱妇随》……都可以看到他精彩的表演。

被谢添的一巴掌打入电影界

牛犇是天津人,父母早亡,大哥带着他和妹妹一起生活。家里穷,他出生时生日记在门板上:属狗。究竟哪年出生,直到解放后 1953 年全国第一次人口普查时才搞清楚是 1935 年。当年大哥带着他和妹妹在北京谋生,生活十分艰苦。大哥好不容易经同乡帮忙在汽车厂做帮工,直到抗战胜利后才学会开汽车,进了中电三厂(北影厂前身)。哥哥每天开车接送演员化装拍戏,当时牛犇和哥哥妹妹也住在中电三厂前院,很多演员都住在大院里。牛犇人虽小可很机灵,帮大家跑个腿买个东西,演员晚上出去他还帮着照看小小孩。当时谢添也住在大院里,牛犇常帮谢添的自行车打打气,谢添也挺喜欢他。牛犇打小就有个当演员的梦,终于有一天机会来了。三厂要拍电影《圣城记》,导演是沈浮,天津人,剧中需要一个村童,谢添就把牛犇推荐给沈浮导演。谢添一路上叮嘱牛犇别紧张、别害怕,牛犇直点头。进了厂办公室牛犇也不坐在沙发上，一蹦坐在沙发扶手靠背上，谢添一愣，可沈浮一看就喜欢上了，可爱、放得开。这个角色就这样定了下来。

《圣城记》正式开拍，牛犇扮演村童小牛子。有一场小牛子报信的重场戏，齐衡演游击队员正在教堂后院里擦枪，突然日本人来搜查教堂，小牛子跑来通风报信，让游击队员能顺利翻墙出逃。日本鬼子搜查教堂，发现地上有一个烟头，问小牛子可看见游击队员，小牛子很机灵地把烟头叼在嘴上……演日本鬼子的是韩涛，他也住在三厂大院里，牛犇天天和他见面。韩涛平时挺和善，今天突然变得很凶。导演让牛犇怕他，牛犇怎么也怕不起来，只想笑，试拍了好几条都通不过，沈浮直摇头。在一旁的谢添可着急了，冲进拍摄现场给了小牛犇一巴掌。小牛犇一下子委屈极了，耷拉着脑袋再也笑不出来。沈浮一声"开麦啦"，这场戏顺利通过了。大家都挺满意，沈浮说："好，小孩表情不错。"谢添过来一把抱住了小牛犇，这下牛犇哭开了。谢添对他说："你看看有这么多人在等你，拍不好戏将来长大了怎么当大明星？"就这样谢添一巴掌把牛犇打入了电影这门行当。

2004年当谢添去世的噩耗传来，牛犇正在山西拍《白银谷》。听到谢添去世的消息，他血压一下子升高晕了过去，被送当地医院抢救。后来牛犇听医生讲这是神经性血压升高，一个人受到巨大的精神冲击才会出现这种现象。牛犇说，我这一辈子都感谢谢添对我的关怀，几十年我们一直保持着亲密的关系，至今我一直深深怀念着他。

从《圣城记》以后，10岁的牛犇在北京参加了多部电影的拍摄，如《满庭芳》《甦凤记》《天桥》《十三号凶宅》……成了小童星、特约演员，成了中电三厂的基本演员。因为年龄太小还闹了个笑话，有人问他："小牛子在厂里干什么？"他挺神气回答："我是中电三厂的'鸡巴'演员。"把大家乐的，后来制片主任纠正他说："应该说是基本演员。"

1947年，当张骏祥导演受香港永华电影公司邀请拍摄电影《火葬》时，主演白杨推荐牛犇出演剧中小丈夫一角。牛犇本名叫张学景，当时电影界演员单名很多，因此牛犇也让谢添改个名字。谢添说："咱们平时都叫你小牛子，干脆再加三个牛，叫牛

犇吧！"这就是牛犇的来历。从此他拍的电影都用谢添赐给他的这个名字：牛犇。就
这样牛犇跟着公司到香港拍了更多的电影。在陶金、白杨、戴芸主演的《火葬》中他饰
演小丈夫。我记得小时候母亲带我看过这部电影，那个小丈夫给我留下很深的印象，
最后陶金和白杨演的角色在熊熊大火中葬身。牛犇至今还记得这部影片中的儿歌：
"十八岁的女儿九岁的郎，晚上抱你上牙床，不是父母双双在，你是儿子我是娘。"最后
小丈夫掉下山崖摔死了。当时，牛犇住在长城影业公司，每天都去看《清宫秘史》的拍
摄，最后他把西太后和李莲英的台词全记住了，经常表演逗大家乐，在圈内被大家称
为神童。更出彩的是当年马连良和言慧珠在香港合作演京剧《三娘教子》，牛犇在戏
中扮演小东人倚哥，八句唱词改成四句，最后演出改成两句。在舞台演出时马连良饰
演的老家仆薛保让倚哥去向三娘赔罪，有一段对话，倚哥问薛保："挨打疼不疼？"薛
保说："挨打哪有不疼之理。"倚哥说："居然你知道疼，那就替我去挨打吧！"顺势把薛
保推了出去。原来马连良被推之后有一段很漂亮的舞台动作，牛犇如同拍电影一样，
要真实，就推得很重，马连良差一点都站不住了。到了后台，马连良对牛犇说："在舞
台上不能使那么大的劲儿！"牛犇却说："我要演得真。"这成为一段佳话。

那时牛犇在香港参加多部电影的拍摄，如《春风秋雨》《大凉山恩仇记》《海誓》《公
子落难》《诗礼传家》《火凤凰》《神鬼人》等，成为当年香港有名的小童星。

当时牛犇孤身一人，远离家乡，很多演员都把他带回自己家中，张骏祥、吴祖光、
陶金、白杨、吕恩、李丽华……他们把他当自己的孩子一样，让牛犇感到家的温馨。牛
犇忘不了这些深情厚谊。

1952年牛犇跟着大光明影业公司从香港回到上海加入了长江影业公司，牛犇又
应邀去北京参加电影《龙须沟》的拍摄，于是之是主演。拍完《龙须沟》又回到上海，成
了上影演员剧团的演员，一直拍戏至今。近70年的电影生涯，他跟很多导演合作过，
从沈浮开始，有王元龙、汤晓丹、梅千、张骏祥、吴祖光、李萍倩、徐昌霖、卜万苍、程步
高、朱石麟、叶明、费穆，后来谢晋拍《红色娘子军》《牧马人》，还有张艺谋拍《活着》，都
有牛犇参演。可以说牛犇从中国电影第二代导演开始，与每一代导演都有过合作。

牛犇演戏认真是出了名的,不管戏多戏少总要人物出彩。他读剧本很认真,首先要让角色的台词说人话,在征得导演的同意后不断修改自己和对手的台词,做到既生活化又符合人物性格。由于生活积累丰富,他总会给自己的角色设计一些符合人物身份的生活习惯动作,塑造活生生的人物形象,在任何一个剧组拍戏他都会给导演出主意提很好的建议。所以凡是和他合作过的导演常常会想到他,让他出演剧中的人物,为影片、电视剧增色。

在拍《牧马人》时,丛珊当时很年轻,拍电影经验少,牛犇很关心她,自己的戏拍完后常常会留下来看丛珊拍戏,跟她说戏。丛珊在戏里有一句台词"我能干活"。一个十七八岁的姑娘就这样要跟别人走了,这是很凄惨的,所以这句话是不容易说出口的。在牛犇反复启发下,丛珊终于明白了,情绪也调动起来了,这场戏演得很感人。谢晋导演非常赞赏这场戏。牛犇还为她设计了很多生活细节的动作,如丈夫回来给丈夫打打身上的土,抹去脸上的灰,这些小动作把人物的性格充分地刻画出来了。朱时茂也常常会提到当年拍摄《牧马人》时得到牛犇的帮助和指点。凡是和牛犇合作拍戏的年轻演员都有这样的深切体会。祝希娟、宋佳、邬君梅、余慧都提到牛犇的帮助。谢晋导演曾多次称赞牛犇是电影界的"二传手"。

牛犇手巧、爱琢磨

牛犇不仅演戏认真,塑造人物出彩,他的手特别巧,爱琢磨也是出了名的。上影演员剧团演过很多话剧,为了让演员有更多的锻炼机会,还成立了小分队去工厂、农村演出。舞台上很多生活道具都出自牛犇的点子做成的,他和剧团负责道具的桑克正成了非常好的朋友。1960年代倡导学习雷锋好榜样,永做革命螺丝钉,牛犇用纸浆做了一个大螺丝钉,街头演出效果极好。演话剧时上的菜,如《相亲记》中吃的面条,都是牛犇用蜡和刨花做成的,那虾仁、面条都可以乱真。更绝的是他在碗底下放一个汽水瓶盖,盖子里放上艾叶,点着就会冒烟,这样端上来的面条热气腾腾令人叫绝。更让人吃惊的,舞台上成桌的菜都是他用蜡和刨花做成的,可以轻装上阵,用个大马夹袋就可以把成桌的菜装在一起了。

"文革"中他做的两件成品也让人叫绝。当红卫兵开始抄家时,他把一大抽屉和爱人通信的情书打成纸浆,因为烧是不行的,会冒烟,会让人发现。然后他用贴大字报剩下的糨糊做成一个毛主席的头像,和硬币上一模一样,沿耳朵边做了一扇门(正好是脸部突出的那一块)。抄家盛行时,他干脆把妻子的金首饰、一些纪念品统统装在里面封好,挂在墙上。后来他进了"羊棚",干脆把这个头像带到厂里去,挂在办公室墙上,成了工军宣队带领大家早请示、晚汇报的象征。直到后来去染化八厂战高温劳动,他才把头像抱回家。

另一个绝活也是人们想不到的。"文革"中他收集了好几千个空火柴盒,把空火柴盒一个个串起来最后拼成一个圆台面,用牛皮纸贴起来上了清漆,家里来客人,人多时就用这张圆台面。我在他家见过这件工艺品,又轻又实用。

牛犇的"鬼点子"多得出奇。"文革"后上影厂拍了一部描写青年工人的电影《他们年纪轻》,导演是天然和赵焕章,剧团一大帮青年演员参加这个戏,是在镇江谏壁发电厂拍摄的。正值暑假期间,借了一所小学教室成了我们摄制组的宿舍,课桌当床。当时为了不影响工厂生产,我们很多戏都是工人下班后拍摄的,夜戏特别多,每天都到晚上一两点钟才回来。我们住的教室围墙外有一条小弄堂,附近老百姓挖了一个小便池,每天当我们刚睡下不久,就有人小便,认识的人还互相大声说话,吵得我们根本无法入睡。第二天牛犇叫上我去看这个小便池,看完后说有办法让附近的人不来这儿小便。我不信,这是无法禁止的事儿。当天下午牛犇从照明组借来一个干电池,找来一块废铁皮,拿了一圈电线,趁天快黑时,我们又来到小便池,我望风,他把废铁皮放在踩脚处,通上一根电线,把另一头扔进尿坑里,又用土把两根电线都埋起来一点看不出,两根电线从墙缝里拉进我们住的教室接在干电池上。这天晚上拍戏回来,天快亮时,只听见小便池这儿有叫声:"哎哟,哎哟。""真是见鬼了。"凡是来人只要站在铁皮上尿,尿进了坑就会有触电之感,人就会"哎哟"地叫起来,一惊小便停止了,再尿再触电。这以后附近的居民不敢上这里撒尿了,说这里闹鬼了。我一直担心会电死人,牛犇说没事,我用的是干电池直流电,放心没问题。他以这种科学方法让我们在拍摄期间睡觉再也不受干扰,这种点子也只有他想得出来。

重情义，心态好

小老前辈牛犇由于在电影界从影时间长,结识了很多老一辈艺术家,始终和他们保持着亲密的关系。

1952 年他从北京来到上影厂,当时为了照顾他,特地在西康路分给他 30 多平方米的一大间住房。他一个人住着感到太冷清,他非常喜欢和年轻人在一起,就把房子交还电影局,主动提出住在瑞金路 150 号集体宿舍和大家在一块儿又热闹又亲近。

后来住在建国西路,这是一位老演员转租给他的一间房子,沿马路又离电影厂近,当时很多老演员骑车上班都会经过这里,赵丹也是这样。牛犇对赵丹十分崇敬,两人友谊很深。赵丹下班经过牛犇门前就在底下叫:"小牛子在家吗?"牛犇一听这叫声就知道谁来了,在窗口应一声:"在呢,上来吧!"他这小屋常常成了老一辈演员聚会的地方。牛犇喜欢厨艺,在那艰苦的年代他总能变着法儿炒几个可口小菜,还常备有花生米、皮蛋。他又爱收集好白酒,这个温馨的小天地成了大家谈艺术、谈人生、海阔天空神聊的好去处。没想到这种好日子被"文革"冲破了。

赵丹一次次地被批斗,他心直口快的一些玩笑话也成了批判他的重磅炮弹。上影厂有一段时间加强门卫制度,职工上班出示工作证。有一次赵丹赶着来厂拍戏,换了件衣服,工作证在那件衣服的口袋里,他跟门卫开玩笑:"我这张脸就是工作证。"这便成了"混世魔王"的罪证。赵丹平时爱开玩笑,每年春节去部队慰问演出,当地的最高首长肯定会出来接见演员们,把大家当贵宾接待。赵丹跟演员开玩笑说:"咱们这些旧社会被人看不起的戏子,在新社会可往往见官大三级。"这句玩笑话也成了赵丹目空一切凌驾党之上的反党罪证。牛犇说,在那个年月没理可讲,任何屁大的一点事都可以上纲上线把人往死里整。

牛犇告诉我,"文革"中他被派到上海染化八厂去战高温、接受再教育。每周休息一天,他总抽空去湖南路8号赵丹家转转,有时也去谢晋家转转。有一天他散步来到赵丹家门口就进去看了一下,黄宗英对牛犇说:"进来,你看谁回来了?"他进门一看,屋子里坐着一个胡子拉碴、很瘦弱的人,原来是赵丹。两个人激动地抱在一起,抱了有多久也记不得了,只记得泪流满面。牛犇跟赵丹说:"你等着我去去就回来。"牛犇离他家不远,牛犇在家翻腾,把家里唯一的一只鸡、一盆万年青,还有一瓶莲花白酒(这酒以前是皇帝喝的),这三样东西拿到赵丹家,对赵丹说,这鸡给你补补身子,这万年青是祝你长生不老、艺术长青,还有这瓶莲花白,以前是皇帝老子喝的,今天咱们两人来享用。赵丹当时患严重的糖尿病,人瘦得一点力气也没有,在牢中每天如同狗一样趴在地上吃饭。赵丹感叹说:"这辈子我总算什么样的生活都经历过了。"

牛犇说后来赵丹去了奉贤"五七"干校,他仍在染化八厂,他俩总想凑在一块儿休息去黄山玩玩,可怎么也凑不在一块休息,黄山也没有去成,赵丹后来画了一幅黄山天都峰,表示他们两人都去过黄山,还登上了最高峰——天都峰。

他们黄山没去成,相约去了城隍庙。两人乘公交车去城隍庙,在车上牛犇总想为赵丹找个座,可没有人让座,几个年轻人头朝窗外,根本不理睬他们。

到了城隍庙,赵丹说:"我真想吃蟹壳黄,咱们去店里吃。"牛犇说好啊,可一想不行,坐在店里被人认出来是赵丹会挺尴尬的。有人也许会说这是大演员赵丹,也许有人会说这不是牛鬼蛇神、"混世魔王"赵丹吗? 算了,你等在这里,我排队买了咱们在外头吃。牛犇一下子买了10只甜的,10只咸的,两个人坐在九曲桥边的长凳子上吃开了。赵丹吃得挺香。"喂喂,你们让一让,我们要拍照呢!""听见吗?"接着两个小年轻冲到他们跟前:"你们两个听见没有,让一让,我们要拍照!"他们两人只好起身,赵丹边走边说:"早两年侬想让我做背景我还不干呢!"总算蟹壳黄的诱人香味冲散了这场不愉快的气氛。

1976年的一天,牛犇要去上夜班,上班前去看看赵丹,一进门赵丹就很高兴说:

牛犇在《海魂》剧组和赵丹在一起

"小牛子,你来得正好,朋友给我送来螃蟹,我给你留了两个。"正当牛犇准备吃蟹时,
敲门进来了两位北京的朋友看望赵丹。他们带来一个惊人的消息:"四人帮"要倒台
了! 牛犇把螃蟹让他们吃,他俩分吃了一个,牛犇吃完一个赶紧去厂里上班。赶到静
安寺换乘公交车,这时街上已经很热闹,已有大横幅出来:"打倒四人帮!"牛犇说,我
从来没有上班缺席过,那天实在耐不住了,就一直沿南京路走到外滩。尽管上海是
"四人帮"的老窝,可也压不住人们喜悦的心情。

　　"四人帮"被打倒后,赵丹彻底解放了,还补发了工资。有一天赵丹交给牛犇2万
块钱,当年这可是一个很大的数目,后来人们拼命争着要成为"万元户"呢。赵丹对牛
犇说:"你看看我这个家成了什么样子,这笔钱你做主把我家收拾收拾,治家方面你
是个内行。"

　　牛犇说这是赵丹对他的信任。他知道赵丹一生最喜欢三样东西,一是画画;二是

对着镜子表演,审视自己的表情动作是否合适;三是弹吉他。牛犇把赵丹的房间整修了,窗帘全换新的,沙发也翻修了,牛犇好不容易为他买了一块大镜子,最后还为赵丹设计了一张大桌子。赵丹喜欢画画,他有祖传的宽 1.8 米的宣纸,幸亏藏得好,"文革"中没有被糟蹋。牛犇设计了一张长 1.9 米、宽 90 厘米的大桌子,他祖传的宣纸放在上面很合适。赵丹对这张桌子很满意,在这张桌子上画了很多幅画,他让牛犇挑一张。牛犇说:"我每天看你画画就挺高兴了。"牛犇觉得跟人家要画会有一种要作古的感觉。

牛犇说:"我和赵丹的感情很深,我尊敬他,他也把我当小弟弟看待。"赵丹晚年有一个最大的心愿就是想演周总理,他给了牛犇一张定装照片,和总理非常像,这个心愿最后未能实现。赵丹病危期间住在北京医院,当时牛犇正在上海拍《天云山传奇》,无法去北京看望赵丹,心里很难过,直到赵丹去世才赶到北京参加赵丹的追悼会。出席追悼会的人很多,会上只有 4 个人发言,夏公、宗英,牛犇是代表赵丹生前好友发言,还有一位年轻演员。当时发言稿要审查的,牛犇说,我发言稿中有一段话被删去了:我希望我们的年轻演员今后能把赵丹的形象如同他所扮演的聂耳、林则徐、李时珍一样搬上银幕,让后人永远怀念他。在追悼会上牛犇还是说了这一段他的肺腑之言。牛犇至今谈及这些往事还是十分心酸。

牛犇说一直忘不了赵丹对他的教诲。1957 年在拍《海魂》时正好遇到评级定薪,牛犇闹情绪感到自己定级太低。当时拍戏很紧张,赵丹总对他说:"小牛子别闹情绪,拍戏要紧。"有一天夜里,宗英给他寄生活费来了,他对我们几个年轻演员说:"走,今天我请客去喝啤酒。"那天夜里赵丹语重心长地对牛犇说:"观众喜欢一个演员不是因为你的级别,而是你的戏演得好。别闹情绪了,好好演戏才是最主要的,有些事一定要看得淡一些,小老弟记住我的话。"这席话牛犇终生难忘。

赵丹生前一直关注牛犇拍的电影,他常常鼓励牛犇:"小牛子,最近这个戏演得不错,很真实,很动情,让我也感动了。"牛犇就是在他鼓励下不断地成长。

牛犇和同辈演员关系也十分和谐。他是童星,所以工资也比较高,朋友中间谁有困难他都会慷慨解囊。他非常留恋当年那种亲如兄弟姐妹的生活。实际上牛犇的生活是十分简朴的,他在生活上会精打细算。牛犇会给两个孩子做鞋、缝衣服,家里的一切小修小补,他都会干。妻子是南京大学的毕业生,也学会了勤俭治家,适应牛犇的生活方式。说起牛犇当年结婚的事儿,大家还是津津乐道。他说自己结婚时十分热闹又十分简朴。他结婚时剧团参加婚礼的人每人出 5 角钱,有块 2 尺长的绸子,来宾都在上面签字祝贺婚礼,这块签名绸子,牛犇现在还珍藏着。在瑞金路 150 号大食堂,糖果点心,清茶一杯,还跳交谊舞,热热闹闹。参加过牛犇婚礼的人至今还忘不了白穆这个主婚人说过的那席话:"牛犇和新娘子是美满婚姻,天生的一对,地造的一双,看新郎官牛犇是个瘪嘴,看新娘子王老师有点龅牙,这样的结合真是天衣无缝,祝他们白头到老。"把大家逗得可高兴呢! 牛犇说老白穆不愧是个老戏骨,观察人很仔细,嘴也挺能挖苦人,可他为人耿直、关心人,所以剧团老老少少都喜欢他,后来当了剧团团长更是关心年轻人的成长,我很怀念老白穆。

牛犇的重情义还表现在他对丈母娘的态度上。丈母娘是出身资产阶级,当时并没有看上这位女婿,他们之间有点面和心不和。丈母娘在"文革"中也吃尽苦头。牛犇非常同情丈母娘,老人最后得了肺炎非常痛苦,牛犇尽心照料老人,临终也在牛犇家。虽然当时住得很挤,可老岳母就相信牛犇。牛犇细心照料老人的生活起居,为老人家剪头发、打针,什么都干。老人安详去世,牛犇为老人料理了一切后事,完全按照老人生前的愿望:嘴里含一颗珠子(这是牛犇从道具间要的假珠子),一手拿打鬼棒一手拿手绢。牛犇早年丧父丧母,他特别珍惜和老人的亲情。他深感老人不易,把几个孩子拉扯大,到了晚年应该尽量让老人快活些、舒心些,这是做晚辈的应尽责任。

最可贵的是牛犇爱自己所干的这一行,他的敬业精神感动了无数同行,并和合作过的导演、演员建立了深厚的情谊。牛犇拍戏多受伤也多,给他看过病的老中医说:"这老头不缺钙,骨头挺硬的。"在拍《风吹风铃》时,他主动把一匹温顺的驴子让给演他傻儿子的演员骑,自己骑一匹倔驴子。在拍"抢婚"这场戏时,拉驴的人自顾看拍戏没有抓住笼头,结果驴子受惊把牛犇摔下来,头朝地一头栽下来,肋骨断了两根,颈椎骨裂,胸骨错位,牛犇当时就休克了。可他醒来第一句话是:"导演,给你添麻烦了。"让在场的人十分感动。牛犇伤势很严重,住院有好多天了,摄制组把其他的戏都拍完了,组里拿出两个方案:一是等牛犇康复后把剩下的戏拍完,另一个方案是把演员全部带到北京搭一堂景重拍。牛犇一听这样花费太高了,坚持硬撑着也要把剩下的近景戏拍完,就这样牛犇忍着剧痛,打了麻药用救护车送到拍摄现场把剩下的戏拍完。麻药只能维持 4 小时,时间很紧张,当时有两个医生跟在身边。其中有一段戏,牛犇要自责,打自己耳光,导演说可以不打,牛犇不愿删戏,他让摄影师把画面拉宽,并说:"我可能会有些动作。"正式拍时牛犇自责打自己耳光一下、两下、三下,医生一看不行,上前阻止,说如果二次受伤会终生残疾的,幸好前面已把戏拍下来了。这种敬业精神让导演和全摄制组深受感动。这次受伤让他在床上整整躺了 9 个月。

在拍《真假大侠》时,牛犇的手腕也因为两名战士无法拉住警犬而摔断了。13 天后他带着伤又参加拍戏了,因为不拍戏无法接下去,而且从北京借来的一支部队做群众演员,三天拍不完,部队必须要返回北京了。这对一个摄制组来说,损失就太大了。牛犇坚持把戏拍完,拍戏时请了一位骨科医生跟着,如果手腕再断了,接上再拍,真够冒险的。戏拍完,医院一检查骨头错位了,只有一个办法:开刀分开,重新接。现在手腕还有点歪。

牛犇拍戏受伤的事还多着呢。拍《猴娃》时腿摔断过;拍《高中锋矮教练》时,导演的失误使他掉进黄河差点被水冲走,幸亏牛犇还会点水,才被救上来。牛犇是个乐天派,他还笑着说:"母亲河啊,黄河! 母亲怎么会不吝惜儿子的生命啊!"

听牛犇说这些往事,让人们听得心惊胆战,可他爽朗地笑着,让人放松。他深爱电影这门事业,一个演员就该这样对待所发生的一切,就该处处为别人着想,处处为摄制组着想,因为这是一门集体创作的艺术活动。

我心目中的小老前辈——牛犇,就是这样一个为电影而生的人,他热爱电影,为电影事业奉献了一辈子。

上海白玉兰第 22 届颁奖大会举行的第二天,我在《东方早报》上见到颁奖报道:鉴于刘厚生老师几十年来为中国戏剧发展作出的巨大贡献,他被授予特殊贡献奖。但由于他生病,无法来上海参加颁奖活动。我又高兴,又担心,晚饭后拨通北京刘老师、傅老师家的电话,是刘老师接的电话。我祝贺他荣获特殊贡献奖,并询问他的健康状况。刘老师说:"我很感谢上海宣传部、文联的领导亲自来北京看望我,并把奖励送到我家,让我们十分感动。这几天我能起来行动了,只是傅惠珍在床上躺了有一个多月了。"我在电话中听见傅老师在问谁来的电话,刘老师说是上海孙渝烽,你来接。一会儿电话里传来傅老师那中气十足的声音:"孙渝烽吗?我这两天好些了,能起来走走了,年纪大了骨质疏松,走路轻飘飘的,你好吗?"我告诉她我得知刘老师荣获特殊贡献奖特别高兴,打电话来祝贺他,特别想问问你们二老的身体情况。傅老师说:"刘老师只是做了他该做的事情,大家对他这么肯定也是在鼓励他。刘老师最近又出了一本书,让他寄给你。""傅老师,别让刘老师跑邮局了,下次来看望你们时再取吧。""别,问你们全家好!"

当天晚上我把《东方早报》的报道以及我在《上海采风》杂志上写的关于忆上海电影专科学校的文章寄给他们。傅老师一直鼓励我写东西,防止老年痴呆。

没过几天我就收到刘厚生老师寄来的书,是刘老师用旧信封翻过来自己包装的,多么简朴。两位 90 多岁的耄耋老人就是这样热情、认真,让我们这些后辈们感动。

傅惠珍老师是我们在上海电影专科学校表演系念书时的老师,所以几十年来我

刘厚生、傅惠珍夫妇

们同学们都和傅老师保持着亲密的联系。1960 年代刘厚生老师的名字我们就早已熟悉，他是著名的戏剧评论家。我第一次见到刘老师是在 1962 年，有一次我们去延庆路看望傅老师，刘老师正在书房里写东西。书房不大，可到处都是书。在我们告别傅老师时，刘老师从书房里出来送我们，还邀请我们有空去玩。从那以后，几十年我一直梦想能和刘老师一样有个小书房，直到退休后，才有了个"不易斋"。后来我就不断在报刊上读到刘老师写的文章，文章涉及的面很广，他的戏剧评论，评论的剧种非常多。刘老师也写电影观感、散文、游记……他博学，文章谈古论今，引经据典，有历史的传承，有理论上的建树。他热情地赞美很多老一辈艺术家的德艺双馨，又对年轻演员热情鼓励，对戏剧改革、创新给予极大的推动和热情的支持。

　　傅老师也一样，只要看到同学们有成绩就会打电话、写信给予肯定鼓励，同学们上北京总会去看望这两位老师，听听他们的教诲。这几年他们夫妻俩也常常被邀来上海参加戏剧界的活动。傅老师怕打搅同学们，总是在返回北京后才告诉我们来过上海。有一次我知道他们又被邀请来上海参加活动，刘老师因为讲学、开会很忙，我硬是把傅老师约了出来聚一聚。傅老师见到我们表二班20多位同学聚在一起，还有梁明、郑惠娟、王燕老师，她高兴极了，她起身频频给大家敬酒。当她见有同学还抽烟，95岁的傅老师就把餐桌当讲台，给我们这些都是爷爷奶奶、外公外婆的学生们上了一堂生动的养生保健课。她劝大家少抽烟、最好不抽烟，她说她在北京还做过义务劝戒烟宣传工作，把印有"吸烟有害"的宣传单送到抽烟者手中，遭白眼还是劝。她让我们千万每天要读读报、看看书，脑子不动会生锈变成老年痴呆。她说在北京我见过太多的患痴呆的老年人，他们太痛苦了。她还让我们注意饮食，一定要多吃杂粮蔬菜，教我们一定要调整好自己的心态，不攀比、不计较，过好自己的日子。特别提醒我们一定要搞好家庭生活，老伴老伴老来伴，一定要做到互相关心、互相爱护、互相尊重。她说我和刘老师几十年就是这样走过来的，你们千万也要这样过好晚年生活。她讲得风趣诙谐、语重心长，让我们在不断的笑声中记住了她的教导。

这些年同学们都退休了，有机会去北京的总会去看望两位老人。他们的生活十分简朴，家中的陈设非常简单，除了书橱、书桌、餐桌、一套旧沙发，别无多余的陈设。两位老人把省下来的50万元捐给了剧协，刘老师把他的大部分书也送给剧协图书馆。刘老师希望搞艺术的年轻人要多读点书，他说艺术的高低之分、雅俗之分就在于文化素养的比拼。

『清高』梁兄

上影演员剧团的梁波罗长我一岁半,故称他梁兄,也许是受越剧《梁山伯与祝英台》这出戏的影响,剧团老老少少都称呼他为"梁兄"或是直呼其名"波罗"。

春节一过,梁兄就成了网红,他朗诵的一篇散文《上海弄堂记忆》广为传播。梁兄的声音本来就好听,上海人讲"磁性瞎足"。这篇散文他娓娓道来,不急不慢给文字平添了活生生的色彩,文中老上海弄堂里的"相骂"声、上海"切口"都被梁兄不断变化的苏州话、苏北话、宁波话、山东话……说得如此传神,把人们带到了那个年代真实的生活场景之中了,网上好评如潮。

梁兄近来好事频传,在第 17 届上海国际电影节举办期间,他被聘为中美电影节荣誉顾问,还被聘为沪港青年电影人文创会荣誉首席导师,又喜获第 16 届电影表演艺术学会奖——特别荣誉奖。梁兄为上海电影人争了光,值得庆贺。

初 识 梁 兄

我 1963 年分配到上影演员剧团,参加当年春节慰问部队演出后,就赶上剧团排演大型话剧《南海长城》,我和梁兄都参加了演出。听老同志说这次演出是剧团成立以来演出场次最多的一个话剧。1964 年我们还搞了一次庆祝《南海长城》成功演出100 场活动。

推这个戏的初衷是剧团进了一批新人,还有些老演员正好没有拍摄任务,当时市委宣传部也希望上影剧团排个新戏去工厂、农村、部队演出,而且电影演员演话剧有号召力,能吸引观众。《南海长城》这个话剧是描写海岛渔民反武装匪徒,可看性较强。剧团组成很强的演出班子,由老戏骨白穆担任导演,参加的演员可谓众多,孙道临演书记,柳杰演渔民钟阿婆,陈述饰老民兵赤卫伯,史久峰饰阿婆儿子钟好,二林饰阿婆女儿甜妹,我饰甜妹对象解放军战士虎仔,张莺饰女特务大光灯,董霖、韩涛、于冲……饰匪徒,梁波罗临时调回上海来演剧中的靓仔一角。梁兄是广东人,靓仔一出场有一段广东小调唱得很出彩。

梁兄在剧中扮演靓仔林步高,戏份很重。当年我们刚进演员剧团对老演员都是仰视的,因为他们拍过太多的电影,给人们留下深刻的印象,而梁波罗主演电影《51号兵站》红遍了大江南北,在我们眼中也是位大明星,因此我们对他也是仰视的目光。排戏过程中我深感他台词功底和好嗓子而钦佩。二林告诉我:"梁波罗是上海戏剧学院表演系的高才生。"

梁兄平时衣着打扮很入时,和我们小年轻乱穿衣大不相同,他总是衣冠楚楚,西裤笔挺,皮鞋锃亮。大李(玲君)主演《渡江侦察记》中的刘四姐,她告诉我:"梁波罗家境不错,父母都受过高等教育。"

剧团当时开会学习活动也挺多,梁兄的发言条理清楚,用词很讲究文采,发言总说到会议的宗旨上,从不跑题。每当会间休息我们小青年常在一块儿起哄、打闹一番,梁兄从不参与,只在一旁一笑了之,因此在我印象中他有点小清高。

演完《南海长城》没过多久,剧团的演员都分批参加搞"四清"运动,去工厂、农村的都有,梁兄和莎莉、尤嘉随解放日报社王维去奉贤搞社教。瑞芳老师带领我们剧团的顾也鲁、康泰、吴云芳、曹雷和我去安徽定远县搞社教。后来我才知道这样安排海燕厂是有目的的。我们去安徽搞社教是上影厂一个摄制组的配备,有导演(郑君里、颜碧丽)、演员、摄、录、美、化、服、道。搞完社教回上海后准备拍摄安徽作家鲁彦周写的剧本《杏林曲》,瑞芳老师饰演大队书记,我演她儿子,生产大队长。

1969年,梁兄在这场史无前例的运动中度过的是噩梦般的岁月。先是被打成

"文艺黑线的黑苗苗",后来因为在一个偶然的机会中看到了江青早年在上海的资料,又被打成"现行反革命",大小会批斗,在干校劳动中又不慎摔断了腿。

这期间我们都在奉贤"五七"干校搞大批判,劳动改造。李纬、陈述更倒霉,被莫须有的罪名隔离审查,整整3年在干校不许回家。每月大部队返回上海休假4天,工军宣队让我陪伴他俩(实际上是监督),等大部队休假回干校后,再让我返沪休假4天。李纬、陈述都和梁兄在《51号兵站》拍过戏,感情挺好,对梁兄摔断腿也很关心,我对他们讲,我回上海休假时去看看他。

记得是个星期天早上,我骑自行车先去安吉路陈述家跟他夫人约好了取陈述的生活费、粮票之类,陈述爱人让我带一件毛衣给陈述。每月都是我告知他们陈述的情况,让全家人放心。接着我骑车到淮海中路,记得在原电影局对面一个弄堂找到梁兄的住处。当时梁兄住在女友刘君蓉家养伤,幸亏刘家在那种逆境中对他十分关怀,让梁兄因祸得福。

梁兄躺在一张小床上,一见面我发现梁兄的眼神对我似乎有一种戒备之感。我说明来意:"李纬、陈述都挺关心你的腿伤,他们俩说一定要养好伤,别留后遗症,这可是一辈子的大事。"梁兄缓和了许多,问了一些干校的情况。我劝他别急,好好养伤,把脚彻底治好。他感谢我去看他,并问候所有关心他的人,代为致谢。记得后来我和梁兄还见过一次面,接着我就被借到上海电影译制厂配内参片,最后从上影演员剧团调上译厂工作了。很长一段时间再没见过梁兄。

多才多艺

梁兄的多才多艺在电影界是出了名的,而且还受到戏曲界的好评。1984年中国唱片社就为他录制发行了《梁波罗独唱歌曲》3辑,成为新中国成立后电影演员出版歌唱专辑第一人,至今他演唱的《南屏晚钟》《卖汤圆》《草原之夜》还让人回味无穷。他还涉足于多种戏曲演唱表演活动。梁兄被称为是"六项全能"。除了唱歌,他还演唱京剧、沪剧、越剧、黄梅戏和评弹。

1980 年代上海电视台举办春节联欢晚会，上海人民广播电台举办星期广播音乐会，以及后来的《戏剧大舞台》都成了他向观众献艺的场所。说梁兄是上海滩一大红人，一点都不夸张。

我母亲是京剧迷，年轻时在重庆、西安迷京剧，能唱很多段子，后来到了杭州居住，又迷上越剧，全本《梁山伯与祝英台》都能唱下来，晚年在上海居住又迷上沪剧和黄梅戏。我女儿也是个追星族，听说梁兄原来和我是同事，就特别来劲，一老一少把电视机霸占了。

当年梁兄在电视上频频出镜。女儿就会大呼小叫："老爸，快来看你同事唱京剧了。"过会儿又听女儿喊："又唱沪剧了。"我常常被这种叫声打断，看了很多梁兄的精彩演出。真的，梁兄有太多才艺了，一会儿主持节目，一会儿唱歌，一会儿和戏曲名家合演戏曲片段，样样都来，满台生辉。

我母亲对梁兄赞不绝口："你这位同事真了不起，长得帅，又唱什么像什么。"她后来跟着电视学会唱《卖汤圆》《南屏晚钟》，唱得比我女儿还好。

我女儿也常常评论："小老大就是棒。我爸不行，五音不全，只能配个戏，导个电影，爬爬格子。"

我爱人也会插上一句："你爸一路走过来也不容易了。不爬格子，你能看彩电，用洗衣机、冰箱吗？"

我在女儿面前只能有自嘲的份儿："奶奶有天分，有艺术细胞，可生不逢时，不然也是个好演员。老爸是混进文艺圈内的，是个冒充演员。"这也是我们当年家庭的乐趣！

说真的，回想起当年，在那个特定的历史时期，我们译制厂的配音演员也挺红火，邱岳峰、毕克、李梓、尚华、于鼎、刘广宁……都是人们讨论的话题。而上影厂梁波罗也是街头巷尾、老老少少谈论最多的演员。年轻追星族喜欢梁兄唱的《卖汤圆》《南屏晚钟》《清晨》，后来的《卖木瓜》，上海老戏迷钟情小老大和马莉莉合作的沪剧《庵堂相会》。京剧迷喜欢梁兄和京剧名角宋长荣先生合作的《红娘》中的《传柬》折子戏,欣赏梁兄扮演的张生。此外,戏迷们还喜欢听梁兄唱的黄梅戏《槐荫开口把话提》,更有梁兄演唱的越剧《送花楼会》……总之梁兄把上海滩老少戏迷一网打尽。

梁兄拍摄的电影、电视剧,演的舞台剧,我这里就不一一列举了,他在《51号兵站》《蓝色档案》《小城春秋》中成功地塑造了3个地下工作者是有目共睹的。

朋 友 多 , 情 谊 深

我和梁兄相知相熟是比较晚的,一直到了退休后才接触较多。由于我们都崇敬孙道临老师,都常去看望他老人家,和梁兄也常见面。后来道临老师在上海推广朗诵活动,我们都汇集于他的旗下。从2003年开始在上海图书馆定期开展朗诵演出活动,我和梁兄都参加演出接触日益增多,大家更相知相熟,我也常常向他请教,他也认真听我朗诵,有时对我个别字音加以纠正,有好的朗诵材料我们互相交换,共同探讨,因此友谊日增。

记得2007年2月2日,嘉善人民政府投资为道临老师筹建了"孙道临电影艺术馆",吉日开馆,道临老师一家前往参加揭幕仪式,在上海特邀了我和梁兄前往参加。艺术馆规模超大,占地近10万平方米,对道临老师从艺前后经历都作了十分精细的展示。我和梁兄浏览了一遍,意犹未尽,又从头至尾有选择地看了一遍,险些误了参加开馆仪式。道临老师因病2007年12月28日离开了我们,为怀念他,我曾先后组织了两次大型朗诵会纪念道临老师,梁兄都参加了演出。2011年岁末上影剧团、文联举办了"音容犹在光彩依旧——纪念孙道临诞辰90周年诗歌朗诵会",梁兄朗诵了汤昭智的诗《没有谢幕的时候》,我朗诵了我和薛锡祥合写的诗《你没有离开我们》。我们都深深怀念这位师长。

和梁兄一起参加多次演出活动,深感他的交际广、朋友多,而且情谊深,这都是他多年从艺活动结下的友情。所以一些大型活动,他就显得特别忙,有各界的朋友和他

和梁兄在一起

交谈,戏曲界,音乐界,电台、电视台的节目主持人,还有书法界,医务界……看他们聊得热烈,老朋友见面总会是这样。

有一次我朋友相邀参加一次京剧界朋友的聚会。那天李炳淑老师也来了,我们正好坐在一桌吃饭,聊到梁兄,她十分称道:"梁兄为我同门师兄,京剧功底很扎实,手眼身法步挺到位,唱腔韵味十足。"

我为电台做一档老艺术家访谈节目,邀请了沪剧名家马莉莉,我们也聊到梁兄,她说:"1980年代我就和他合作表演沪剧,梁老师对沪剧十分有研究,很多唱腔他都熟悉,唱的味道瞎嗲。"

评弹大家陈希安老师参加我的访谈节目,说起上影演员剧团有很多老演员都迷评弹，赵丹、程之、于飞，还有小老大。陈希安老师告诉我："在 1960 年代初，梁波罗就来学习评弹《杜十娘》，我当时就觉得他挺有才华，后来评弹唱得真不错。"

一个偶然的机会我认识了瑞金医院胡伟国医生，他为我爱人用微创手术切除了胆囊，3 天就出院，医术很高明。1992 年梁波罗患急性坏死性胰腺炎，在瑞金医院治疗，生死 42 天的护理医生就是胡伟国医生。他说梁老师那次真是死里逃生，他命大也坚强。看来老天有眼让他继续为艺术作贡献。

"小清高"新解

当年初识梁兄曾给我留下一个"小清高"的印象。退休后接触多了，演出、社会活动经常在一起，对梁兄有了更多的了解。原来在"小清高"假象下面有着丰富的内涵。他是认真细心的人，生活中有着丰富的积淀，师长们对他的影响颇深，在他心中形成了崇拜的偶像。他们的为人处事以及很多高雅的喜爱也成为他生活中的一部分了。

孙道临老师是他的榜样，在当今影坛上如道临老师那样能演，能导，能诗，能歌，具备学者气质和诗人风度，平易近人又温文尔雅、德艺双馨的全能型艺术家能有几个？他是我们晚辈做人从艺的标杆，在他身上有多少好品质值得我们认真学习。

在梁兄心里还有一位偶像，那就是刘琼导演，他跟刘琼导演拍过《51 号兵站》和《沙漠驼铃》，对刘导十分了解。这位当年在香港的红星，出于一片爱国之情，回上海从影。历经多次劫难，在巨大的精神冲击下他初衷不改，从未动摇他对进步的向往和追求。在生活十分窘迫之时他总是服饰得体、细节考究，给人赏心悦目。刘琼虚怀若谷的人生态度，对艺术的敬畏和不懈追求，高尚的人品艺德总是在激励着我们后辈。

梁兄在公共场所绝不高声喧哗，穿越马路绝对遵守交通规则，排队也要礼让三分。我们常外出参加活动，每当吃盒饭时，梁兄会从包里掏出一个小盒，内有筷子和小勺。他从不用一次性筷子，这样既卫生又很儒雅。因此在他身上我总感到有道临老师的书卷气,有刘琼老师的"老克勒"风范。

当人们不识这些时会对他产生一种与众不同之感,如同当年我认为他是一种"小清高"——实际上这是一种学识修养的表现。

他们用声音造梦

　　每当有记者采访上译厂的配音演员、翻译、导演、录音、剪辑师……采访任何一个人,想要了解上海电影译制厂的情况,所有被采访者都会异口同声地提到老厂长陈叙一。对于上译厂的诞生、发展,译制事业能成为中国电影百花园中一朵光彩夺目的奇葩,这都离不开老厂长陈叙一的特殊贡献,他被电影界同行公认为是上译厂的奠基人。

"译制配音是一份事业"

　　这是陈叙一对参加译制工作的年轻人常常提到的一句话,有时候他还会加重语气说:"别把译制配音不当一回事!"出现这样的情况并不多,但我确曾亲耳听到他说出这句分量很重的话。

　　一个人把自己喜欢的工作当作"事业"来做,这里就包含着不懈的追求,承担着沉甸甸的责任。责任和追求就成为陈叙一这一辈子努力奋斗的目标。

　　1971年我从"五七"干校借调来上译厂参加配音工作,1973年由上影演员剧团正式调入上译厂,在老厂长的培养下成为一名译制导演,一直干到2000年退休。我经历了上译厂发展最为辉煌的顶峰时期。科学的生产流程、完整的艺术创作规律、培养无数配音人才——这三方面,我认为是老厂长陈叙一对译制事业作出的巨大贡献。

　　上海电影译制厂完全是白手起家。1949年11月,陈叙一带了3位同伴赶往东北长春,向长影的译制片组取经,当时他们已译制了第一部译制片苏联的《普通一兵》。回来后,立即在上海江西路福州路口的汉弥尔顿大楼里租了一间简陋的办公室,成立了上海翻译片组。陈叙一带领翻译陈涓、杨范,导演周彦、寇嘉弼,演员姚念贻、张同凝、邱岳峰,录音、放映员等 10 多个人,凭着一个旧话筒、一架旧录音机、一个皮包放映机,硬是译制了苏联影片《团的儿子》,诞生了上译厂第一部译制片。

　　1950 年 6 月,翻译片组搬迁到万航渡路 618 号(和上海美术电影制片厂在一个大门里),因陋就简、土法上马,小小的旧车棚改造成放映间,并用塞满稻草的麻袋当隔音材料,放映间兼做录音棚。这时有了一台放映机和一台苏式光学录音机。当时录音的磁带全是进口的,十分昂贵。磁带正反面只能用两次,配音要出一点差错就全报废了。陈叙一带领大家走改革创新之路,终于发明了循环放映的办法,画面、对白可以分段剪辑,大大减少了演员配音的压力,进度也加快了。

　　1957 年 4 月 1 日,上海电影译制厂正式成立。陈叙一带领大家经历了漫长、艰辛的创业之路,这期间已译制了来自各国的几百部影片。当"文革"期间所有的电影厂都停产闹革命之际,只有上译厂译制了大量的内参片,这为我国电影事业复苏提供了大量的可借鉴的资料。"文革"结束后,1976 年上译厂又搬到永嘉路 383 号,在这里创造了译制事业的传奇和辉煌。这一切都凝聚了老厂长陈叙一的心血和智慧。

　　首先说说老厂长创建的保证译制质量的生产流程,它包括:一、第一次看原片。所有创作人员均参加,对影片有个最感性、最全面的了解。第一印象往往最深,也是激起创作冲动的源泉。二、翻译剧本。强调翻译必须做到信、达、雅;强调还原,尽量把口型、停顿、节奏考虑进去。三、初对。这是译制配音的重要流程,由翻译、译制导演、口型员 3 人参加,在这个流程中逐字逐句按演员口型完成配音台本。在还原的基础上做到语言生动、口语上口、自然流畅。剧本剧本一剧之本,老厂长对此抓得很紧,很多剧本最后都由他审改后定稿。四、定配音演员。导演拿出影片的配音名单。要搭一个统一和谐、声音又有区别的班子也是保证配音成败的关键。演员行当要齐全,如同京剧生旦净末丑都要有。老厂长常常会和导演商量,他要考虑新演员的培养、演员拓展戏路子。五、复对。这是实录前的统一创作意图的重要流程,参加这部影片的翻译、导演、演员、录音师全部参加。老厂长重点抓导演的谈戏。导演必须真正理解影片,把握影片的风格样式、人物个性特点及关系,找准重场戏、高潮起伏、特殊的录音条件,并对演员塑造人物提出要求。配音演员在复对中要认真检验剧本台词和口型是否一致,认真看自己所配角色的个性和感情色彩,把握人物的脉络和走向。难度大的戏可以提出排戏。六、实录。在实录棚里录对白,要求导演认真指导演员配好每一个人物,把握好分寸、火候,把演员的真情实感、最精彩的台词记录下来。七、鉴定补戏。这是把握配音质量的重要环节,全体演员参加对白声带的鉴定,检查配音对白的质量,人物是否偏离原片,感情色彩、人物关系是否对头。凡是不符合要求的一律重新补录。八、混合录音。这是译制片最后一道工序。影片的对白、音响效果合成做到对白清晰、音响烘托渲染气氛合理。这套科学的生产流程环环相扣,每道工序都有其重点,严格保证译制配音的质量。

任何艺术创作都有其规律和创作的灵魂。1987 年 4 月是上译厂建厂 30 周年,老厂长陈叙一对全厂职工讲了一段发自肺腑的感言:"回顾上译厂 30 年来,有两件事是天天要下功夫去做的,那就是:一是剧本翻译要有'味',二是演员配音要有'神'。关键是要下功夫。"

剧本有"味",配音有"神",这是老厂长从事译制工作几十年的经验之谈,上译厂的译制片能在国内外享有盛誉和口碑就因为遵循了剧本有"味"、演员有"神"这条艺术规律,也就是译制配音的灵魂。

老厂长陈叙一是实践这个灵魂的带头人。他在生命的最后两年中患了喉癌,失去了声带,没有了说话的能力。他在医院曾痛苦地写下"从此无言"四个字。后来,他顽强地挺住了几十次放射治疗,出院后他又出现在厂里的办公室、录音棚、放映间,和大家一起看原片,参加影片的对白鉴定,他随身带的速记本上写下了他的见解,通过纸和笔和大家进行交流。他把病魔抛在脑后,把自己的全部心血融进上译厂的每一部影片,严格把着质量关,因为"这是一份事业、是我爱的事业"。他和这份事业一直相伴到生命的最后一刻,他安详地和译制事业告别,死而无憾!

"年轻人要压担子,一个个推"

这是老厂长陈叙一培养人才的重要理念。从 1950 年代到 1980 年代,30 年间他带出了三拨配音演员。第一拨有姚念贻、赵慎之、张同凝、苏秀、李梓、邱岳峰、富润生、尚华、于鼎、胡庆汉、杨文元、毕克、潘我源等,第二拨有戴学庐、刘广宁、伍经纬、严崇德、杨成纯、童自荣、程晓桦、曹雷、盖文源、王建新、程玉珠等,第三拨有施融、狄菲菲、沈晓谦、任伟、曾丹、刘风、姜玉玲、王静文等。

他十分重视人才的培养,进厂的年轻人在他心里都有一本账。他观察每个人的能力,总是在试探性地让年轻人配各种类型的角色,然后给每个人压担子:相对集中让某个人担任多部新片的重要角色或是主角,使你在较短的时间内积累塑造人物的心得体会,上一个新台阶,然后再推另一个新人。就这样一个个推新人,一个个让他们独当一面。而且他还有目的地让演员试各种类型的角色,尽量培养多面手。1970 年代后期及 1980 年代,应该说是上译厂发展的顶峰时期,演员班底最整齐,生旦净末丑行当最齐全,在声音这块调色板上,色彩丰富,人各有貌,充分显示出上译厂的实力。

童自荣可算是实践老厂长"年轻人要压担子,一个个推"的最典型事例。小童毕业于上海戏剧学院表演系,1973 年进厂。由于学的是舞台表演,小童说话带有浓厚的舞台腔,来厂后整整 5 年没有配上戏,一直跑龙套。老厂长当时对他下了一条命令:先学会说人话(克服舞台腔)。小童热爱配音艺术,以极大的毅力努力克服舞台腔,每天不放松语言的训练,每天进棚看老演员们配音,努力使自己的语言更自然更生活。直到 5 年后,老厂长才给他压担子,第一部影片《未来世界》让他配主角,接着是《佐罗》《黑郁金香》《水晶鞋与玫瑰花》,一下子上了一个新台阶。以后又是《梅菲斯特》《蒲田进行曲》《加里森敢死队》等,小童终于成为人们喜爱的配音演员。

我是 1971 年从干校来上译厂搞配音的,后来老厂长培养我担任译制导演工作,他

陈叙一（前左二）和演员组的同事们在一起

带着我搞了十几部译制片，中间也放手让我独立导戏，最终我从一个译制配音的门外汉成为一名译制导演。1984年我因执导《国家利益》获政府优秀译制片奖，由支部书记许金邦带队，我（导演）、徐志仁（翻译）、曹雷（为女主角配音），前往北京领奖。当时在京西宾馆跟老许住一屋，我问老许："老厂长如何会想到培养我担任译制导演工作？"

老许说："译制导演工作后继要有人。你来厂当时除了配音还负责内参片的大批判工作，有组织能力，笔头也行，而且好学认真，所以老厂长要留下你。你当时还提出有合适的戏，让老陈能放你去参加拍戏，老陈也答应了，为什么？老陈说，当你慢慢爱上这一行，你就会自然放弃外出参加拍戏的。"真没想到，都被老厂长说中了。后来的工作实践让我爱上了译制配音工作，每年执导十几部影片，感到出去拍戏有点浪费时间了。直到退休后，我才又参加电影、电视剧的拍摄活动。我深深感谢老厂长陈叙一让我在上译厂追回了"文革"中失去的青春。我在厂内厂外执导过 300 多部(集)外国影片、电视剧,担任国产影片、电视剧的配音导演也有 300 多部(集)。

"演员不能捧, 见好就收"

这也是老厂长一贯的主张,他的严格是出了名的。上译厂上班没有人迟到的,老厂长每天 7 点 30 分前就到厂里了,各部门都会去转一转。导演一般都会提前一刻钟到厂做好准备工作,8 点钟一到准时工作,影片到点就放出来了。

我们上译厂每部影片的对白鉴定是一项艺术创作的大事。老厂长几乎每部影片都参加鉴定,他对译制配音的重要论述都在鉴定会上得以阐述,而且是结合每部不同风格样式的电影、不同的人物形象,对每个配音演员提出他的独到见解,这使我们获益匪浅。这么多影片的鉴定会,从来没有听到他说哪个演员的戏配得好、配得棒,最多只是"还行""通得过"。这在我们听来已是最高的评价了。有一次鉴定中,他对某个老演员说的话很重:"我们配戏不能以不变应万变,千人一面不动心。"这次对大家震动很大。事后我问他为什么这样说,他的回答是:"人人都得敲敲警钟。"

我跟他搞戏的时间长,我曾听他议论过:演员不能捧,几十年的经验告诉我们,演员往往被媒体捧死,捧得晕头转向,都不知道自己是谁了。表扬演员要有分寸,一定要见好就收,还要给他留个小尾巴。

上译厂的演员都知道,要从老厂长嘴里听一句赞扬你的话是很难的,在录音棚里录戏,听到他说"过",心里就踏实了。

我跟他在棚里录戏,时间长了我发现他有一个习惯,他坐在那里喜欢架个二郎腿,而且还轻轻地抖动。一些过场戏他会跟我和话筒员刘惠英、周宝妹聊聊天,一到重场戏,他就会全神贯注,他抖腿的频率也会加快。演员录完一段戏总会回过头来看看他,只要不说"过",说明这段戏没配好,演员会主动提出再录,他在棚里提示演员,语言很简短、精悍,可都在点子上。

记得邱岳峰配《简·爱》时，罗切斯特有一段喊"简·爱，简·爱……"的感情戏，老邱录了好几遍，我听得都很感人，老厂长没说"过"，只见他腿抖的速度加快了。老邱坚持再来，直到最后那一遍喊声带点嘶哑，老厂长才说"过"。

老邱后来跟我说，老头对每场戏心里都有数，非达到他的要求才会说"过"，我理解他，他让我带点嘶哑的声音喊才能表达罗切斯特内心异常的痛苦之情，声音才能钻到简·爱心里去。几十年的搭档，他们心中都有默契，而且老厂长也深信老邱会达到他的要求的。

我跟老厂长搞过好多戏：《简·爱》《猜一猜，谁来赴晚宴》《孤星血泪》……很多演员如老邱、毕克、尚华、李梓、苏秀、刘广宁的戏都配得很棒，可从来没有听他说过"好"，只是在棚里听他说："过。过。"这就是陈叙一。

记得我执导过一部戏《野鹅敢死队》。这部戏搞本子时间很长，外请翻译张宝珠老师(外语学院)来协助。老厂长知道这部影片有难度，也不催我，只说了一句话："本子非得搞好。"后来影片公映了，反响挺好。有一天晚上我接到孙道临老师从北京打给我的电话，说这部戏搞得不错，把人物的性格语言表达出来了，其中于鼎配的那个同性恋者语言特别精彩，如："再不起来就把你的屁眼缝起来。""你们去城里玩吧，回来姑妈把床单铺好等着给你们打针。"我告诉道临老师，很多词儿都是生活中的积累，正好用到影片中去了。

第二天上班，见到老厂长，我对他说："道临老师很关心我们厂的影片，昨天晚上打电话跟我说他在北京看过《野鹅敢死队》了。"老厂长对我笑笑说了 7 个字："别得意，继续努力。"

"别得意"，实际上我们这些人之所以为译制配音这个事业乐于献身，整天关在幽暗的录音棚里做"棚虫"，就在于创作艰辛会给我们带来得意之时。老厂长这辈子在搞剧本过程中有过无数次"得意"的时刻。记得在编写《简·爱》剧本时，有一天在琢磨简·爱和罗切斯特在花园里一段台词时，简·爱说："在上帝面前我们是平等的……"当时我们觉得挺符合原片，可老厂长怎么也不满意，下午 3 点多一点，他说：

"今天就到这儿,明天再干。"提前下班这是从来没有过的事儿。第二天一早,我把女儿送到向阳小学,7 点 30 分就到厂了,老厂长也到了。他见了我就说:"昨天怪了,我洗脚会感到很不舒服。"我说:"是水太凉了或是水太烫了?""你怎么也猜不着,我居然袜子也没脱就把脚泡进水里了。唉,人老了。"

8 点一到我们就开工了,他说:"昨天那段词儿我有了。"我们又看了这段戏的原片,数了一下口型,哗哗地他就把台词说了出来,口型一字也不差,这段词儿后来成为《简·爱》的精彩片段:"……我们的精神是同等的,就如同你跟我经过坟墓,将同样站在上帝面前。"这时我想起刚才他跟我讲"洗脚"的事儿,那神情也很"得意"。这就是我们搞译制片的乐趣。当搞戏的时候你挖空心思能想到一句绝词儿,既准确又生动地表达了人物的感情,这会让你乐上好多天。昨天老厂长回家肯定一直在琢磨这段台词,所以才会忘了脱袜子洗脚了。他在搞《加里森敢死队》时,把"长官"的称呼改成"头儿",这"头儿"一下子风靡全国,老厂长也喜悦过,所以后来我们都称呼他"老头"。

"得意"是我们付出艰辛后的快乐,重要的是要牢记"继续努力","关键是要下功夫"。

"干好自己分内事"

这句话也是他的口头禅。他觉得做好本职工作是应尽的义务和责任。他作为厂长,厂里大小事情都得管,特别是有关译制配音创作上的事,这是厂里的头等大事,他必须亲自抓,从剧本翻译一直到影片出厂保证质量这是他分内的事情。基于这样的想法,他不接受记者采访,不愿拍照,他常常告诫我们少出风头,树大招风。

20 世纪八九十年代是上译厂的顶峰时期,全国的记者都来厂采访,凡到这种时刻,他把演员推到第一线,自己溜之大吉。当时我和苏秀、伍经纬、曹雷结合自己导演的译制片经常会写一些影评文章,也会报道一些厂里的动态。有一次老厂长把我和伍经纬找去,他说:"看过你们写的影评和报道,都很实在,帮助观众理解影片这没错,可有一条你们千万记住,文章里别把我扯进去,我干的都是分内事,没必要说。"

不久,接到中影公司下达译制《悲惨世界》的任务,老厂长把我和小伍找去,让我们协助老卫(禹平)搞《悲惨世界》。这部戏上下两集,没有音效素材,影片中出现的人物众多。他让我们无论如何把这部大片搞好。我们3人分了工,老卫总负责,小伍安排众多的演员配音,我负责搞音效素材,从原片中抠、挖音乐素材,有些效果声要重配。经过努力,完成了这部大戏的译制任务。后来我写了一则报道,给老卫、小伍看了。小伍一看就说:"你又提陈叙一了,老头是个倔脾气,他说过的事必须照办,快改了,改了。"后来我改成厂领导很重视这部影片的译制工作。小伍对我说:"自从那次谈话后,我写文章尽量回避提老头,这个倔老头一定会注意我们写的东西。"

陈叙一在电影圈里,大家都知道他抓译制片很出名,而广大观众知道他的人并不多,都是后来采访众多配音演员大家提到老厂长陈叙一的功不可没,才让人们知道他是译制厂的奠基人。

"有些事得关起门来说"

1984年我们在北京领政府优秀影片奖,文化部很重视,特别安排了半天听听各厂谈对电影工作的意见和想法,指定我们上译厂也发个言,老许让我们商量一下,最后让我准备就几个问题发个言。

第二天我在大会发言说了三件事:一、汇报我们译制配音工作的艰苦状况,常年在暗房里工作,通风条件差,很多老同志长期处于亚健康状态。二、希望中影公司能提高译制片加工生产的费用,并给我们增加一些生产任务,我们生产处于吃不饱的状态,只好为国产影片、电视剧配音。三、关于修剪影片,能不能听听我们厂导演的建议,我举了影片《汤姆叔叔小屋》中的一个例子:女农奴有一个背影的画面因为露肉要修剪,我认为不必剪,这个背影上是一条条鞭痕,这只会激发观众对农奴制度的愤恨。大家以热烈的掌声支持我的发言。因为当时文化部以及很多记者并不了解我们译制厂的工作情况。

回上海后,我们向老厂长汇报北京领奖的情况,他似乎并不高兴:"别汇报了,大会的简报我都看了。"

后来我从老许那里知道老厂长不快的原因,他不愿意把我们厂困难的情况捅到大会上去说,"有些事得关起门来说",困难自己克服解决,特别是别去说中影公司,跟他们搞不好关系会影响厂里的生产任务。作为厂长,他看得更远,想问题更全面,这是我们所没有想到的。

当时,李先念同志看了大会的简报,很关心我们厂的生产情况,特地派人来厂了解情况,并给所有工作人员每天增加一瓶牛奶。老厂长也更关心我们的工作条件,实录棚外面的演员休息室沿墙装了一长溜的皮沙发,让大家可以休息,还给我们装上空调,2楼剪辑室几个房间也装上窗式空调。

1987年5月是上译厂建厂30周年,当时老厂长决定和长影厂译制部作一次友好互访活动,由支部书记储明达带队,我们去了10位演员。临走时老厂长叮咛:"我们去学习,要多听、多看,少发表议论。"

后来长影译制部的同志也来上海回访,那天夜里老厂长亲自去火车站迎接。两厂的配音演员还开了一次研讨会,会议由我负责主持。老厂长十分关心,对我说:"一定要记住,要谦虚,让我们的演员别夸夸其谈,多听听人家的经验。1949年我们去向他们学习搞译制片的,他们是老大哥。"

我主持那天下午的研讨会,会开得很紧凑,我们厂李梓、刘广宁说了些自己的配音体会,主要请长影厂的同志多发言,他们也作了生动的交流。会后我问老厂长还行吗?他说:"反正记住跟兄弟厂在一起一定要谦虚,少说自己的,多听人家的。"从他的语气中我感到对下午的研讨会他是满意的。

老厂长非常注意和兄弟厂之间的合作关系,所以我们厂和中影公司、上海电影技术厂、上影演员剧团、美影厂的关系都非常和谐,这和老厂长的谦虚作风分不开。我们要牢记他的教导:"有些事得关起门来说。"

"要使自己成为杂家"

老厂长真心关心年轻人的成长,记得搞《孤星血泪》时,影片中有多处台词引用《圣经》。老厂长对《圣经》很熟悉,有关《圣经》的台词都说得准确无误。我问他借过《圣经》,后来还给他时,他说我家里还有,这本你就留着吧!

有一次他对我和几个年轻翻译说:"你们搞翻译,搞导演的,一定要熟悉《圣经》和希腊神话,还有但丁的《神曲》。外国电影常常会涉及这方面的内容,如同中国作品常常会引用《三国演义》《西游记》《水浒》一样,你们一定要使自己成为杂家,知识面越广越好。"他不仅带配音演员,还十分重视培养翻译人才。英语翻译赵国华、朱晓婷就是他一手带出来的。

老厂长很博学。有一次看《警察局长的自白》,我正好坐在他后面,他指着影片上靠墙站着的那几个男人说:"知道吗,那些家伙都是同性恋者。"我不明白,问他怎么看得出来。他说要注意那些人的神态,还有衣着,看多了你就会了解,多看些描写意大利黑手党的小说会有好处。他说,他从6岁就喜欢看电影,脑子里装着2000多部影片。

后来当我接手执导美国影片《出水芙蓉》时,他如数家珍一样报出男女主角的名字,告诉我女主角是一个游泳明星,这部1944年拍摄的彩色影片,是一部当年风靡全世界的娱乐片,让我在搞本子时要注意那个年代的语言特色。我是他一手带出来的译制导演,在实践中我终于明白当一个译制导演必须干好四件事:一是创作者,作为导演必须和翻译共同创作好配音台本;二是组织者,必须根据原片的风格、样式,搭配好一个配音班子;三是指导者,他有责任指导配音演员用声音和语言塑造好原片的角色;四是评论者,作为译制导演他对影片了解得最多,应该对观众作影片的评论和介绍。

老厂长以他的人格魅力影响着上译厂老中青三代人,上译厂永远不会忘记他!亿万观众也会从众多经典的译制影片中记住陈叙一这个名字!

在上海电影战线上有一位非常值得人们怀念的老演员,他默默无闻地从事电影工作 40 余年,成绩卓著。在《新闻怨》《农家乐》《青山翠谷》《春归何处》《天罗地网》《沙漠里的战斗》《金沙江畔》《春满人间》等影片中都有他创作的艺术形象,在《伟大的公民》《乌克兰诗人舍甫琴科》《警察局长的自白》《蛇》等译制片中都有他精彩的配音。他是一位出色的电影表演艺术家,他用生动的银幕形象,用他善于刻画人物的声音征服着观众的心灵,他就是我们深深怀念的卫禹平。

卫禹平在《金沙江畔》饰演反派角色

卫禹平原名潘祖训,祖籍浙江绍兴。1920 年出生于日本冈山,后随父母亲一同返回祖国。1938 年,18 岁的他在汉口参加了抗敌演剧二队,后又加入旅港剧人协会。1942 年进上海音乐专科学校学习,并在上海参加演出话剧、拍摄电影。解放后成为上海电影演员剧团演员、上影厂导演。1957 年荣获文化部 1949—1955 年优秀影片个人一等奖,表彰他对电影事业的贡献。1973年调上海电影译制厂任译制导演、配音演员。我有幸在译制厂遇到这位前辈和他一起工作，得到他的指导和培养，很多往事让我记忆犹新。

"没事，配音死不了人"

卫禹平调到上译厂后担任演员组组长，从那以后我们大家都称呼他老卫。他平易近人，特别关心年轻人的成长，总是满腔热情地把我们推上第一线。当时厂里已决定让我担任译制导演工作，除老厂长陈叙一带着我，我还和老卫合作导演过多部译制片。我们一起搞配音剧本，查资料，分析戏，定配音演员。最后他总把我推到第一线，在实录棚担任执行导演。他说："你们年轻人要多实践，大胆上，没事，配音死不了人，出不了大问题，不行我们可以补戏重来，最后还有老厂长陈叙一把关！"

"文革"后我国搞的第一个电影周是日本电影周，有三部影片《望乡》《追捕》《狐狸的故事》，我和老卫担任《望乡》的译制导演工作，最后实录时老卫又把我推上第一线，他在实录棚外的演员休息间听棚里的录音。这个戏演员配音的感情色彩特别浓，很多生死离别的场面。记得当时录小阿崎(刘广宁配音)和哥哥分别时有一场感情戏，小刘哭得很真切，我很满意。可小刘提出再录一次，我顺从演员的意见再录了一次。休息时，老卫对我说："以后遇到这样的情况千万注意，你自己心里有底，如果感觉好就别再重录了，哭、笑这种感情强烈的戏，不能多录，一定要见好就收，不然演员会哭得很干，笑得很假。"老卫就是这样在关键时会提醒你，指导你。

《望乡》最后有一场阿崎婆和女记者分别的戏，两个人抱头痛哭。特别是阿崎婆这一辈子没有遇见过像女记者这样关心自己的好人，离别时那哭声凄惨多变，原片演员演得非常出色，哭声十分动人。老配音演员赵慎之为阿崎婆的配音也十分动情。最后那场哭泣声长达近2分钟，我决定借原片演员的哭声。反复听了原片的哭声，我发现老赵的声音比原片亮了一些，所以我要求老赵在声音处理上尽量带点沙哑声和原片哭声靠近，并请录音师录音时把老赵的高音拉掉些，加大低音，使两位演员的声音比较接近,让老赵的哭声过渡到原片的哭声。这个做法得到老卫的肯定,他对我说:"搞艺术,任何时候都是一种创造,只要符合艺术规律就行。"给我的是鼓励。

真没想到《望乡》公映后,会在社会上引起如此巨大的反响。"文革"刚过,极"左"思潮尚很流行。有一天上班不久我接到一个电话:"你们是上译厂吗? 怎么可以译制《望乡》这种描写妓女生活的电影来毒害青少年,你们这是在犯罪!"我问她是哪个单位的,她说:"我是上海妇联,作为领导,我有权关心妇女儿童的心灵健康。"我向这位妇联领导作了一番解释:"我们只是一个加工单位,下达搞日本电影周是文化部、中影公司的决定。"对方恨恨地说:"反正你们是犯罪!"啪的一声挂断了电话。我把电话的内容告诉老卫,老卫笑笑:"行啊,再来第二次'文化大革命',我们俩挨喷气式的批斗就行。"

当天夜里我怎么也睡不着,写了一篇《怎样看〈望乡〉》的影评文章,第二天一早就给老卫看。老卫认真看完后说:"这样好,让观众有个正确的看法,理解影片反日本军国主义这个鲜明的主题。"有两处提法让我斟酌一下。当天我就把稿子发了出去,没想到第三天就见报了(《文汇报》),接着就不断收到来信、来电,影迷们叙述了对影片的种种看法。

在以后的日子,我和老卫又合作了多部影片,他都把我往第一线上推,不断地得到他的提醒和鼓励,他的心愿是让我们快点成长。

"搞艺术,不读书是不行的"

老卫在艺术创作上是一位极其严肃认真的人,这在电影圈里是有口皆碑的,他在银幕上成功地塑造了众多人物形象。我和他的相处是在上译厂,他除了担任译制导演工作外,还参加了大量的配音工作。无论戏多戏少,他都一视同仁,主角自不必说,就是次要角色,哪怕群众戏,每句台词都要念上几十遍。记得在为意大利影片《警察局长的自白》配音时,他主配警察局长,台词不仅多,而且节奏特别快,为了找准口型,把握人物的情绪、节奏,他反复排戏认真准备。这部电影在拍摄手法上带有纪实性,很多戏从画外跳进画面,抓人物的口型、节奏难度特别大。他一个人关在小放映间里反复排戏,我去看他的台词本几乎每句台词下面都有很多音乐的符号,借助音乐符号记住停顿、间隙,从而准确把握住警察局长的情绪。老卫就因为这样严肃认真地对待创作,最后在银幕上给广大观众带来一个完全符合原片的生动丰富的艺术形象——维护正义的警察局长。这部影片公映后我们收到很多观众来信称赞老卫的配音。后来老卫又在法国故事片《蛇》中出色地完成为剧中的苏联克格勃头子的配音,这个冷血动物那瘆人的声音形象至今还深深地留在我们记忆之中。

他在工作中的努力充分体现了他可贵的人品。他常说:"在录音之前一定要把准备工作做充分,我们不能在棚里影响别人的戏。"他十分尊重别人的创作,他担任导演在实录棚里特别注意保护演员的创作情绪,总以鼓励、启发的方式来调动演员的创作激情,这些都给我们树立了学习的好榜样。

老卫的好学、博学也是我们年轻演员的楷模。每接一部影片他都要认真地查史料,尽可能寻找有关资料来加深对影片的理解。我们一起执导墨西哥故事片《在那些年代里》,他开了一批书目,我去电影局资料馆借了墨西哥史、华雷士总统的生平,又查阅拿破仑二世入侵墨西哥那段历史,因为影片是讲华雷士总统反对外来入侵的这段历史。在搞影片《悲惨世界》时,我们重读了雨果这部小说,又查阅了各国对这部小说的评价。在搞卓别林主演的《大独裁者》时又借来有关卓别林的评传……总之,每搞一部影片,译制导演必须做到心中有数。这里必须提上一笔,至今我们都十分感谢当年在电影局资料馆工作的徐大雯老师(谢晋导演的夫人),她热情地为我们提供了大量的资料。

我一直记得老卫对我说的:"译制厂是一个学习长知识的好地方,搞一部电影就是一次学习的机会,这里不仅能学习各国的电影艺术,还能学习世界史,了解人类的发展史。我很喜欢这项工作。"他常告诫我:"知识是无穷尽的,只有靠不间断地积累。"

这些教导对我十分有价值。回想起来,我读书最多、最杂也是在上译厂工作这个阶段。这期间也是我写影评最多的时期,我永远不会忘记他对我说的:"搞艺术,不读书是不行的。"

"别 吸 烟"

老卫和很多老一辈演员一样,兴趣爱好广泛,从小就爱运动。他打高尔夫球,打篮球,打乒乓球,拉大提琴。他也吸烟,深知烟对身体有害,也戒过,可后来又吸上了。他开玩笑说:"在这方面自己是个意志不坚分子。"

由于老卫爱体育运动,他来演员组后也带动了我们年轻人。在厂里打乒乓球是最方便的运动,我们这些院校毕业的都会打几下。当时上译厂技术部门的乒乓球打得好,有很多高手,他们很瞧不上我们演员组的球艺。一个周末下午,放映组和演员组展开了一场乒乓球对抗赛,这在上译厂挺轰动。老卫对这场比赛也很重视,赛前把我们几个会打乒乓球的找来训练,并对我们说:"一要有信心;二是友谊赛不输房子不输地,放开打;三是一定要讲点战术。"老卫很自然成了我们的领队、高参。比赛很激烈,居然打到2∶2,我最后一个出场,对手小蔡很强,正反手都会拉抽,我一上场和他打对攻,我反手不行,输了第一局。下来后老卫对我面授机宜:"小孙,你不能和他打对攻,他正反手都行,你改变一下打法,他个子不高,你跟他打小球,近台吊他的两个角,多打近网球试试。"

我采取老卫的办法,打小球、近网球,这一改变非常奏效,把小蔡弄蒙了,我很快赢回了一局,老卫不断给我鼓励,我又顺利地拿下第三局,演员组终于以3∶2取胜,这把我们乐了好一阵子。

技术部门很不服气,过了半年,组成一支联队和我们演员组又赛了一场,在老卫的指导下,我们居然又胜了这场比赛。小蔡对我们演员组刮目相看,他说:"说心里话,你们演员组的球艺并不怎么样,很臭,可你们老卫太厉害了,他总能找到我们的弱点、要害,攻击我们,你们这位高参军师太厉害了。"老卫也总结我们的优势:"演员一般来讲心态比较好,和演戏一样,上场有一股子冲动,球虽然打得不怎么样,可是能临场发挥打出自己最好的水平。毛主席说的打乒乓球也要讲辩证法。还得补充一点,我们演员组的啦啦队很出色,小潘(潘我源,配音演员)多带劲,现场的气氛也压倒了对方,我们越打越强,对方越打越气馁。"

后来老卫患上心脏病、中风,很长一段时间在家里养病。当我们去看他时,说话也不太方便了,可只要讲起厂里的工作,又接什么新影片,他都听得十分有兴趣。从他的神情中我们完全可以理解,他多么想和大家在一起工作啊!

最后他又患上肺气肿住进华东医院,病情十分严重。我们大家都想多陪陪老卫,我当时负责演员组工作,征得老厂长的同意,在保证厂里生产的情况下,我们排班轮流去陪伴老卫:白天女同志去,晚上男同志去。有一天我去病房,可怜的老卫因为呼吸困难,切开了气管,那天正好吸痰器去清洗,老卫咳嗽很厉害,从气管里喷出的痰液弄得病房全是,他那痛苦的神情让人心酸。我坐在他床边,轻轻地揉他的胸口,他示意让我拿桌边的笔和纸,歪歪扭扭地写下三个字:"别吸烟"。这也是他临终前对我们的最后忠告。

老卫于1988年3月7日清晨5时永远离开了我们,享年才68岁。

過早離開我們的邱岳峰

邱岳峰是一代配音大师,深受广大观众的喜爱,他那略带沙哑的嗓音低沉有力,张弛自如,表现力极强。他的声音时而从容优雅,时而冷酷无情,时而卑微卑鄙,时而高贵高尚,观众为他的声音而痴迷,为他的过早离世而惋惜。

初识邱岳峰

1971 年我从奉贤电影"五七"干校借到上海电影译制厂参加内参片配音工作。译制厂老厂长陈叙一为了让我尽快熟悉工作,安排我跟着他参加多部影片译制配音的全过程:从做对白配音剧本的初对开始一直到审看影片完成拷贝止。当时正好在赶译一部英国故事片《简·爱》,这是作为内参片译制的,后来才在全国公映。搞完《简·爱》的对白剧本,老厂长就把男女主角的配音演员名单定了下来,简·爱由李梓配音,罗切斯特由邱岳峰配音。名单交给工军宣队审批。让邱岳峰配主角立即遭到工宣队的异议:"一个监督劳动对象怎么能参加内参片译制工作,还配主角,这不行。"工宣队负责人马上找老厂长:"邱岳峰不可以参加配戏,你另外换人配。"陈叙一很干脆:"这个角色只有他合适,换不出别人。"工军宣队只好又开会商量。军宣队好像明智些:内参片是无产阶级司令部下达的任务,保证译制质量是前提。内参片交给上译厂译制,是因为看中了陈叙一这位译制片的权威,不听他的不行。就这样邱岳峰从木工车间的监督劳动中解放出来,参加配音工作。

当时我跟老邱(后来我一直这样称呼他,他叫我小孙)并不熟悉,听过他配过的好多电影,只知其名不知其人。他知道我是从演员剧团借来的,我们很友好地点点头。过两天进录音棚录音配戏,让我惊叹不已!他把罗切斯特配神了,连呼吸、喘气声都和人物贴切得天衣无缝。

第三天早上老邱进棚时手里捧着个大咖啡瓶(当茶杯用),我看杯子里有几片西洋参片。老厂长录音的实录班次排得很科学,他把整部戏打乱了,开始总先录一些过场戏,让演员摸准了角色才进入重场戏的录音,而把

一代配音大师邱岳峰

一些大喊大叫的戏放在最后录音,以防演员把嗓子先喊哑了,影响整部戏的配音。这种录戏方法很科学,当然导演要花些功夫,认真研究戏之后才能排出合理的实录计划。后来我们当导演的都是这样做的,不像现在录戏都是按顺序从头录到底的。

上午录了罗切斯特和简·爱的"花园夜谈"以及影片最后那几场戏。下午录简·爱离开庄园,罗切斯特醒来发现简·爱出走了,他痛苦地哭喊着:"简·爱,简·爱……"这是一场撕心裂肺的感情戏。

老邱站在话筒前默默地看了两遍原片,对老厂长说:"来吧!"打了无声,他又对着画面轻轻地念了两遍。实录棚红灯亮了,正式录,老邱对着画面喊着:"简·爱,简·爱……"一直喊到简·爱在马车上,简·爱在牧师的怀抱里……回放一遍,我感到老邱配得很动情,语气跟画面上的罗切斯特很贴切,他从楼上奔下来那喘气声也配得很真切,可老厂长坐在那里什么也没说,抖着二郎腿。

老邱一看就明白了,说:"我再来一次。"这次喊得更动情,最后那个"简·爱"声音都有点嘶哑了。回放再听,老厂长只说了一句:"还不够揪心。"

老邱说："我明白了。"再录时老邱中途主动打断："我口型没对好。"

老厂长说："再听两遍原声。"这既是为了让演员歇口气，更是让老邱重新找到人物的状态，老邱喝了一大口水，认真地看原片。

老厂长说："实录。"

老邱一口气把这一大段戏拿了下来，我情不自禁地轻轻鼓起掌来，那撕心裂肺的喊声最终把简·爱召回到桑菲尔德庄园，又回到罗切斯特身边。

老邱一身汗，嗓子也哑了。后来他告诉我："这些年来难得遇上这样的好戏，我怕顶不下来才买了点西洋参提提神。"

我对他的敬重油然而生。后来工作接触多了，我执导的很多影片，他都帮我出点子，在以后的日子里我们成了好朋友。

由于很喜爱《简·爱》这部影片，当上海电台刘香兰同志来约我写这部影片的电影剪辑时，我一口答应了，我又重看了影片，并且又认真地读了这部名著，小说把人物的内心活动写得很生动。我决定用第一人称来写解说词，而且请李梓来配解说词，以简·爱的内心独白把整部电影贯串起来。解说词和李梓的配音融为一体，十分自然、生动。这部电影的录音剪辑在电台播出后，反响非常好，当时我收到很多听众来信，说听电影比看还有味道，简·爱和罗切斯特的内心活动通过解说词充分地表达出来了，还能欣赏到李梓、邱岳峰的配音魅力（尝到写电影剪辑的甜头，后来我为上海电台和中央电台写过三四十部电影剪辑解说词）。难怪有位教授说，邱岳峰对罗切斯特的配音表达的情感比原片扮演者英国演员斯洛特还要丰富、细腻，更有魅力。这位教授把原版英语对白和配音版对照着认真地进行了比较。

至今我有幸保留了这部电影的剪辑录音，有时听电影给我带来莫大的艺术享受，使我更怀念老邱！

"棚里听你的"

搞内参片那几年实在是太忙了,我一直跟着老厂长学习译制导演工作,我还和孙道临、老卫(禹平)、苏秀、胡庆汉、杨成纯一块合作过。记得 1973 年 6 月,厂里让我独立导演美国故事片《紧急下潜》。这部影片由美国明星泰伦·宝华主演,描写"二战"期间美国潜艇和日军作战的故事。搞完对白剧本,我又查阅了"二战"期间的有关史料,特别是珍珠港事件以后的那段史料,对影片作了充分的准备。复对谈戏时,我恳切地对参加配戏的老演员们说:"我是一个新兵,大家都是有经验的前辈,在实录时发现问题,请及时给我提出来,我们共同完成好这部电影的配音工作。"当时尚华跟我说:"小孙,别有负担,你谈戏、对影片人物的分析都很好,在棚里大胆执行吧,我们听你的,真要有什么,鉴定补戏还可以补救。"老邱、于鼎、老富(润生)也都表示让我放心。我真是由衷地感谢大家对我的支持。

老邱在电影里配一个水手长,有一场戏,水手长心脏病复发了,一个一直关心他的黑人年轻水兵发现了,要报告舰长,让他上岸进医院治疗。水手长发脾气了,他绝对不愿意失去马上要参加战斗的机会。这场戏是展示水手长这个人物的亮点,当时我要求老邱发火的情绪再激烈一些。老邱说:"小孙,我看分寸可以了,你要不满意我再录一个。"再录一次,发火的情绪更加强了,我很满意。老邱悄悄地对我说:"鉴定时,我们连起来看看是否有点过了。"结果鉴定时一看,这段戏有点跳,出格了。老邱安慰我:"没什么,咱们再补一个。"

后来老邱跟我聊天说,任何人的情绪发泄都会有一个度,超过了度也就离开了这个特定的人物性格。我也坦白地跟他说:"现在一直强调塑造人物要高大全,小分队演出都要充满激情,这种思潮对我影响不浅。"这次教训很深刻。我们搞译制片,如何正确地把握人物感情色彩和分寸十分重要,我们不能离开原片,要做到"还原"。实际上搞艺术的分寸感是衡量一个导演、演员艺术修养的重要标志。

上译厂的老同志都有一个好习惯,配戏前的准备工作做得很充分,到了棚里都十分认真配戏,从来没有人在棚里指手画脚。我和老邱合作过多次,他要发现什么问题,如念人名、台词的点送、情绪的把握,他都通过执行导演跟我轻轻地交换意见后,由我来执行。他说在实录现场不要干涉导演对整部影片的总体把握。译制厂的创作活动总是在互相尊重、互相探讨的气氛中进行的。当然在初对阶段编配音对白本时,那个争论是很激烈的,导演和翻译为推敲一个词,互不相让,争得面红耳赤的情况也常有发生。最后往往在复对时让演员们一起参加,最后把台词定下来。因为大家有一个共同的目标,让台词还原得更准确,更符合人物,更适合影片的风格。

一次夜谈

1980 年代厂里实行值夜班制度,每天夜里派两个男职工睡在厂里值班,晚上还起来在厂里巡回检查一番,万一发生什么事情可以用电话和派出所联系。那天又轮到演员组,我约老邱跟我一块儿值班,他二话没说:"好的。"下班后我把在襄阳小学念书的女儿送回家,等我赶到厂里时,老邱已先到了,他烧了一壶水,沏了两杯茶,在演员室有阳台那一间铺上席子,把我们俩睡觉的一切都准备好了。他做事总是很细心,想得很周全,干什么事情都井井有条。在老译制厂(万航渡路)时,我去过他劳动的木工车间,一间狭长木工间他也安排得井井有条。我也去过他家,才 17 平方,他们夫妻俩带着 4 个孩子,拥挤是可想而知的,可安排得整整齐齐、干干净净。孩子们睡在他亲手搭的阁楼上,他还种了一棵 1 米多高的橡皮树,很醒目。

那天夜里,我们喝着茶,什么都聊。我为什么约老邱值班,就是想和他聊聊天,问个事儿。

"老邱,咱们也算是老朋友了,恕我直言,最近对你有些传言,说你拍了电影《珊瑚岛上的死光》,又导演了《白衣少女》,社会影响大了,有点翘尾巴了。"

"小孙,你来译制厂也快 10 年了,我是那种翘尾巴的人吗?几十年来我是夹紧尾巴做人还来不及。最近记者采访我是多了一些,我说话也可能多了些,几十年没有说过这么多话,可能给人造成翘尾巴的感觉,你这提醒很重要。"

从夹紧尾巴做人我们说开了。我说我出身也不好,父亲是国民党军需官,我也是一直夹紧尾巴做人的。老邱喝了口茶,十分感慨地说:"我的历史问题一直是块心病,也连累了4个孩子。这么多年,我一直认认真真改造,我拥护党,拥护社会主义,做个勤勤恳恳的好人,'文化大革命'结束了,对我总该有个结论了吧!"

老邱问及我父亲的事情。我告诉他,我父亲是个被命运捉弄的人,他是黄埔军校计政培训班毕业的,毕业后在南京侍卫大队供职,抗战期间去了重庆,我1940年生在重庆。1941年父亲从重庆调陕西西北军需局工作,担任军需被服厂厂长。1948年脱离国民党部队,带着我们兄弟几个返回南方,定居在杭州。小外公钟伟生是西北军需局少将督察,1948年底他来南方劝我父亲跟他去台湾,父亲婉言拒绝了。父亲说:"我现在开个小杂货铺,有点积蓄把孩子拉扯大就行了,哪儿也不去了。"1949年初父亲西北军需局上司汪局长(维恒)伯伯,还有张(兴国)伯伯从上海打电报给我父亲,让他马上来上海参加解放后的接收工作(我父亲是搞经济的专门人才),由于交通已中断无法成行。1950年5月,迎来杭州解放,不久他被指定参加当时谭震林为校长的"浙江革命干部学校",在灵隐寺培训半年,结业后分配在浙江土产公司,任土产收购大队长(供给制干部),在浙江金华、义乌一带收购土特产,为恢复国民经济作贡献。没想到1952年在镇反运动中被定为"历史反革命",他在当地是国民党军官中军阶最高的(上校),劳动改造3年。他如果去台湾,现在返回大陆可以成为爱国人士,他要能来上海参加上海解放的接收工作,就和汪伯伯、张伯伯一样成为离休干部(汪伯伯解放后任上海房地产管理局局长,张伯伯是烟酒糖专卖公司经理)。

我问老邱:"你相信命运吗?我认为我父亲是一个被命运捉弄的人。"

他的回答我至今还记忆犹新:"命运,这怎么说呢,很多事情最后无法解释了,往往用'命运'两个字来解脱!我一直想不通,解放后,镇反、肃反运动、反右斗争直至'文化大革命',反党反社会主义的坏人肯定有,问题是真有那么多坏人吗?"

这种事我们俩扯不清，就又扯到艺术上来了，我问老邱配了那么多人物，《简·爱》中的罗切斯特、卓别林的《凡尔杜先生》《大独裁者》中的希特勒……你是如何把握这些人物的。

"小孙，我认为搞艺术有两个字很重要——'感觉'。人有共性，也有差异，也许我看了些书，接触的影片也比较多，很多人物一出现，我就能比较快地找到这个人物的感觉。有了这个感觉，我再深入进去挖掘这个人物的个性特点，把握人物特有的感情色彩、语言节奏，他和周围人物关系之间的分寸，很自然地你就会融入这个人物。我配戏首先是找到这种感觉，如果感觉没有找对，我肯定会配砸，外人也许看不出来，可我心里明白。"

我们又聊到读书。老邱说："说实在的，要在译制厂干，就得读书，而且要看得杂一些。因为我们接触的电影人物三教九流都有，上至总统，下至流氓，五花八门、应有尽有，有些生活你是无法去体验的，只有间接从书本上获得。咱们老陈就是一个杂家，他生活阅历也丰富，看的影片多，外语又好，所以什么样的戏都能把握。小孙，你有个好处爱看书，也爱想问题，还动动笔，这对搞片子有好处。我们演员组有好几位都有这个优点，老卫、苏秀、尚华、小伍(经纬)都爱看书。"

最后他十分感慨地说："如果我有个书房，就太美了，真的，我心里很内疚，到现在孩子还睡在阁楼上，6 口人 17 平方米。"

我告诉他书房梦我也做过，1962 年还在电影学校念书，有一次去延庆路看傅惠珍老师，见她爱人刘厚生先生正在书房里写东西，书房并不大，书可真不少。我当时想这辈子要有个书房该多好，有个自己的小天地。后来参加电影《秋瑾》拍戏，幸会于是之老师，他给我留下两件墨宝"笔墨有情""不容易"，我要有个书房一定取名"不易斋"，我们两人都陷入遐想之中了……

当时我一直想问他一个问题，可一晚上都没有启口，不知该怎么说好，憋到第二天早上我非问不可了。

"老邱，我听说谣传你跟××有不正当关系，我憋了一晚上没有问，你得跟我说实话。"

"小孙,你想想我都这把年纪了,文艺界这种事情最能伤人了,我能干这种事吗?相信老哥还没有糊涂到这种地步。"

他那认真、严肃的神情,我相信他说的这一切是真实的。

老邱,你不该走得这么早

没想到那次夜谈不久,一个星期一的早上,我一进厂门就听到老邱的噩耗,整个厂里的气氛十分凝重,这事情来得太突然了,谁都不愿意多说一句话。

压在他心头的政治历史问题,我一直没有闹清楚是怎么回事。后来苏秀告诉我,当年有人检举老邱曾参与国民党军队抓过人。他无法面对这"与人民为敌"的处境,他在交代中曾多次写过没脸见人,想一走了之,没想到这被认作是对抗运动的表现,戴上"历史反革命"的帽子。1980年春,老邱的同案犯平反了,可他的事情没有结论。几十年压在心头的这块心病终于爆发了。

由于他是自杀,厂里不能出面开追悼会,只能由我们演员组为他开追悼会。全组都忙于这件事,由黄毛(老邱大儿子的小名)通知亲朋好友,我们向老邱生前合作过的单位、上影演员剧团、美术电影制片厂的朋友们发了通知。

追悼会那天,我们几个早早去龙华布置大厅的灵堂,没想到很多电影观众、影迷们早已自发来到灵堂,到处挂满了他们为老邱写的挽联。我们演员组同仁们为他扎了纸花做了一个大花圈,放在大厅正中央。我在签到处负责签到,开始我准备了一大盒500朵纸花,一下子就发完了,又赶紧去买了一大盒,开追悼会前也发完了,后来的人就没有纸花佩戴了。

老邱的好友、演员剧团韩非在追悼会上致了悼词。人们有序地向遗体告别,我站在老邱遗体前,心里反反复复是这句话:"老邱,你不该走得这么早!咱们心中的书房还没有实现呢!"

那天我回家很晚了，妻子问我追悼会开得怎样，我说在"文革"中我参加过多次追悼会，这次人最多，很多影迷都是自发而来的，他们怀念老邱为他们留下那么多珍贵的译制影片，留下令人入迷的声音。

我妻子说：老邱真不该走。当时要有人在旁边劝一劝，开导一下，也许就不会走绝路了。

我说，我能理解老邱，他心里太苦了，奋斗了30多年，夫妻俩带着四个孩子，还住在17平方米一间屋子里，4个孩子都长大了，还睡在自己搭的阁楼里，他的住房还没有我们的大，我们至少有一室半20平方米，2个孩子都有自己的床。

老邱心里太苦，在那以阶级斗争为纲的岁月里，每当运动一来，他妻子带着孩子常常在襄阳路45路公交车站等他回家，那提心吊胆的日子，一直让老邱感到自己愧对妻子和4个孩子。是的，那艰苦的岁月都挺过来了，可如今政治上还没有结论，孩子们都已长大，他又如何面对呢？他无法看淡这块心病啊！

老邱的死，很自然地又让我想起自己的父亲。在旧社会为了生计，无法挑选自己的工作，解放后也被戴上"历史反革命"的帽子，"文革"中在老家萧山农村，三次被扫地出门，大会小会批斗、戴高帽子游街。他也想过要喝敌敌畏，我母亲很坚强，她说："干吗死？好人凭什么要死？"父亲说："我心里苦啊，我连累了你们。"母亲对他说："孩子们永远不会怪你的，会有出头的日子的。"这才打消了父亲寻短见的念头。但生活的折磨还是让他过早地离开了我们。

我一直有这样一个想法：做父母的不一定要给儿女留下什么遗产，但一定要留下一些话，一些言传身教，让儿女有一个榜样。我的父母很清贫，没给我们留下什么，但留下做人的道理。父亲说："做人要以诚待人，以礼待人，以善待人；治家要教育治家，励志治家，勤俭治家；在生活处事中要多栽花少栽刺。"母亲说："做人要坚强，不就是吃点苦耐点劳嘛！要学会苦中寻乐。穷要穷得有志气，穷要穷得有骨气。"几十年的生活经历，除了牢记父母的教诲，我对儿女们还加上一条："害人之心切不可有，防人之心切不可无。"

　　老邱的大儿子黄毛(邱必昌)告诉我,他父亲也给他留下很多做人的道理。当他想当演员时,父亲对他说:"你想当演员我并不反对,可你知道吧,干这一行,要干就要干出名堂,干得最好。但你不一定能干得好,因为你脑子里缺那根'弦儿'。"父亲还告诫过他:"你要踏入社会了,跟上学时完全不一样,会遇到很多事,更会遇到很多困难,但千万记住,没有过不去的河,不管遇到什么难处,咬咬牙一定能挺过去。"

　　邱必昌一直保留着父亲给他的一封信,那是他在东北参加上影厂《傲蕾·一兰》电影的拍摄时父亲写给他的。老邱在信中告诫儿子:"这是一次难得的学习生活的机会,不好好利用,嘻嘻哈哈地就混过去了,对一个人有限的生命来说,未免可惜,而且是追悔莫及的事,望你能好生体会……注意身体,不要无谓地嬉笑荒废了光阴,多做些有益的事,随着时代进步,社会向你要求的标准就愈多,不努力就会被淘汰!"

　　这封信邱必昌读过多次,他读出了做父亲对孩子的期望,更读出了父亲对孩子们的爱。

　　老邱为孩子们留下一个"标杆",并且让孩子们知道自己曾经努力过,真诚地生活过。

　　老邱,说真的,你不该走得这么早。你要活着,儿女们会听到你更多的教诲,懂得更多的做人道理,你会以温暖的手扶着他们成长;你要活着,还能为广大观众留下更多的译制影片,人们爱听你那富有魅力的沙哑声音;你要活着,我们一定可以在你的书斋里海阔天空地聊个痛快,你可以来我的"不易斋",咱们泡上清茶,煮上咖啡接着聊你对艺术创作的想法;你要活着……

高仓健中国声音的代言人毕克

说到著名配音演员毕克,很多观众会想到高仓健,因为高仓健主演的很多影片都是由毕克配音的。

毕克1952年考进上译厂,当时还是翻译片组。他气质儒雅,嗓音醇厚,在配音上抓人物个性色彩非常敏捷,加上他十分努力,很快就成为上译厂的主力。1950年代末到1960年代他主配了《阴谋与爱情》《孤星血泪》《白痴》《狼窟》《索那大》《一年中的九天》,1970年代后他主配了《音乐之声》《尼罗河上的惨案》《追捕》《远山的呼唤》《卡桑德拉大桥》《拿破仑在奥斯特里茨战役》等一大批经典影片。毕克用他富有魅力的声音和纯熟的语言技巧刻画了众多生动的人物形象,使影片达到高度还原,使译制片生色。年长的观众至今还深深怀念着毕克,感谢他给人们带来莫大的艺术享受。

一次转折

我到上译厂之前就从译制片中知道毕克这个名字,他的声音我特别喜欢,有男人的魅力,既洪亮又浑厚。记得第一天到厂,支部书记老许(金邦)带我到演员组和老同志见面,毕克正坐在窗口前看剧本。老许向我介绍这是毕克同志,毕克看了我一眼,礼节性地起身和我握握手,又忙着看剧本了。毕克比我高,当时我身高1.78米,我心想他确实是个男子汉的形象。在后来的接触中,他给我的印象是很内向、很严肃、不苟言笑,和我们相处只是彬彬有礼,似乎还流露出一丝清高。

　　我常去棚里看他配音,他在创作上真是一丝不苟。他配音的可塑性很强,儒雅的、粗暴的、冷峻的,多种人物性格都把握自如、丝丝入扣。

　　我跟他的交往、后来成为好朋友的转折点是 1977 年我执导法国故事片《拿破仑在奥斯特里茨战役》(上下两集),由共同研究塑造拿破仑这个传奇式的人物而接近,从那以后打开了我们之间无话不谈的局面。

　　老厂长陈叙一和我在搞《拿》片的对白剧本时,毕克正在忙着配另外两部影片,都是主角。《拿》片对白剧本搞完后,老厂长要去北京开会,这部影片就由我来做执行导演。老厂长决定由毕克来配拿破仑,我很快交出了整部影片的配音演员名单,老厂长作了个别的调整后就定了下来。毕克听说让他来配拿破仑挺高兴。当我在看音效素材时,他也抽空来看片子。看素材是一项挺麻烦的工作,每本片子都要重新装拆,中间等待时间比较长,我就利用这个空隙向他介绍了影片的一些背景资料:这部影片是法国著名导演阿贝尔·冈斯执导的,他一生拍过 6 部关于拿破仑的电影,这是他1968 年拍摄的,也是他自己认为最完整地刻画了拿破仑这个人物,是自己比较满意的作品。扮演拿破仑的演员是法国著名演员,他曾在《基督山伯爵》中扮演小黑店老板,一个贪财势利的小人,演得很出色。

　　为了搞好这部影片,我读了《法国大革命史》《拿破仑一世传》(这书是华东师大的一位历史教授写的,当时还没有出版,我把他的书样稿借来了),还看了《拿破仑和他的女人们》。凡是拿破仑所涉及的重大历史事件,以及拿破仑的生活细节,影片中都作了精彩的描写。如拿破仑爱泡在洒有香水的洗澡缸里,并在洗澡缸边召开重大会议,所有的大臣、将军围在洗澡缸边议事。又如拿破仑跟情人约会是有规定时间的,就一刻钟,情妇为了让他早点离开还偷偷地把钟拨快……我结合影片向毕克详细介绍了我所掌握的有关背景资料,他听得十分认真。看完素材早已过了下班时间,老毕对我说:"时间太紧了,明天复对谈戏时你再多讲讲,让大家也了解。"我从包里拿出我读史料摘录的一些材料给他,让他带回家去看看。他很客气:"谢谢小孙。"

　　第二天全体演员参加复对谈戏,我首先把老厂长的叮嘱告诉大家:这是一部历史纪实性很强的影片,所有的历史事件都是有记载的,因此在配戏时一定要交代清楚,还要注意配反面人物切忌脸谱化。

结合一段段看片,我把我所掌握的史料、出点都一一告诉大家,对有些人物在配音上如何把握人物性格特点我也提出了具体要求。最后我跟毕克商量,把握拿破仑这个人物,我认为要掌握四个字:狐狸、狮子。我作了进一步说明:拿破仑是个新兴的资产阶级革命家,他当时受到欧洲所有封建势力的包围,因此在外交上他也玩手段,如同狐狸一样狡猾。拿破仑又是一个军事家,他必须靠武力来征服当时的封建势力,在海上要对付英国,在陆地上要对付奥匈帝国联盟以及俄国沙皇,因此他必须如同狮子一样凶猛。老毕说:"你提出狐狸、狮子来要求我,挺生动挺形象,咱们共同努力把这个人物性格上的两面都充分展示出来。"

这部戏人物众多,群众场面也多,由于大家都挺认真,所以录戏很顺利,老邱(岳峰)、老富(润生)、尚华、于鼎以及很多年轻演员的戏都配得很出彩,特别是围在拿破仑身边的女人们,钩心斗角,大家配得都人各有貌。后来老厂长开会回来,特地把这部影片调出来审看了一遍:"送技术厂印拷贝吧!"这就是通过了。

自从合作搞了这部电影后,我和老毕接触更多了,话也多了,这个内向、严肃的人也常常跟我开开玩笑。

那个年代我们这些人都很清苦,我和妻子的工资加起来还不满100元,要供两个孩子上学,每月总要借厂工会互助基金5元钱。从1970年代末开始,我结合搞的影片,在报刊上写点小文章增加点收入。

毕克也常看《电影故事》《文汇报》《文汇电影时报》《大众电影》,常会有新发现,也常常跟我开开玩笑:"小孙,昨天又见你发表大作了,什么时候请客啊?"或是:"你用笔名'雨风'发表文章了,还用了什么笔名,老实交代!"我知道他为我高兴。有时他也很认真地跟我说:"小孙,有些词是不是用得过了点,千万注意分寸。"这些善意的提醒对我帮助很大。所以我后来有些文章也给他看,向他请教。记得当时我在上海《艺术世界》杂志上发表过一篇《拿破仑的出场》赏析文章,他看了后很感兴趣。我是从影片一开头拿破仑从雾气腾腾的洗澡间出来,又量身高,又问天气,又戴帽子,这些细节描写很生动,交代了时代背景,又很自然地点出了人物的特殊性格。老毕说,只有对影片十分熟悉才能写出这些,才能欣赏到导演拍摄手法的高明之处,我们搞译制片有这个条件可以反复看影片,建议我今后要多写这类赏析文章,这对自己也是很大的提高。

20世纪七八十年代我们翻译片的确很吃香,我们厂的电影票有时为打通有些关节能起到敲门砖的作用,大有一票难求之势,因此介绍译制片的文章也很吃香,约稿很多。那时候,我认识了《文汇报》记者罗君、《解放日报》记者汤娟,还结交了好些记者朋友。那几年白天在厂里搞影片,晚上等两个孩子先做完功课,接着是妻子搞完设计图纸(她在设计院工作),到了快半夜,仅有的一张小方桌才能让出来给我爬格子。困了或是写得不满意,就会习惯性地挠头,稿纸上常常会黑黑的一片,尽是掉下来的头发。就是那几年我过早地谢顶了,这就成了后来老毕拿我和陆英华(也是配音演员,后当生产办主任)经常开玩笑的内容,他常常拿自己的一头乌发来气我们俩,这也是他退休生活中的一点乐趣。

当年我们厂很多职工的孩子都在就近的向阳小学念书,中午都来厂吃午饭,毕克也跟我女儿开玩笑,问她:“你爸爸声音好听吗?”我女儿说:“爸爸声音像破锣不好听,你和好多伯伯叔叔的声音好听。不过我最爱听的是邮递员叔叔在我家门口喊‘孙渝烽敲图章’。”好多年后,老毕还拿这句话跟我开玩笑。这就是我们那个年代的生活状况,现在年轻人是体会不到的。

我们永嘉路译制厂中间有一块空地,厂里买了个篮球架,平时我们几个喜欢打球的就投投篮,老毕也偶尔出手投投篮,非常准。陆英华告诉我:“别小看老毕,他是电影局老年篮球队队员,电影《女篮五号》里还有他打篮球的镜头呢!”

真没有想到老毕在厂里并不好动,可在球场上十分活跃。他投篮和配戏一样严谨,没有十分把握绝不轻易出手,在球场上我看到了他的另一面。那天在体育馆练完球,我和他都骑自行车回家,到了乌鲁木齐路口,我邀请他去我家喝冰啤酒,他笑了。他知道我买冰箱的故事,就说:“好啊,改天我一定去把你冰箱里的啤酒全喝光。”可

和毕克(中)、陆英华(右)在一起

惜,这个约定一直没有实现。后来他还常常提起我买冰箱这个故事:那是1964年一个中午,当时我在演员剧团,布加里老师让我通知郑梅平(我同学,"文革"中被上体司造反派逼迫跳楼而死)下午开会,我借了一辆自行车去梅平家,一进门满头大汗,梅平从里面端了一杯水给我喝,妈呀!我的牙都凉透了。我问她这是什么水,她说是放在电冰箱里的凉开水。我第一次听说有电冰箱这回事,在回剧团的路上我发誓,今后有了钱一定要买个冰箱。1980年代后期,我爬格子攒了钱买了一个东芝冰箱。后来母亲从浙江来我家住,夏天让她老人家也能吃到她最喜欢的冻猪蹄、葱烤鲫鱼。

老天不公

毕克一生中遭遇的不幸的事情很多。1986年，他应邀去北京参加中央电视台关于译制配音的一个经验交流会，返回上海是陆英华去机场接他的，原来说好我也去的，可后来下午厂里开会我没去成。没想到第二天老陆告诉我，老毕的大儿子昨天抢救无效去世了！这突如其来的噩耗让所有的人都傻了。后来才知道，老毕大儿子有个女朋友，开始挺好的，后来女友表示不愿意和他交往了。老毕儿子一直想请老爸出面劝说女友，毕克觉得这种事情大人不插手为好，对儿子说顺其自然吧。儿子很固执，知道父亲这天下午从北京回来，吃了安眠药，想给父亲施加点压力，没想到竟成了这样一个悲剧。

老年丧子，这件事对老毕打击太大了，我们同事都去看望他、劝他、安慰他，可这事儿始终是他心头的一块伤疤。他常常责怪自己：当天回来见儿子睡在沙发上，为什么不叫醒他，早点发现就不会有这样的悲剧。

老毕后来身体一直不好，和他的内向、心情郁闷都有关系。我也曾劝过他多次，让他去美国散散心（老毕妻子和小儿子都在美国定居），他说："我不去。妻子也让我去，我去美国干什么？语言不通，外出又不会驾车，整个成了一个傻子。我在国内还能干点自己喜欢的事情，还有些老朋友可以聊聊。"这也是他的真心话。

后来厂里报电影局，根据老毕的实际情况给他换个居住环境，他搬到北站附近，住在南新大楼。毕克退休后厂里仍聘他在艺术上把把关，每部影片他都来参加鉴定。他对这项工作非常认真、负责，认真看片子，看对白剧本，这是我厂影片出厂最后一道质量关。他来厂里，基本上在生产办公室陆英华这儿活动，我们也常常在这里开玩笑，想尽量让他放松一些，他一个人闷在家里也怪可怜的。有一次我说："你乔迁新房这么久了，也不请老朋友去你家玩玩。"他回敬我说："你是演员室大主任，也不关心我们退休工人，也不来体察体察民情。"老陆在一旁帮我说话："你看看你这个老毕头,说话多厉害,反倒打一耙! 你不下邀请书,谁敢进你的豪华住宅?""看看,看看,两个秃脑门联合起来攻击我了,到底你们是同盟军。"这样的说闹是他最开心的时候。

有一天司机老刘要去技术厂取片子,我让老刘提早一点走,先送我去老毕家,我真想看看他一个人怎么过的,我给他买了点水果。老毕在家,见我去挺高兴。我说先让我参观参观你的新居。三房一厅,家具也挺简单,转了一圈我发现他的卧室挺干净,床边堆了不少杂志和书,吃饭桌周围、去厕所的通道,凡是他经常活动的地方还算干净,其他地方显然有一层白色的灰。他说我一个人哮喘一发,什么也懒得动了。我说我来帮你拖一拖,擦一擦,很快的。"别别,我请了钟点工会打扫的,这两天她正好有事没来,走,走,我们下去,我请你吃饭。"

他住的弄堂口两家小饭店,几乎成了他的家庭食堂。他每次来厂里鉴定影片总在食堂带点菜、馒头回去吃上一两天。平时都是这两家小饭店为他送面、水饺、盒饭,店老板和小伙计跟他都挺熟悉了。老毕一定要请我去饭店吃饭,可以炒几个菜,我说我想吃饺子,我们就要了韭菜馅、白菜馅的两种,还要了一瓶啤酒。在等水饺时,老板也过来跟我们聊天,我说:"谢谢你们照顾老毕。他是北方人,爱吃面食,你们多给他换换花样,他不爱说话。"老板笑了:"我们挺喜欢他来店里吃饭,毕克先生非常幽默,有时说起笑话来,让我们可以笑上好几天。"我看看老毕,他朝我摇摇头。我明白,他一个人很苦,也要找人宣泄一下,说点俏皮话乐一乐,让自己的心情放松一下,调剂调剂自己的郁闷情绪。

有一天晚上10点多钟了,我突然接到老毕打来的电话,他情绪十分激动:"小孙,你们开过艺委会吗? 讨论过撤销我艺委会主任的事儿吗?""没有啊!""你这个演员室主任、艺委会成员,怎么什么也不知道?""怎么啦?""今天厂里领导找我谈话,说局里决定让我不再担任艺委会主任了,但仍让我参加厂里的影片鉴定工作。我算什么? 鉴定员? 怎么回事啊? 事先也不跟我打个招呼,也不听听我的意见。尽管我退休了,也不能对我搞突然袭击啊。"

我跟他接触多年了,从来没有看到他情绪这样激动过,这件事极大地挫伤了他的自尊心。我在电话里劝他："别激动,注意身体要紧,别想那么多!"

这件事过后,他好久没有来厂里。

最 后 一 部 戏

当时毕克的心情很不佳,我总想让他能得到一些调剂。不久厂里让我导演日本影片《新干线大爆炸》,我向厂领导请示,想请毕克来帮我搞这部戏,好让老毕散散心,厂里同意了,这也是毕克搞的最后一部译制片。他来厂里和我一起参加初对搞配音台本,非常认真,字字斟酌。这部戏人物众多,有124个人开口说话,主要角色配音演员我们俩商量定了。兼戏的演员由我来开名单。厂里一共21个演员,不兼戏是不可能的。第二天我把名单给他看,他看得很认真,最后有几个人圈出来让我前后换一下。我一看就明白了,有些人声音太有特色了,怕兼多了会听出来,前后距离拉大些会好点。从这里不难看出老毕的认真和细致。

有一次曹雷告诉我,毕克还有一次和高仓健合作的机会。那是2000年,日本著名演员高仓健辗转托人向毕克发出信息,希望毕克能为他主演的《铁道员》配上中文对白。

毕克为高仓健主演的多部影片配音,声音非常贴切,充分展示了高仓健的表演风格,如《追捕》《远山的呼唤》《幸福的黄手绢》《兆治的酒馆》《海峡》等。1980年代高仓健来上译厂参观和毕克见面,两个人都十分欣慰。因为有这样的创作友情,所以当毕克听说能再度合作,当然十分高兴。他接到剧本后,在家里认真研究,还用录音机先录了几段台词,试试自己的能力,可是由于长期的哮喘病,他发现自己呼吸很急促,还要接氧气,实在有点力不从心了。毕克最后忍痛说:"这样勉强去配,会损害高仓健先生塑造的形象,自己都通不过,怎能拿去给别人听呢?"他只能放弃这次合作,给影坛留下永远的遗憾。

深深的怀念

2000 年 7 月,毕克终因肺功能衰竭导致呼吸困难,住进了瑞金医院。我于 1999 年 5 月提前退休,没过多久,东海学院两位院长就找上门,请我帮他们学校组建一个影视表演系,两位院长很诚恳,同时答应一切按艺术规律办。7 月就开始招生,从那以后我受聘为表演系主任,就一头扎在学校里搞教学了。后来知道老毕病重住院了,那天我抽空去瑞金医院看他,也不知道他能吃些什么,我买了一束鲜花,他住的是干部病房,条件不差。他正躺在病房里接氧气,已不能说话了,见我来,朝我直点头,用眼睛示意让我坐。我坐在他病床边,他看着我,似乎想说什么,又无法说出来,我们相对无言,尽在不言中。最后,我拉着他的手,轻轻拍打着:"好好养病,什么也不用说,我全明白。"只见他眼眶里含着泪水,那神情我至今也难以忘怀!

第二次去看他,毕克的妻子已从美国赶回来了,毕克的病情已十分严重了,常常处于昏迷状态,给我留下的画面惨不忍睹,鼻子、喉头、嘴里全都是大大小小的管子,床边是一部部的仪器,生命垂危,呼吸急促,他好像急着要赶到另一个世界去参加老厂长搭建的配音班子,老朋友要在天堂里重新相会。

2001 年 3 月 24 日晨 4 时,毕克告别了人世。当天我正好在学校讲课,手机里传来这个噩耗让我中断了讲课。我和他相处的那些画面一一闪过我的脑海,我不知该做些什么好!

回家后我告诉妻子毕克走了,她只说了一句话:"你们厂又走了一个好人。"我俩也无心吃饭,我不自觉地翻开相册,他的音容笑貌又出现在我眼前……

曹雷后来告诉我,高仓健先生得知毕克离开人世的消息,立即发来唁电。唁电很动情:"突闻噩耗,一时竟无言以对。未能再度相见,不胜遗憾。衷心祈祷冥福。"还寄来一盒包装得很精致的棒香,这是日本人的习俗。请毕克家属代他点燃在逝者的遗像前。

由于热爱配音工作,60多年的工作生活让第一代配音演员赵慎之、苏秀早已结下深厚的情谊。

中国人有一个传统习俗,为老人祝寿"做九不做十"。2014年5月,苏秀为长她1岁的赵慎之庆贺89岁生日,我们这些好友都参加了庆贺,老姐妹俩十分高兴。

2015年6月,赵慎之又主动操办小她1岁的苏秀89岁生日庆贺,我们又再次相聚。

战友情结

1950年2月,在陈叙一的努力下成立了上影翻译组(上译厂的前身)。苏秀是一个热爱音乐、戏剧的文艺青年,于当年9月7日来翻译组报到,那年24岁。同一天报到的还有杨文元、胡庆汉。后来赵慎之也穿着军装,从部队文工团来翻译组报到。

从那以后,赵慎之、苏秀就为中国译制配音事业贡献自己的聪明才智,几百部译制片留下了她俩的好声音。几十年配音生涯留下了她们敬业的足迹,留下她们努力奋斗攀登艺术高峰的辛勤和汗水。

配音在当年还是一门新的语言课题。演员演戏,为自己在电影上演的人物配音这都很正常,可如今要为外国影片中的人物配音,要丢弃自我,要用声音、语言为影片中的外国演员配音,并且要正确地传达剧中人物的思想感情、个性特点,这都是新课题。老厂长陈叙一还是有一套方法来培养当时的年轻配音演员的。

　　1950年代翻译片组译制过许多苏联影片,当时把上影演员剧团的电影演员请来参加配音,如卫禹平、高博、孙道临、林彬、朱莎等。因为这些演员在语言上有造诣,用声音塑造人物也有高招技能,他们都是好演员,在台词上能传达人物的真情实感,特别是语言上很生活、自然、流畅。陈叙一在安排配音角色上以老带新,如电影《米丘林》让高博配米丘林,让苏秀配米丘林妻子;在电影《一个人的遭遇》中让高博配男主角,让赵慎之配妻子;在《孤星血泪》中让苏秀、尚华配男女主角,而程之配律师、中叔皇配强盗、路珊配老小姐,一帮配硬里子的演员托着年轻的男女主角;在电影《生的权利》中让张同凝配黑妈妈,让林彬、中叔皇配年轻的一对;在《安娜·卡列琳娜》中让邱岳峰配卡列宁,舒绣文配安娜,韩非配沃伦斯基……总之用中国传统京剧中的方法,让师傅给徒弟把场,这个方法很管用,在实践中,赵慎之、苏秀、邱岳峰、尚华等一批年轻配音演员很快就成长起来,独当一面。

　　赵慎之和苏秀她们年龄相仿,戏路子也有很多相似的地方,几十年来,在她们身上从来没有"文人相轻"这一说,在创作上彼此信任,互相关心,从不留一手,总是希望对方配戏成功,为此而高兴而喜悦。比如当年有一部很轰动的电影《广岛之恋》,这是作家电影,是生活流、意识流的代表作品。当时在配音上也形成一种轮班制,邱岳峰、李梓刚配完《白夜》,下一部戏该轮到毕克、苏秀搭戏了。这时正好来了《广岛之恋》,老邱和苏秀私下议论说该苏秀来配这部戏的女主角了。看了片子苏秀也认为自己合适。可后来时汉威导演定了由于鼎、赵慎之来配男女主角。当赵慎之接到这个任务后,主动来找苏秀让她帮助,因为这是第一次接触意识流的电影,大家都在琢磨。苏秀当时想,你抢了我的角色,还来找我帮助?可由于多年的战友情谊,觉得自己应该帮助她,而且非常感动赵慎之对自己的信任,所以两个人就在棚里不断地排戏,琢磨台词的含义。老赵在配戏过程中还特别注意演员的眼神,从眼神中琢磨原片演员的内心活动、感情变化,所以在人物刻画上很成功。苏秀为赵慎之的成功感到喜悦,这就是她们之间的情谊。

实际上她们两人戏路相近,但各有所长。赵慎之擅长为活泼、单纯的女性配音,而苏秀擅长为稳重、成熟的角色配音。如在电影《不可战胜的人们》中赵慎之配活泼的女儿,苏秀配成熟的母亲;在《警察与小偷》中苏秀配小偷妻子,而赵慎之配警察的女儿。

在人物性格上,赵慎之喜欢悲剧色彩的人物,苏秀则喜欢强势、性格复杂的人物。赵慎之年轻时喜欢电影《偷东西的喜鹊》《一个人的遭遇》,老年喜欢《望乡》中阿崎婆这类角色;苏秀年轻时喜欢《第四十一》《红与黑》中侯爵小姐,年老了配《华丽家族》中的情妇相子。

苏秀那天跟我聊天,特别提到赵慎之当年配的《神童》真是棒极了,把女主角追求自己的所爱男人那种单纯可爱的性格展示得惟妙惟肖,非常自然、生活。她也怀念自己老年能参加《为黛茜小姐开车》中为黛西小姐配音那种幸福的感觉。一种对事业的共同追求结下了她们之间那种无私的战友情结,这是多么美好的情谊,这也成为文艺界的美谈。

真 心 爱 护

赵慎之、苏秀也把她们之间的友情播撒在年轻人身上,凡是进厂的年轻演员都能感受到她们的关爱和帮助。

苏秀告诉我一段让她十分伤心的事情。"文革"中译制厂来了一些年轻人,有演员,有翻译,工军宣队对年轻人说:"演员组是个大染缸,黑透了,你们年轻人要当心,少接触这些老家伙。"这是多大的污辱!苏秀当时听到这样的话寒心极了。她原本不会玩扑克牌,就在工军宣队掌权时期,每天利用中午休息时间和小伍(经纬)、小严(崇德)学会了"一百分""抓猪"。

打倒"四人帮"后情况完全不同了,她们俩毫无保留地将自己的经验甚至教训告诉年轻演员。赵慎之陪着年轻演员在棚里录戏,口型不好时她会站在你身后捅你一下,让你找到开口说话的地方。在排练小放映间里她会陪着你一块排戏,一遍遍地看片、说戏,让你把握人物的感情起伏。当一部戏配完后和你认真交流,指出哪里好,哪里不足,并帮你找出原因,便于今后改进,一片真心。

苏秀后来除了配戏还担任导演工作,她也常常用老厂长当年培养她们的方法,以老带新让年轻演员在实践中更快成长。如电影《我两岁》中让曹雷和施融配一对夫妻,让曹雷带小施。又比如在日本电影《远山的呼唤》中有一个角色邻居大嫂,这是赵慎之的戏,苏秀把这个角色给新来的演员王建新,并让赵慎之帮小王排戏把关。戏配完后鉴定时,老厂长陈叙一说小王配得不错。赵慎之、苏秀就是这样默默无闻地关心年轻人的成长。

小童(自荣)、小桦(程晓桦)、小谦(沈晓谦)、小施(施融)、小狄(菲菲)……还有上海电视台译制部的很多演员,晨光、林栋甫、刘家桢、刘彬、陈兆雄、倪康、张欢、梅梅、金霖、计泓、魏思芸等一大批年轻演员都能说出许多受益的教导和精心的指点。在赵慎之、苏秀的心里洋溢着的是事业有接班人的喜悦。

我要说说她们两对小盖(文源)的关怀。小盖声音好、语言好,在老同志们的帮助下进步很快,不久就挑大梁,配了很多主角。她俩为小盖进步而高兴。可后来小盖身上的江湖义气、好喝酒、缺乏自控能力,让她们俩都很着急,多次规劝小盖,小盖也听劝告有所改进。可在市场经济的冲击下,小盖禁不住诱惑,在厂外和人合伙做生意又多次受骗失败,在厂里交了假病假条。当时赵慎之、苏秀已离退休了,知道演员组大多数同志要把认识错误决心改正的小盖留在厂里,在大家帮助监督下使他尽快改正错误,毕竟小盖是个配音人才。可后来小盖还是被开除了,这对小盖打击太大了,弄得家庭破裂,他也破罐子破摔,放任自流,后来又生病,在战友们的帮助下才住进社会福利院。赵慎之、苏秀一直没有忘记小盖,当我们去福利院看望小盖时,她们除了捎个问好的话,还让我们给小盖带点钱去,添个生活用品。特别当小盖因病去世后,她俩主动提出和我们大家一起凑点钱给小盖买块墓地,让小盖能落土为安。她们的真诚善良让我们这些做后辈的十分感动。

　　我进厂后也一直受到这两位老大姐的关心。在工作上我和苏秀合作导演过多部译制片,从她那里我学到很多,她启发演员特别有办法。除了工作上的关心,在生活上她们也处处关心我。1970年代初,我们国家粮食供应还是定量的,赵慎之知道我兄弟5个,弟弟们都在农村,她把积攒多年的几十斤全国粮票全送给我,让我寄回家乡去。我的两个弟弟因为有了粮票,敢于利用农闲走出农村在城里敲铁,干冷作工的活儿,给家庭增加一点收入为父亲治病。在外打工过程中又结识了一些朋友为他们后来开厂发展打下了基础。我三弟至今也忘不了赵老师给我家的支持。

　　1980年代电视机开始走进家庭,有一天我来厂上班,苏秀察觉我情绪很不好,问我怎么回事,我告诉她小女儿每天晚上要上楼去看电视,和我岳父的小孙子常常为转换频道而吵架,最后弄得大人们之间也不开心。苏秀说你买一台电视机不就得了,我说还差点钱。没过两天,记得是个星期六,一上班苏秀就交给我300元:"明天给女儿买台电视机吧,省得家里不和睦。"星期天一早我就去商店买了一台12英寸的黑白电视机,整整花了500元。这在当时可不是个小数目。当天晚上小女儿就看上了电视机。这件事她现在还记得,是苏秀大妈妈让我能比别家小孩早看上电视。过了三四个月,我挣了稿费把钱还给老苏。她对我说:"你们工资低,两个孩子,经济压力大,我不急着用钱,你先留着,想添点什么就再买吧!""老苏,不用了,我很感谢你,解决了我后院的是非,让我可以安心工作。"老大姐就这样真心实意地帮助我解决困难。

　　那个时候,我经济上压力的确很大,除了厂里工作外,也参加厂外的配音工作,挣点外快,还利用晚上写点影评文章。有时我写的东西也让老苏看看,她总十分认真地看,提出修改意见:"你写东西很实在,很真诚,文如其人,但毛病是啰唆,唯恐别人不理解。"直到如今她也看我写的东西,有鼓励也有提醒。

　　老赵也知道我们当时的生活很艰苦,常常会给我小女儿留一份好吃的,看我头发一天天稀少,知道是熬夜写东西,也会常叮咛我:"小孙,别熬夜,可得注意身体啊!"她们这些真诚的关爱,我永记心中。

努 力 传 承

老赵、老苏,1980 年代就离退休了,可她们一直没有闲下来,还时常参加配音工作,苏秀还受聘上海电视台译制部担任导演工作,继续发挥余热,做着培养年轻演员的工作,把上译厂严谨的艺术创作方法带到译制部,把老同志之间互相帮助、为了一个共同目标搞好配音质量的好传统传授给年青一代,所以两位老姐妹到哪里工作都会受到年轻人的爱戴。

她们退休后常会接受各地记者的采访,老赵总是认认真真地口述那个年代的工作情况,讲老一代演员的情谊,传承一些好的作风。苏秀更是把自己的配音工作记录下来写成《我的配音生涯》,又主编了一本介绍译制厂的四位老头——陈叙一、邱岳峰、毕克、尚华的书《峰华毕叙》,还出版了一套介绍我厂配音演员的录音带《穿越时空的余音袅袅》,以这些方式做着传承工作。尽管岁月流逝,一个光辉的时代远去了,但这份宝贵的财富被记录下来了,这是历史的印记,这是时代的足迹。真的感谢老赵、老苏这两位第一代配音演员的代言人,她们做了一件功德无量的传承工作。

在赵慎之 90 岁生日时,我写下一首诗表达我的祝福。

祝你快乐长寿

——为赵慎之 90 岁生日而作

你从战争的硝烟里走来/脱去军装换上便服/你走进了另一个艺术殿堂/这里没有豪华的舞台/炫耀的灯光/只有一个小小的录音棚/这里没有掌声没有鲜花/只有一片温馨的幽暗/你却爱上了这一行/愿把青春和心血/奉献给它——译制配音事业。

在这小小的天地里/你用多姿多彩的声音/你用出神入化的语言/给人们带来痛苦和欢乐/给人们带来思索与奋进/你让人们从电影这个窗口/认识了偌大的世界。

一个个栩栩如生的外国人物形象/由于你的努力/他们会说一口流利的中国话/

和爱人徐美珠(左)邀请赵慎之(中)、苏秀(右)到家里作客

让中国观众欣喜/理解/接受他们/从中得到启迪和教诲。

《望乡》中的阿崎婆让人难以忘怀/《神童》《不同的命》《偷东西的喜鹊》《华沙一条街》《一个人的遭遇》《运虎记》/众多的影片中/人们听到你精彩的配音/人们赞扬你是幕后英雄/你说我只是个普通一兵/人们感谢你的辛勤劳动/你说这是我应该做的。

当你进入耄耋之年/白发苍苍/可你依然精神焕发/你啊你/你总是闲不住/在上海/在广州/在成都/继续用你的声音和语言/为广大听众服务/用你的看家本领为老人们/表演精彩的朗诵。

我/我不知道该如何表达/对你的崇敬和祝福/献上这首小诗/祝你快乐长寿/快乐长寿!

在苏秀 90 岁生日时，我也写了一首诗，送上我的祝福。

赞苏秀
——为她的 90 岁生日而作

你的声音是那么熟悉/是年轻美貌的娜塔莎/是成熟端庄的英格丽·褒曼/是统揽一切的皇太后……

你的声音又是那么让人难以辨认/心理扭曲病态的老小姐哈维希姆/神神道道有一股邪劲的黄色女作家/满腹心机坏到骨子里去的情妇相子/我不知该如何从众多人物中去寻找你的声音/对了/我可以从"真情实感"中寻找到你的声音。

你从幕后走到前台/一个扎着两根小辫子的姑娘/一个贤淑文静的少妇/可一开口就会让人流泪/让人愤怒/让人喜笑颜开。

你从幕后走到前台/一个朴素大方的中年妇女/一个和家庭主妇没有什么两样的普通妇女/可你指挥着一群"疯子"/平静时如一潭湖水/狂怒时如同天上的雷电/又哭又喊又叫/可一切都在情理之中/那分寸又恰到好处。

你从幕后走到前台/一个白发苍苍的老人/一个慈祥可亲的老人/可手中的笔疾驰在稿纸上/写出来的是历史的足迹，是美好的时光/那双满是皱纹的手在键盘上不停地敲打/敲打出来的是神奇感人的言辞/是令人回味的思索。

如今你已是一个耄耋老人/可你的思维是那样敏捷/你成为上译厂的活字典/你成为老一代配音演员的代言人/你那颗年轻的心永不言老/你依然是年轻朋友的良师益友/我不知该如何赞美你/翻遍字典/只有两个字最合适/崇敬！

　　凡是喜欢译制电影的人们绝不会忘记配音演员尚华的声音。他在《巴黎圣母院》
中为叫花头子配音,在《冷酷的心》中为凶狠的奎尔普配音,在《警察局长的自白》中为
残酷的黑帮头子罗蒙诺配音,在《虎口脱险》中为幽默风趣的乐队指挥斯坦尼斯拉斯
配音,在《加里森敢死队》中为戈尼夫配音……1950年代为匈牙利影片《牧鹅少年马
季》中的马季配音,在《雁南飞》中为鲍里斯配音……他把他的一生都奉献给了中国电
影译制事业。他配过的译制影片有1000多部。"我爱配音,我死也要死在话筒前。"
苍天感动于他不仅热爱配音事业,而且还是一位任劳任怨的好丈夫、好父亲,最终让
他安静地在家里和亲人告别……

一辈子兢兢业业

　　在我眼中,尚华是一位把全部心血都投入到用声音和语言塑造人物上去的敬业
者。他和思维敏捷的邱岳峰、反应灵敏的毕克不一样,他是那种慢工出细活的演员,
他以他的毅力、出奇的用功、超常的认真,磨出一个个生动的人物形象。每接到一个
配音角色,你都可以看到他在小放映间认真反复地排戏,在实录棚外的走廊上,在演
员候场室里,在骑自行车的上班路上,或是回家的路上,嘴里念念有词。他就是以这
种锲而不舍的方式琢磨台词,尝试着用各种语气来表达人物。生病发烧、牙痛、胃部
不适、高血压都阻止不了他配戏,他把所有人生乐趣都融化在配音之中了。

记得我在执导法国故事片《总统失踪记》时,尚华为总统配音。饰演总统的演员就是在《虎口脱险》中扮演乐队指挥的路易·德·富乃。每个演员都离不开自己演戏的风格,这位法国喜剧演员也有自己的风格。但为了塑造好总统这个形象,当时我和尚华商量,这两个人物形象不同,一个是乐队指挥,一个是国家总统,人物身份有很大区别,尽管都有喜剧因素。老尚同意我的看法,他在处理这个人物语言表达时作了极大努力,不像《虎口脱险》中那样流畅、快节奏,而是在说话时常常在尾音处带有拖腔,有时也会表现出一惊一乍,既不失总统身份又把人物幽默感表达得妙趣横生。

配这部戏时他正好牙痛病又犯了,我说这部戏不赶任务,让他休息两天再配。"不,不,不能因为我耽误厂里的生产计划。"每天吃着止痛片,坚持把这部电影配完。类似这样的事例在他身上实在太多了。

1980 年代后期,当时很多国产电影、电视剧都是后期配音的,而且很多导演愿意来找我们译制厂的演员配音。有时厂里的任务实在太忙,我们就利用晚上或是星期天休息在厂外帮着完成。我每次接到这种戏,总会找上尚华、于鼎这老哥儿俩。当时大家的收入都不高,老尚的家庭负担又很重,干这种活的时候,我在安排配音时,尽量把老同志的戏先录完,晚上保证他们在 10 点钟可以赶回家休息,不影响第二天厂里的工作。有一次配张刚导演的阿满喜剧,老尚的戏全部配完了。第二天夜里我们正在鉴定对白,老尚突然骑着自行车赶来了,把我叫出来:"小孙,昨天配的有一段戏我回家琢磨不太好,那笑声太干了,让我补一补吧。"我把那段戏调出来重放了一下,张刚听了说:"笑得挺好嘛!"老尚说:"不行,我再补一个肯定比这个好。"我信任他,就把笑声重新补录了一个,的确笑得更自然更流畅了。老尚这才高高兴兴骑车回去了。老尚这种认真的精神把在场的人都感动了。后来他对我说:"人家拍部电影不容易,找我们配音是为了更完美些,我得尽职。"

和尚华在一起

宽厚待人

　　尚华是一位极好的人,和善可亲、待人热情,进译制厂几乎所有的年轻人都得到过他的关心和帮助。在"以阶级斗争为纲"的年代里,他的政治历史问题如同一张无形的网,把他牢牢捆绑在一个狭小的天地里,只能夹紧尾巴做人,只能独善其身,尽管这样,可总掩盖不了他善良的本性和助人为乐的热情。

　　记得我刚借来上译厂参加内参片配音时,有一部美日合拍的《虎!虎!虎!》,我为日本驻美大使野村配音,这对我来说戏份比较重。看完影片后老尚首先帮我树立信心:"小孙,你配这个人物很合适,声音和这个胖子很贴切,这你用不着有任何负担,把注意力集中在戏上。"这部电影完成配音后在工作小结时,大家对我配的野村很满意,认为很贴切,符合人物的身份,分寸也把握得很适度。我知道这是对我这个新兵的鼓励,我非常感谢老尚,他深深懂得给年轻演员首要的是树立信心。

当年来上译厂采访的记者很多,约稿也很多,我一直想写一篇介绍尚华的文章,好几次都被老尚推辞了:"小孙,算了吧,别介绍我了。"

后来《上海电视》杂志约我写写尚华,我写了一篇《配音演员——尚华》,还配上几张照片。这天下班老尚叫住我:"小孙,耽误你一会儿,我想跟你聊一聊。"我说:"好啊!"我们俩坐在2楼演员办公室。老尚已拿到杂志:"你写我的文章拜读了,写得实实在在,没有哗众取宠的地方,我很感谢你对我的关心和介绍。不过,小孙咱们说说心里话,你也许知道我的一些情况,这么多年我怕记者采访,怕有人介绍我,怕有人说我想出头露面,我更怕人说我翘尾巴,这篇文章也许会引起一些议论。"我安慰老尚:"你想得太多了。首先我写的这些内容如实吧?你配音这么多年,观众想了解你这很正常,观众想和自己喜欢的演员交流沟通这是件好事。说的都是事实,你有什么好担心的呢?老尚啊,你背的包袱太沉重了,你行得正、坐得稳,大家又都了解你的为人,你的敬业精神是我们年轻演员的楷模,别把自己的心关得死死的。今天回家千万别再犯嘀咕,放心吧,这么一篇小文章不会有什么议论的。"

尚华就是这样一个独善其身的人,凡是和他合作过的演员都会从他身上感受到和善可亲、宽厚待人的品德,会深深怀念他。

书迷，广播迷

老尚家庭负担很重,经济很紧张,可凡是必读的书、好书,他还是千方百计省下钱来要买的。他不抽烟、不吃零食,上班常常自己带饭来吃,都是头天家里吃剩的菜,生活十分俭朴,可买书、订杂志这钱他舍得花。我到上译厂工作后,好些书都是问他借来看的,有论导演、演员的技术书,有人物传记,有外国史料……他的藏书门类很多。

他的书都包有书皮，书皮上有他工工整整写的书名和他自己的签名。他酷爱书籍的习惯也感染了我，我原来有个坏习惯，吃饭时也看书，自从借了老尚的书，怕把书弄脏，改了这个坏习惯。

老尚对我说："搞我们这一行，不读书是不行的，因为我们接触的电影涉及面太广了。老厂长说要做杂家这是金玉良言。你搞导演，多读点书绝对有好处。"

尚华不仅是个书迷，还是个广播迷。他大小半导体收音机好几个，平时他口袋里总揣着个半导体，一有空就找个角落眯着眼听京剧、听相声、听广播小说、听广播剧、听新闻……听广播成了他一大业余爱好，而且很着迷。他叫得出很多节目主持人。他对我说："我们搞语言艺术的，听广播能提高我们的语言表达能力，艺术往往是相通的，可以互相借鉴。"

读书、听广播，成为老尚的两大嗜好，成了他提高艺术修养、丰富知识的两个"老伙伴"。

其实生活中老尚属于比较"土"的，不像邱岳峰天生有一股子"洋气"。可老尚配的人物却是那样贴切，那样令人信服，让观众十分喜爱。苏秀曾说老尚天生有一根筋，看到画面就会跟着角色的感觉走，就会很自然地贴上人物。

现在想想，实际上老尚是得益于他的两大嗜好：书迷、广播迷。他有着扎实的知识面，善于把握人物性格特点，能很快找到人物的共性和各自的特点，又借助于他的语言表达能力，所以能自然地运用自己的声音塑造众多不同的人物形象。

当然，丰富的人生阅历也为他的艺术创作带来丰厚的积淀。

有一次我们俩在休息室聊天，我问他："老尚，这么多年来，你配的电影总有上千部了吧？"他说："也没有统计过，反正少不了。我这辈子就爱配音。年轻时我也演过戏，曾经在中旅剧团和综艺剧团演过话剧。我在《原野》中饰演过焦大星、仇虎，在《家》中演过觉新，在《日出》中演过黄省三、李石清。解放后，我进了上译厂当上配音演员，我就爱上了配音这门艺术。这比演戏还过瘾。小孙你想想，一个演员一年能演几部戏？我们一年又能配多少戏，接触多少不同的人物？二三十部总有吧，一会儿配总统,一会儿配黑帮头目,又配参议员、科学家、医生,又配流氓、土匪,三教九流……
我这辈子就跟译制配音干上了。说真的,将来我死也要死在话筒前。"

好丈夫,好父亲

尚华在公众面前是一位配音艺术家,他敬业于自己的配音译制事业,在家里他却
是一个任劳任怨的好丈夫、好父亲。他的生活负担之重、经济压力之大,是别人难以
想象的。他有 4 个儿子、3 个女儿,好几个都是上山下乡、插队落户的,后来虽然各自
成家立业了,可生活还是很艰难,有几个孩子是靠老两口照料着、补贴着。老尚的收
入很有限,妻子在里弄加工厂工作,这一大家子挤在一间 30 平方米的屋子里,只有房
子一角吊一个布帘子,一边给老尚看剧本、背台词,一边让孩子们做功课,两边共用一
盏 15 瓦的电灯。老老小小有多少家务事缠身,有多少烦难事压在他的心头。可他从
不抱怨、不诉苦,和老伴一起任劳任怨支撑着这个多子女的家庭,仍然勤勤恳恳把工
作摆在第一位。

记得有一次加夜班,我们在食堂里吃晚饭,说到孩子的事儿,老尚突然很认真地
对我说:"我这辈子犯了个大错误,没有响应党的号召,破坏了计划生育,我罪该万
死。你们可千万别走我的老路。"这是他的真情流露,可他那严肃认真的劲儿可把大
家逗乐了。我跟他开玩笑:"那你该挨批斗,得来个喷气式,再踩上一只脚。"

尚华是一个坚强的男人,我们在厂里从来没有见过他怨天尤人。他谈笑风生,和
于鼎老哥俩常常互相开玩笑,互相指责对方"欺负"自己,可谁也闹不清到底是谁在欺
负谁,这成了这对老哥俩生活中的一种乐趣。

尚华的妻子是位贤妻良母,她不识字,可她把一生都奉献给了子女和家庭,老尚
对妻子有的只是体贴和关怀,从没有听见他抱怨过妻子。老尚平时也偶尔会抽烟,也
许是最烦心的时候,抽的烟质量很差,同事劝他抽好一点的烟免得伤身体。他说:
"我怕自己会走在老伴前头,我得给她留点钱。"女儿红玉说爸爸是给母亲留下了几万

块钱。

老尚有一个孩子插队在山东农村,染上了酗酒的恶习,返沪后住在家里,这成了他的一块心病。这个从不求人的硬汉子,为了治儿子的病曾开口请林栋甫帮忙找个中医治治。"是我的儿子,我怕他醉死在路上,我得救救他啊!"痛心的事儿,让这位坚强的父亲流下热泪。

对事业的热爱,对家庭的操劳,使尚华的心脏承受过多的重压,最终是心脏病夺去了他的生命。他安详地和家人告别,赶往另一个世界去和老厂长、老同事们会合,继续他们天籁之音的生涯。

好
人
于
鼎

我们上译厂几个说得来的配音演员退休后,每年总会找机会聚聚。赵慎之、苏秀封我为"孙召",让我召集大家相聚。我得打电话联系把人凑齐了再相聚。别看退休了,有的人还挺忙。老同事见面无话不说,常常回忆起配音的那些趣事。一提到于鼎,大家都有话要说。憨厚、朴实,略有点小狡猾的于鼎是我们演员中的大好人,他的事儿太多了,拣我接触到的,说说他的为人……

痴迷油印剧本

从我 1971 年到上译厂起,直到于老鼎(我们都这么叫他,感到很亲切)离休,这么些年来,我发现于老鼎有一个癖好,那就是"痴迷印剧本"。

译制片的配音剧本十分重要,翻译、导演、口型员三个人关在暗房里,总要花上十天半个月,一字一句地推敲,搞出一个可以进行配音的工作剧本。中文台词要和影片中的人物说话的口型、语气、意思、感情……完全一致,这样配音演员才能进行工作。"剧本剧本,一剧之本"嘛。不知道什么时候,于老鼎喜欢上了印剧本、装订剧本这件事。老赵、苏秀告诉我,早在 20 世纪五六十年代,他就迷上了印剧本。他嫌别人印的剧本不清楚、装订得不整齐,因此他常常把不该他做的印剧本的事情揽了下来。有时厂里赶任务,打字员来不及打字,他还自备钢板,帮着刻蜡纸。他的一手字还是挺漂亮的。于老鼎还自己出钱准备了一套装订剧本的工具——一块木板、一把小榔头、一个锥子,还有一大堆订书钉(大号的),因为我们的剧本厚。

　　每当我们要进入复对阶段,也就是剧本已搞出来了,全体要进入实录前的准备工作时,你看于老鼎那个忙乎劲儿。搞内参片那会儿,任务十分急,为保证第二天复对工作,人人都有配音剧本,两个打字员连夜打字,于老鼎天不亮就到厂里赶印剧本。当时这是保密的活儿。上译厂厂规是准8点必须开始工作,一般演员都会提前一刻钟到厂,这时于老鼎会抱着刚印好的一叠剧本来到演员组,请大家帮忙分页折好准备装订。这时他一定会提醒大家:"请手下留情,折页时别把字给弄糊了,刚印出来的,油墨还没有干,各位,千万小心!"一叠叠按页折好后,他十分快捷地把剧本一本本装订好,发给参加工作的演员。那时剧本要登记的,接着他抱着一叠剧本去翻译组、放映组、剪辑组、办公室发剧本,做登记,保证8点开工前,参加工作的人员都拿到剧本。这时你再看于老鼎,脸上蹭的全是油墨,两只手也够黑的,可是他脸上会洋溢一种十分快乐的微笑,美滋滋的,那表情实在太可爱了。

　　有时候因为起得太早,复对时他也会迷糊睡着了。有一次,我刚谈完戏,看他靠墙睡着了,他的主场戏在后面,前面有一个过场戏,大家不忍心叫醒他,顶真的老哥尚华一看就来气了:"我真想扇他一个大耳刮子。不是他干的事非抢着干,要对戏了却睡着了!"可这准备扇他耳刮子的手却给于老鼎盖上了一件衣服,怕他着凉了! 过了一会儿,于老鼎突然醒来,"该到我的戏了吧?""早过了,你啊你,快去擦把脸,休息后就是你的主场戏了。前面那过场戏,复对完我陪你去排戏。"尚华没好气地冲着他说。这一对老哥俩几十年就这样戗着走过来,又吵又闹又互相帮助地走过他们的人生之路。

好丈夫、好同事

　　于老鼎可以称得上是一位好丈夫,他有两个孩子,一男一女。妻子不幸患上一种精神疾病,洁癖性的病——不停地洗手、洗毛巾,可以在水龙头前洗一个上午,有时外

于鼎(左)、赵慎之、尚华在永嘉路的院子里

出也会走失。这给于老鼎带来不少麻烦,可他从来都无怨无悔。于老鼎的生活节奏
是十分紧张的,他必须把两个孩子的生活安排好,又要把妻子安顿好,然后匆匆忙忙
骑自行车赶到厂里上班。对妻子,他绝对不说重话以免刺激她,他总是顺着她,让她
少发病。后来孩子们长大工作了,让他们分担一些家务,照料妈妈的生活。有一次两
个孩子都上班去了,妻子在家无人照料,于老鼎没办法,只好把她带到厂里来。尚华
又对于鼎急了:"你怎么搞的,上班时间把老婆带到厂里来,这影响多不好。""今天没
办法,两个孩子都上班去了,这几天她有点犯病,在家里我实在不放心,没法子!"于老
鼎把妻子带到楼上演员休息室他的座位上:"你待在这里,哪儿也别去,看看画报。"
他给妻子倒了一大杯水,又带她去认了认女厕所,然后到录音棚录戏去了。中间休息
时赶紧过来看看妻子,发现妻子不在休息室,正好见翻译组小吴,请她去女厕所看看

妻子在里面不,小吴出来告诉他,他妻子在里面洗手呢。于老鼎这下放心了,这一上午她有事干了。在尚华的建议下,把于鼎下午的戏也调到上午来先录掉,这样于鼎陪妻子在厂里吃了中午饭就可以把她带回家了。

于老鼎生活十分俭朴,他节省着要给妻子留下一笔钱保证她的晚年生活。于老鼎平时生活中大大咧咧,衣着也十分随便,他没有时间去讲究。他不但是一个任劳任怨的好丈夫,还是一个关心孩子的好父亲。孩子小的时候,他帮孩子们辅导功课,孩子长大后,又为他们的工作、婚事操心。

于老鼎不仅在家里忙,在厂里也是一个大忙人,很多杂七杂八的事他都管,演员组的文具用品他管领管发,电影票也由他发,有时还给有病请假的同志送到家里去。演员们工作上缺个什么都会找于老鼎解决。有一次快下班了,小潘(我源)冲着于老鼎说:"老于头,我明天初对,要铅笔、橡皮、卷笔刀等一套东西,你别忘了。""好的,姑奶奶,我知道了。"

第二天早上,小潘一来厂就冲着于老鼎:"我要的东西呢?"

"你别急,保证8点开工前一切都会有的。"

"到时候,我没东西初对,有你好看的。"

"放心吧,我的老妖婆。"

小潘沏好茶,拎着包到对面放映间去工作了,一进屋子,桌子上整整齐齐放着铅笔、橡皮、卷笔刀,还有稿纸。

"这个臭于鼎还真有一套。"小潘可乐啦。

于鼎还有一个绝活,他是北京人,面食做得好,他烙的饼大家都爱吃,又香又软,又有嚼劲。每次他带来烙饼总是一抢而空,后来我们想吃烙饼都私下跟他说,不然准吃不到。

我同学吴文伦是上影演员剧团的演员,也常常被借来配戏,跟大家非常熟。有一次借来配音,他对我们演员说:"我喜欢来译制厂配戏,主要是冲着能吃到于老鼎的烙饼才来的。"那天把于老鼎美得可高兴了。第二天吴文伦的早点就是于鼎带来的烙饼。我对吴文伦说："老同学,你太狡猾了。"后来吴文伦搬新房子,也请我们去他家做客,那顿饭给我留下很深的印象,至今也没有忘记。他为我们炖了一大锅鱼头汤,买了一个5斤重的胖头鱼。他是天津人,也会烙饼,那天也烙了一大盆饼,还炒了一个韭黄鸡蛋,鸡蛋夹在饼里加上酱,实在很美味。

有一次于鼎回北京探亲,我在他临走前一天才知道。那天下班前我对于鼎说,能帮我带点东西去看看于是之老师吗?"行,于是之是我的堂兄弟。明天上午我还来厂里,傍晚才去火车站。"当天下班后我骑车去城隍庙给于是之老师买了两盒上海梨膏糖、两包五香豆,第二天托于鼎带去。我说不知道买什么好,1980年在《秋瑾》组拍戏时有幸和于老师住一屋,晚上我们常常喝酒聊天,那些好酒都是于老师买的,他说你们小青年工资不高,我请你们。我想他抽烟,带点上海梨膏糖给他咳嗽时吃,五香豆给他下酒。我们在绍兴拍戏时也常常买茴香豆下酒的。

大概过了10天吧,于鼎探亲回来,带来一大包蜜饯请大家吃,然后给我一包东西:"这是于老师带给你的,还让我谢谢你。"我打开一看,是两盒茯苓饼。于鼎告诉我,这可是当年西太后慈禧最爱吃的东西。我拆了一盒请大家分享,我们也当回西太后。

于老鼎就是这样对人热心、认真。年轻演员来厂他总是认真辅导,帮助大家尽快熟悉工作,熟悉环境;演员组老同志有个病痛,他会骑上自行车去送药送票。他把关心人、帮助人作为自己应尽的一份责任,这点特别可贵、可亲,所以我们至今都怀念他。

有一件事我让他替我背了黑锅。"文革"后,在文化广场演出《西沙儿女》,有上海人艺、上海戏剧学院的老师,我们上译厂也去了4位演员,李梓、刘广宁、于鼎和我。我们排了一组诗朗诵。那天我满怀激情把我的一段朗诵完,接着该是于鼎朗诵,可他看了我一眼,我心想该你念了,快接下去。这个大停顿,让台下的观众都以为于鼎忘词了,我用手碰了一下他,他接着朗诵了。演出完,老李、小刘都冲着于鼎说:"怎么回事,于老鼎你忘词了?"于鼎说:"我、我……"他没有往下说。后来我一拍脑袋想起来,原来是我落了两句,应该说完这两句才转到于鼎那儿。后来我跟大家说了,错在我这儿,可是于鼎在现场似乎忘词的印象也留在观众心里了。于老鼎为我背黑锅这件事我怎么也忘不了!

慢工出细活

于鼎也是我国第一代的配音老演员。北京人,1949 年进入华北人民革命大学学习,12 月就加入东北电影制片厂翻译片组,参加配音工作,先后配了几十部影片。1953 年调来上海电影制片厂翻译片组当配音演员,一直工作到离休。他参加配音的影片总在 1000 部之多。

他主配的影片要开列一张名单那是够长的。我举两部他的代表作:1959 年获戛纳国际电影节评委大奖的影片《广岛之恋》男主角(日本男子)就是他配的音,女主角(法国女演员)是赵慎之配的音。影片由于深刻地表达了人们对战争的痛恨,曾轰动世界影坛。1980 年代他和尚华主配了《虎口脱险》,他成功地为油漆匠一角配音而深受观众喜爱。在更多的影片里他是以硬里子出名的——就是那些影片中不可缺少的重要角色,他配得很出色,为译制片增光添彩。

于老鼎的声音在银幕上出彩,可在工作中让很多合作的演员"遭罪"。于鼎是个慢工出细活的人,他的好戏是在棚里"磨"出来的。他在棚里实录时会一遍遍地反复录而又反复地被擦去重录,一会儿口型不对了,一会儿忘词了,一会儿错词了。和他配对手戏的演员往往陪着他一遍遍再来,等到对方的戏被磨平了,他的戏却越磨越精彩了,所以老同志和他搭戏都会有个思想准备。

老苏曾总结于老鼎"磨戏"的原因:于鼎没有邱岳峰、毕克那样的机灵劲儿,又没有尚华那种下苦功夫的劲头。于老鼎的杂事太多了,太忙了。戏重些他还用功排戏,台词不多的戏他的"功课"就疏忽了,所以往往越乱越出错。

我后来总结出一条,让他配哪部戏先跟他打招呼:"于老鼎这部戏你配的这个角色很重要,你得多下点功夫,抽空排排戏。"或是对他说:"这部戏任务时间很紧,没时间在棚里磨戏,你别耽误大家的时间。"我发现事前敲打敲打还是挺有效果的。

合作多次我发现,他还是很用功的,很多戏配得也很顺利。特别是和老毕(克)、老卫(禹平)搭戏,他准备得特别充分。对这两位,他有一种敬畏之心。他和老毕搭戏,如果一段戏有5遍拿不下来,老毕会跟导演提出来:"导演,是不是让老于把这场戏去小放映间再排排,我们再录。"而如果碰到老卫,老卫一句话也不会说,他悄悄走出录音棚,在外面抽根烟,让他在棚里磨。

所以,于老鼎也有点小狡猾,凡是遇到和这两位有对手戏,他一定准备得十分充分,进棚录戏就很顺利。只有对尚华这位老哥儿有点不客气,在棚里磨戏"磨"得尚华发脾气,甚至骂他。这种时候于老鼎也不生气,嬉皮笑脸地说:"这口型多难对,你试试!"把尚华气得:"下次再不跟你合作!"可老哥俩还是一部戏接一部戏地合作着,这早已成为译制厂的美谈。

于鼎离休后也一直没有停下来,还在不断地配音,在电视台干活,为国产影片配音,直到最后眼睛几乎失明的情况下,才离开自己喜爱的配音事业。他为我们留下许多值得欣赏的好电影,人们至今还怀念着他。

好
声
音
李
梓

2014 年 1 月 5 日 18 时 45 分,上译厂著名配音演员李梓永远离开了我们,享年 84 岁。消息传开,如同邱岳峰、毕克、尚华……离去一样,在广大影迷中引起了强烈的震撼。这是一个时代的远去,但是他们——中国第一代配音演员在银幕上留下的好声音将永远留驻在人间。

当家花旦

李梓 1930 年 10 月出生于河北省获鹿县,1948 年进华东大学学习,1949 年 2 月进华东大学文工团工作,1950 年转入山东大学艺术系学习表演,肄业后于 1952 年随山大一大批同学进入上海电影制片厂,很快她就常常被借到当时附属于上海电影制片厂的译制组参加配音工作。她那纯美声音、清晰有韵味的语言深深吸引了圈内的同行。1957 年上海电影译制厂正式成立,她立即被调来担任配音演员工作,展开了老李(我们后辈都一直亲切地称呼她老李)多姿多彩的配音生涯。直到 1987 年离休,她为我国银幕留下了 300 多部译制配音影片,成功地用声音和语言塑造了众多女性的鲜明形象,其中有雍容华贵的贵妇、放荡轻佻的妓女、奔放无羁的吉卜赛女郎、天真柔美的少女、多情善感的少妇、端庄深沉的女科学家、纯朴的农村妇女、勇敢机智的游击队队长。她还成功地为很多母亲配音,如在《三口之家》《白衣少女》中为母亲配音。为了拓宽自己的戏路子,她还在《恶梦》中成功地塑造了一个十分凶恶的女看守,让人听到她的吼叫声就会不寒而栗。在《出水芙蓉》中为那个严厉刻板的舞蹈教师配音。老李驾驭语言的能力之强,运用声音技巧之高超,来源于她的刻苦努力,来源于她对译制配音事业的一片赤诚,她钟爱、迷恋这份职业。

当年住房条件差,为了不影响 3 个孩子,她常常一个人躲在卫生间练台词。为了配好叶塞尼亚,一个周末孩子都出去了,她一个人关在房间里练吵架的那场戏,结果引来了邻居的敲门声:"老李怎么啦,干吗吵架,和谁过不去?"

"没有啊! 我一个人在家,喔! 喔! 对不起,对不起,我在屋里练台词,打扰你们了,对不起!"

为了配男孩子的戏,她会常常和男孩子一起玩,还躲在一边偷偷地看男孩子吵架,琢磨孩子们的发声、语言节奏、语气、语调、说话的神态。

当然,更下功夫的是在理解人物的感情,把握人物的性格特点上,李梓投入了极大的真情实感。我在执导《望乡》时就有深切的体会。老李和赵慎之,一个配女记者三谷圭子,一个配阿崎婆,当两个人在棚里配告别那场戏时,两人抱头痛哭,配得感人至深,这种真切的感情深深打动了观众,让观众止不住掉泪。

贤 妻 良 母

在我和老李 20 多年的接触中,她给我最深的印象是:一个平易可亲的人,一个中国传统式贤妻良母。这一点和她的工作——配着外国影片,塑造的是奔放、浪漫的各种类型的角色,形成鲜明的对比,反差之大令人不能相信,可生活的事实就是这样。

她和丈夫老任(荣奎)都来自部队,几十年相濡以沫。老任一直在报社工作,后来由于工作的需要,老任听从组织的调令去西藏担任《西藏日报》的总编工作整整 15 年。由于工作太忙,15 年中他仅仅用了 5 次探亲假,回来看看老李和孩子们,最后老李利用探亲假去西藏看过一次丈夫。记得她回来后还送我一尊小佛像。就这样,老李一个人在上海带着 3 个孩子(两个男孩一个女孩),又要工作,又要照料孩子,可想

李梓（前排右三）和配音演员在一起

而知她要承受多大的压力。她从没有怨言，顽强地挑起生活的重担，中国妇女的任劳任怨、吃苦耐劳的好品质在她身上充分体现。她从没有耽误过厂里的配音工作，长期的生活磨炼，锻炼了她。她干活特别麻利，生活虽艰苦，可她把孩子们的生活安排得井井有条。孩子们也体谅母亲的艰辛，很早就开始独立生活，互相照顾，以此来减轻母亲的压力。所以孩子们长大后都十分感恩自己有这样一位了不起的母亲。15 年后，丈夫回到上海，又在《新民晚报》担任副总编，一直工作到离休。没想到老李患上了帕金森病。为了弥补对妻子的亏欠，老任精心护理老李 16 年。这对老夫妻就是这样度过他们的人生。正当老李该享受四世同堂的天伦之乐时，病魔夺去了她的生命！

美好人品

李梓以自己的为人赢得大家的赞扬、信任。她平易、真诚,热情地关心年轻演员的成长,和很多老演员一样默默无闻地做着传帮带的工作。我们这些第二代的配音演员都有切身的体会,在我们眼里,她是一位可亲的老大姐。

我1971年进译制厂工作,对我们这样的新兵,老李给予我们的是关怀和帮助。记得当时我配的戏比较重的是《虎!虎!虎!》中的日本大使野村,鉴定完成后,她跟我说:"你的声音和人物很贴,戏也很好,把一个处在日美交战、很难应付的外交官的情绪表达得很真切。我也提个醒,小孙,你是南方人,今后在轻声字、儿化韵上要多下功夫。"亲切的声音,至今还在我耳边。后来我们合作了很多戏,我担任导演的戏比较多。好多时候她对台词、对戏有想法总是经过认真思考后跟我说:"小孙,你看这个词儿这样改一下好吗?""小孙,我觉得这场戏情绪有点过了。""小孙,我再配一个你听听是不是更好些。"……我总会在老李身上学到很多很多。对台词的推敲、对人物情绪的把握,她是我们年轻人的好老师。

童自荣深有感触地说:"在棚里和李梓老师有过好多对手戏,她总是耐心地陪着我一遍遍地录,直到我的戏配好才罢休,往往把她最精彩的戏溜过去了。"程晓桦、狄菲菲深情地说:"是李梓老师把着手教我们学配音,在话筒前讲吐字、讲吸气、讲停顿、讲把握人物感情的分寸感。她为我们的成功而由衷地高兴,体现了一个艺术家的胸怀。"

李梓多年担任演员组组长,在老同志面前她是位可信任的好妹妹。她把演员组的成员都当成家人,关心着每一个人,真诚相待。赵慎之说自己年长李梓几岁,当年身体不好,下生活、外出活动,李梓总是尽力照顾她,住在一个屋,洗澡总帮她把热水调好,让她先洗。早上厕所让她先用,还帮她洗茶杯,泡上茶。这些看来都是生活小事,可体现出来的是真诚的关怀,这样的事发生在很多老同志身上。

记得 1986 年为了上译厂后继有人，老厂长同意派老李、老赵、我和录音师龚正明去北京艺术院校挑选大学毕业生。当时厂里经费并不宽裕，为了尽量节约经费，我开始托朋友找廉价的招待所，最终在西城区找了一家地下室招待所，离中戏也比较近。快 60 岁的老赵、老李没有一点怨言，开开心心地住在地下室，白天我们跑院校，晚上就在地下室进行面试，最后我们挑选了中戏毕业生任伟、沈晓谦。原来还有王苏，我去学院多次，可上海戏剧学院怎么也不肯放，非要让王苏做台词老师。王苏这些年在语言教学上干得非常出色。

老李就是这样一个人，处处以自己的言行做表率，因此深得同志们的信任。1985年她终于被批准加入中国共产党。当时我大吃一惊，她在我心目中早就是一位够格的好党员了。

　　富润生 1925 年出生,满族、河北大兴人,早年学京剧,1943 年因倒嗓而转入话剧、电影界,先后在青岛中华剧社、上海联华、中华影片公司、上海影星剧团、大众剧团任演员。曾在话剧《家》中饰演过觉新、高老太爷,在《雷雨》中饰演周朴园,在《日出》中饰演方达生、胡四,在《林冲》中饰演林冲。1950 年进上影厂翻译组任配音演员,也是我国第一代配音演员。他的声音很有特点,按行当来称呼,应该属"须生"这一行当。由于他善于运用自己的声音特点,配了很多令人叫绝的人物形象。如《伟大的公民》中的杜鲍克、《基督山伯爵》中的法老、《巴黎圣母院》中的路易国王、《孤星血泪》中的马格威奇、《吟公主》中的千利休、《水晶鞋与玫瑰花》中的国王、《卡桑德拉大桥》中的麦肯齐上校、《萨拉丁》中的萨拉丁、《居里夫人》中的居里、《老古玩店》中的外公……

配 戏 要 另 有 一 功

　　富润生和很多老配音演员一样有一种追求:语不惊人死不休。他称配音艺术是一种"借尸还魂"的艺术,还原片人物的气息,还人物的精气神。这是他的一种独到的见解。为阐述他的这种观点,他还写过一些论文。很可惜,他的很多议论原想出一本书留给后人来研究,但是在 1990 年代市场经济的冲击下,出版业也不景气,出书要买书号,自己出钱出书,他根本没有这个经济能力。他为此奔波了一阵子,我也曾为他托朋友找出版社,可理论书籍无人问津。我想帮他圆最后一个心愿,可还是无能为力。老富带着无限遗憾离开人世。

老富的配戏可以称得上另有一功。人们也许还记得他曾为上海美术电影制片厂的动画片《大闹天宫》中的玉皇大帝配音,他为玉皇大帝设计的声音很有特点,给人一种虚无缥缈之感,让人们听着似乎是从天上飘下来的玉音,慢条斯理、有气无气、阴阳怪气,让人听后不忘!

他在电影《简·爱》中为孤儿院中的传教士配音,巧妙地运用声音把一个虚伪又狠毒的传教士刻画得入骨三分,我至今耳边还留有他那十分瘆人的声音。

他在日本影片《金环蚀》中为男主人公石原参吉配音,把一个饱经风霜、在迟钝中显露出人性光芒的人物刻画得十分深刻。最精彩的是原片演员有豁牙,说话漏风,如何能把这个特点也配出来,老富确实下了一番功夫。在严崇德帮助下用薄锡片做了一副假牙,老富把假牙套在嘴里,这样显得高低不平,讲话很自然就漏风了,由此把人物的语气神态表达得惟妙惟肖,原片演员的豁牙在讲话中漏风的特点表现出来了。老富在这个基础上进一步下功夫——说话漏风怕台词不清楚,让观众听得费劲,他把剧本台词认真地梳理和研究了一番,凡是重要的台词必须交代清楚,用红笔画出来,而一些无关紧要的话,可以让它漏风说出来。这番功夫下得十分有成效,整部戏配完后,在鉴定对白台词时让大家大吃一惊,语气语调和原片人物一样,特别是把原片演员豁牙漏风的特点表达出来了。而重要的台词又清清楚楚,该交代的事情让人听得明明白白。这一个星期配音下来他可受了不少罪,两边的牙肉都红肿了。可是为了配好这个人物,再不舒服、再难受也得挺过来。最后影片公映后,厂里收到不少来信,称赞老富把这个人物配神了!

为人处事小心谨慎

在上海文艺界有一批老艺人,因是从旧社会生活过来的,在"以阶级斗争为纲"的那个年代里,他们为人处事都十分谨小慎微,在老富身上这点也十分突出。开会发言

富润生(后排左一)和同事们在一起

都事先做好准备,考虑得很全面,想要说的话都十分严密,害怕说错话。记得我刚到上译厂参加内参片配音工作,当时有一条规定,凡是参加内参片工作的所有工作人员等影片完成后都要参加大批判,人人口诛笔伐肃清影片的流毒。实际上这是种很可笑的做法,是自欺欺人的做法,但那时必须这样做,工军宣队监督着。老富在几部内参片中配主角、配重要角色,必须通过大批判来肃清影片对自己的毒害。有一次他作重点发言,他一开始先听别人怎么发言批判,直到会议进入到后半段他才开始发言批判。他的批判稿很长,准备得很周密,先从影片的主题思想、人物刻画谈起,然后上纲上线批判影片对人们的毒害,什么麻痹人们的斗志、宣扬阶级调和论、美化统治阶级、女主角是化成美女的毒蛇……必须对这些资产阶级的影片进行彻底批判肃清其流毒。当时我听了觉得批得很深刻很全面,可是我发现很多与会者在他发言过程中都犯困了,有的人用手撑着头,似乎在听发言,实际上早已迷糊了。

　　批判会结束后,我收老富的发言稿,因为当时开完一次批判会都要写简报向徐景贤作汇报。我对老富说:"你的批判稿写得很全面。"小潘(我源)在一旁插话说:"要我说老富你今天的发言好有一比……"老富在一旁打断她:"得,得,得,你打住,我知道你想说什么,小脚老太的缠脚布又臭又长。你啊你,狗嘴里吐不出象牙!"小潘在一旁乐得哈哈大笑,可开心啦!

　　后来时间长了,小组开会或学习讨论会,我听过老富多次发言。他不会抢先发言,也不会落到最后发言,基本上在中间发言,条理很清楚,说得面面俱到。难怪老同志跟他开玩笑说,老富发言滴水不漏。

　　在平时工作中也是这样,我担任导演和他合作过多部影片。他对影片台词有想法时常常会这样说:"小孙,这句词儿我想是不是这样改一下会更好些。啊!我的想法不一定对,提出来供你参考。"或是:"小孙,这场戏我觉得情绪有点过了,当然我对全片了解不够,你是导演是总的把握,也许应该这样表达会更好些,你定夺吧!""反正我的想法不成熟。""这只是我个人的看法,很片面。""影片背景情况我不了解,说错了别见怪。"……

　　实际上,很多戏他是认真思索过才提出来的,往往是对的,好多次我都接受他的意见做些改动,这就是老富的处事方法。

　　记得我曾经和老富聊过多次,聊的事情也挺多,主要谈配音。我对他提出的配音是"借尸还魂"的论点很感兴趣。他的观点是,配音是把原来影片中人物的对话、笑声、哭声全抹去了,成为无声。而我们配音演员要把对话、哭啊笑啊全部补充上去,让原来的尸体又活过来,还人物原来的音容笑貌,把人物的精气神配出来,所以他以"借尸还魂"来比喻配音,很形象很有特点。老富说他写过一些议论这个观点的文字,找机会让我看看,还让我指正。

　　记得聊天时我也直言不讳地对他说:"老富,我感到你生活中很累,事事处处都要那么谨慎,说话那么周全,怕说错话,怕得罪人,完全没有这个必要。"

　　老富也说出自己的心里话："小孙啊,你们年轻,不会理解我们的生活经历。生活是复杂的,特别像我这样的人,从旧社会过来的,身上免不了会有些小辫子,在运动中稍不注意小辫子会变成大辫子,让人抓住,就很难做人了。要想活得稍微顺心点,就得费点心思,处理好方方面面的关系。做人累点是为了更好地生存。真的,有些事你们年轻人是无法体会的。"

　　类似这样的话,我在别的老同志那里也听到过,这也许是我们国家很多老知识分子的共同心声,他们经历过的运动太多了。他们生活得实在太累了!

　　人在一个轨道上运行久了,生活成了习惯就很难改变了。习惯成自然,老富在日常生活中也是这样,要讲一件事情总是有板有眼地细细道来。有一次他跟我介绍如何烧红烧茄子,先说茄子不能用刀切,用刀切茄子,茄子的边会老的。茄子洗干净后一定要用手掰,一段段掰,掰得不能太长也不能太短,烧茄子火不能太大也别太小了,油热了把茄子倒进锅里,边炒边翻身,油别太多,太少了也不行。最好在烧茄子时放上几瓣大蒜头,这样会有蒜香味。烧茄子切记不能加水,要煸炒到茄子都软了,茄子皮略略有点发黄,这时候可以加酱油和糖,再焖一会儿就可以起锅,要趁热吃,其味无穷。这是素吃,还可以荤吃,先把肉末炒熟起锅备用,等茄子煸透了把肉末和佐料一起下锅,焖一会儿起锅,同样要趁热吃,这荤吃也绝对美味。这就是老富的叙事方式,有板有眼。我按他的方法烧茄子,不加水、煸透了,的确很好吃。

　　老富1981年不幸患上喉癌,对于一个配音演员来说这是多么重大的打击!可他很坚强、没有灰心、按照医生的要求接受放射治疗。同时也听从中医的对告、吃中药进行调理。慢慢地恢复了说话功能,还参加《斯巴达克思》的配音。一生终爱配音事业。

潘我源个性鲜明,整天大大咧咧,笑起来什么也不顾及,嘎嘎嘎地像是鸭子叫,我们就亲切地叫她"鸭子美哒哒"。平时也都叫她小潘,尽管已是 80 岁的老人了,每次聚会就她笑得最欢,那大嗓门一说话压倒一切。只要她在,聚会总是很开心,她的说笑会让大家乐得前仰后倒。

"国共合作的典范"

这是我们常常跟小潘开玩笑说的一句话:小潘你是共产党的代表,你母亲是国民党的元老,1970 年代末你们和谐地生活在一起 20 多年,这是国共合作的典范!

说起这事儿小潘十分感慨。在她 2 岁时,父母就离异了,她跟着母亲长大。母亲早年曾由国民政府派往苏联留学,与蒋经国是同学,回国后一直在国民党政府担任要职。1948 年母亲要去台湾,而且为小潘一切都安排好了,同去台湾,可小潘却从上海离家出走了,跟着电影演员夏天以及戏剧学院的一些同学去了解放区,当上了文工团员,并和夏天,这位她眼中的大哥结婚了,从此和母亲失去了联系。那时小潘才 19 岁,就有着一股子叛逆的性格,什么事情都拧着干,这种个性影响了她一辈子,也形成了她特有的炮筒子、直肚肠和我行我素的性格。

苏秀曾跟我说过:"小潘可是个传奇式的人物,出身国民党高官家庭,母亲是个高级知识分子,可在她身上没有大家闺秀大小姐的样子;她又去了解放区,是个文工团的团员,可在她身上也没有革命军人的样子。她随心所欲,很年轻就吸上烟,有时嘴里还叼着根烟,说话又那么大大咧咧!"

小潘解放后随部队文工团进了上影厂。1952年又调到上译厂工作。开始当剪辑,由于她语言好又演过戏,后来进了演员组当上配音演员。

小潘于1950年代后期终于和在台湾的母亲联系上了,互有通信,直到"文革"才中断。小潘因为这层关系,"文革"中没有少吃苦头,可她根本没放在心上,还照样过她的乐天派生活。"文革"后直到1979年,她母亲的一个好朋友的儿子来上海讲学,母亲托他找到了小潘,终于又和母亲联系上。小潘的母亲在事业上是位成功的女性,可在家庭生活上是十分坎坷的。小潘觉得自己很对不起母亲,父亲背叛了母亲,而自己也背叛了母亲。现在母亲年事已高,都80多岁了,身体又十分不好,在母亲的晚年作为女儿应该给她一些安慰和补偿。所以她申请去台湾探亲,向译制片厂打了离职报告,在台湾陪伴母亲共同度过了近20年。母亲在近100岁时才离开了她。小潘感到做女儿的总算对母亲晚年有些慰藉。这期间她回上海多次,常常和厂里的老朋友们聚一聚,这种聚会让大家都十分开心。她是离休干部,这就引起我们对她母女俩"国共合作"典范的调侃。

"配 音 演 员 就 像 是 个 舞 伴"

对于配音演员这项工作,人们有过很多议论,有人说配音工作是"借尸还魂",也有人说配音是"灵魂再塑"……反正各种说法都有,可我认为潘我源的说法更为确切些:"配音演员就像是一个舞伴,舞伴是别人怎么带你,你就怎么跟着,这样舞姿就十分流畅,就比较舒服。配音实际上也是这么一回事。原片它是怎么做,我就跟着它怎么做,表现原片人物的喜怒哀乐。作为配音演员我就琢磨它的感情色彩,去体验它,然后用我自己的声音、语言忠实地把它表现出来。"我很赞同潘我源的这种见解,译制配音的根本原则是要还原,还原就必须跟着原片人物走,它带你去哪儿,你必须去哪儿,原片人物的喜怒哀乐、感情分寸,你必须和它一致,不能超越,也不能达不到。这就是配音演员的还原,离开了原片的分寸,那就是失败!

小潘在配音工作上是十分认真的,有两个戏我认为她配得十分出彩。影片《女人比男人更凶残》中有两个女主角,都是大美人,而且是杀人凶手。其中一个非常精明能干的由李梓配音,另一个非常愚钝的傻女人由小潘配音。本片译制导演孙道临,片中风度翩翩的男主角由毕克配音,阴险狡诈的反面人物由邱岳峰配音,我也参加这部影片的配音。完成配音后大家十分爱看这部影片,除了情节吸引人外,配音也十分精彩。小潘没想到会让她配大美女,所以十分用功,把这个女杀手既妖媚性感又愚钝心狠的复杂性格刻画得淋漓尽致。该角色喜欢将一个发夹戴在头上臭美,最后才知这实际上是定时炸弹!小潘表现那种惊恐万状的情形,叫喊声配得出色极了,把这个蠢女人的一惊一乍、自作聪明,结果又十分愚笨的心理展示得清清楚楚。这部影片后来成为很多摄制组选看内参片必看的影片之一。看这部影片真是一种艺术享受,我在厂里也看过多次。

还有一部影片是由卓别林主演的《凡尔杜先生》,小潘在影片中为中头彩的大大咧咧的女用人安娜配音。这是个喜剧角色,一个傻大姐的形象,她的出场戏就是如同小潘平时那样的大笑。当凡尔杜要谋财害命时,傻大姐命在旦夕还浑然不知。在船上那场戏,原片演员演得不错,小潘配得也十分精彩。在船上又惊又喜很多哼啊、哈啊、哎哟的叫声,小潘配得十分到位,轻松自如,演员有很多小细节表达人物的内心活动,小潘一点也没有放过,那种笑、那种惊恐,都表达得十分自然,就如同自己的呼吸一样轻松流畅。人物的性格和小潘的大大咧咧十分贴切,那笑声、那得意劲头,我至今也难以忘怀。当然,邱岳峰把卓别林演绎得活灵活现,那节奏感、那哼哈的小零碎都配得天衣无缝。

小潘配过的很多戏大都以反派角色为主,什么老妖婆、泼妇、杀人凶手、奸刁的坏女人等,偶尔也会配上一个大正面人物。她告诉我,1960年代曾配过一部苏联影片《人与兽》,她和刘广宁配作为主角的一对母女,她配母亲安娜,刘广宁配女儿丹娘。

和潘我源在一起

安娜是个高级知识分子，正面人物。小潘的母亲也曾留学苏联，也是一位高知，而剧中安娜和女儿丹娘同样是单亲家庭，母女俩相依为命，影片中的母女身世和她的命运有相似之处，因此小潘十分能理解影片中母女俩的情感，在寻找共同的感情上她感到十分熟悉，所以这个人物，她自己认为配得比较成功，演员组的同事们也称赞她配得好。一个演员实际上离不开丰富的生活体验，共同的命运往往会找到很多共性，发出强烈的共鸣，从而十分动情地展示出人物性格和人物内心世界的真情实感。

当然我还能举出她成功配音的很多影片，如《勇敢的胡安娜》《尼罗河上的惨案》《未来世界》等，还有许多动画片，都有她不同的声音造型，吸引着无数小观众。

乐 天 派

　　潘我源是一个乐天派,在上影厂也是出了名的。导演傅超武就说过:"电影厂有两个最快乐的人,男的是韩非,女的就是小潘。"小潘当时还顶了傅导演一句:"你说什么,你没有看到我苦恼的时候。"傅导说:"行了,别美化自己了,你还能多愁善感,你那苦恼也顶多是昙花一现,你这大大咧咧的脾气,整天乐哈哈的样子,我看一辈子也改不了啦!"傅导真的说对了,潘我源这辈子就是个乐天派,直筒子性格,想说什么就说什么,从无顾忌。

　　我到上译厂时(1971年),她在我心目中已是一位配音老演员了,可她与众不同,个性鲜明,一下子就给我留下很深的印象。当时我们正在录内参片,配戏任务重,演员常常不够用,从上影演员剧团借演员来协助配音。因为她丈夫夏天的关系,小潘和演员剧团的演员都很熟悉。所以她和高博、康泰、中叔皇、老温(锡莹)……常常开玩笑。那个时候有工军宣队管着,配音任务又十分紧张,可小潘常常会逗得大家十分轻松,让你忘记疲倦。在棚里录戏,偶尔她会招惹高博、康泰,一会儿说:"高秃子(指高博),你那人名念得不对,不准确,重音不对。"一会儿又说康泰:"康大鼻子,你说话唾沫星子也太厉害了,喷得我一脖子都是。"这两位见了她没辙,会求她:"姑奶奶高抬贵手,我们来译制厂是讨口饭吃的。"小潘也会回他们一句:"高秃子,算了吧,你和老头(指上译厂厂长陈叙一)关系好,陈老头总满足你,让你有机会来看内参片,你以为我不知道?""去你的,影片里肯定有我的角色,才请我来。"反正逗得大家直乐。有一次配戏,小潘和老温合用一个话筒,老温块头大,小潘在一旁说:"温大腔,你把大腔挪一挪,让我对着话筒说台词好吗?"我在棚里实在忍不住了,反正棚里红灯一灭,大家会直乐,小潘更是放声大笑,那嘎嘎的笑声把个"漏音棚"震得直响。

　　平时开会学习,即使工宣队在场,小潘也照样我行我素。有一段时间每天要坚持读红宝书1小时,8点到9点,雷打不动。当时晚上加班很多,早上8点必须准时赶到厂里参加天天读,把大家累得够呛。这1小时往往有人用手支撑着脑袋似乎在学习《毛选》,实际上在打盹;有人桌上放着"语录"本,桌下面是当天要录戏的剧本,正在默默地背台词。9点钟以后要进棚录戏的,多么紧张。有一次工宣队胖胖的胡师傅来,让大家提起精神好好读。小潘一听就来气了:"胡师傅,你不进棚录戏,说得轻巧,天天加夜班,谁受得了? 依我的意思,这1小时让大家好好睡一会,待会儿有精神进棚录戏,好完成无产阶级司令部交下来的政治任务,你说对不对?"胡师傅挨了小潘一闷棍不吭声了。从那以后,天天读也就流于形式了,打盹、背台词几乎成了家常便饭。

当时每部内参片完成后都要开展大批判,参加工作的人员要肃清影片对自己的流毒,而且要做到人人口诛笔伐。小潘有一次对我发牢骚:"小孙,你负责大批判,批来批去这几句话,宣扬资产阶级生活方式,麻痹劳动人民的意志,化成美女的毒蛇,吹捧阶级调和论,每次大批判,车轱辘这么转来转去有意思吗? 浪费时间。""行了,姑奶奶,这是上面叫批的,徐景贤亲自抓,每次开完批判会,工军宣队都要写简报往上送。""行了,我把大批判稿子留着,下次改个片名改个主角名字又好用了,哈哈!"这就是小潘!

当时我们演员组于鼎见了小潘可是一帖药,打印好的剧本一定亲手送到小潘手上,怕她咋呼:"老于头,马上要录戏了,我的剧本呢? 怎么还没有印好,你怎么搞的!"

小潘是口型员,对剧本要用纸、铅笔、橡皮,每次于鼎总为小潘准备好,放在她对口型的桌子。小潘也会称赞他:"臭于鼎,好样儿的,服务到家,后勤干得很出色!""行,行,姑奶奶,只要你满意,我就高兴。"

尚华也佩服小潘没心没肺过日子,整天开开心心。小潘常常劝老尚:"二舅你干吗整天愁眉苦脸,不就政历上那点破事,别去想它,有什么了不起,人活一辈子就得开开心心过日子,不然让你来这世界上干什么,别想不开,愁眉苦脸过一天,快快乐乐也过一天。老这么闷着会生病的,好好向我学习学习!"

有一次小潘还对我说:"小孙,你和老尚谈得来,好好劝劝他,别背政历包袱,整

天像个受气包的样子，多难受。"我认为她说得对，也曾和老尚聊过多次，还专门写了
一篇介绍他的文章。

我们厂里的演员、翻译，所有工作人员对老厂长陈叙一都有一种敬畏之心，只有
小潘不这样，她知道老厂长有能耐，也佩服他，可她习惯了，直呼陈老头，陈叙一也总
让着她，因为小潘工作起来十分认真，而且敢于说出自己的看法，有时候还真的对剧
本起到好的作用。她脑子好使，做口型员参加编剧本，常常会出人意料想出一些绝词
儿，让老厂长也佩服她。有一次老厂长和翻译肖章在小放映间编台词，正苦思冥想，
小潘进来了："怎么啦，都耷拉着脑袋，想什么词儿？让我看看。"她认真地看了一下
原稿："嘿，这词儿太好编了，说'悠着点儿'不就行了吗?"老厂长看了小潘一眼，笑了
笑，肖章冲着小潘竖起大拇指。潘我源早就一阵风似的飘出去了。

我印象最深的一次是我们演员组和放映组进行乒乓球比赛，5人对抗赛，按我们
的能力是打不过放映组的，小潘是我们演员组的啦啦队队长，她在场拼命为我们演员
组喊加油，只要我们打赢一个球得了分，她就欢呼，同时还不停地臭放映组："你们打
的什么臭球!"小潘的煽动让我们士气倍增，而对方越打越没劲，都乱了阵脚，臭球不
断出现，连发球也常常失误。就这样，两次对抗赛我们演员组都取胜了。放映组小蔡
球打得不错，输得很不服气，他说出真心话："你们演员组球打得不怎么样，绝对不是
我们的对手，可你们的领队、军师老卫(禹平)挺厉害，挺狡猾，老在找我们的弱点，钻
我们的空子，让我们发挥不好。还有就是小潘这个啦啦队长，哇哇大叫，叫得我们一
点斗志也没有了，我们输球都是让她搅的!"小潘就有这能耐。

在老厂长陈叙一眼里，小潘是个刺头儿，所以他会让她三分。不过有一次老厂长
可扬眉吐气把小潘给打蒙了。

当时译制厂和美影厂都挤在万航渡路，译制厂地盘很小，录音棚又是一个"漏音
棚"，"文革"中搞内参片有功，当时向市里提出能否给个新厂址，独立门户。市里徐景
贤批了两处地方让译制厂挑选：一处是南京西路石门路口、王家沙对面的一幢小洋
房；另一处是永嘉路383号。最后老厂长选定了永嘉路。小潘知道这回事后有一次

冲着老厂长说："陈老头,你私心太重了,两处厂址你偏偏选永嘉路,这里交通不方便又十分冷清。干吗不选南京西路,那里公交车多,我们上班买个东西也方便,你私心重,永嘉路离你家近……"

老厂长打断她说："刺儿头你打住。我原来是想选南京西路的,可脑海里突然闪出你小潘之流,我马上打消了这个念头,决定要永嘉路。你想你每天逛南京路,录音天天迟到怎么办? 你逛南京路见什么都好,什么都要买,没到月底钱就花完了,向这个借钱,向那个借钱怎么办? 我这全是为你好,为你着想,刺儿头好好想想。"说完就得意地扬长而去,把小潘噎在那儿了!

后来我们聚会说起这件事儿,小潘说："陈老头只有这一次打了个翻身仗,他得意了好几天。我总得让让他,让他开心开心吧,你们说是不是?"

这就是我们的乐天派潘我源。

杨文元的坎坷人生

记得 1971 年我借到上海电影译制厂参加工作后,有一个配音演员一直没有见到。那是"文革"期间,不便轻易打听随便询问,过了很久和大家都熟悉了,我才向赵慎之、苏秀询问,曾为《罪恶之家》《塔曼果》配音的那位演员现在在哪儿? 她们一听就明白我所打听的配音演员是杨文元。"他早已离开译制厂了,在青海服刑。"

铜锤花脸

1979 年老厂长陈叙一在一次全厂大会上讲了这么一段话:"我并不是对右派特别有感情,我经常会提起杨文元,因为他是一个铜锤花脸,是我们演员中的一个缺门。"苏秀回忆当年的情景,觉得老厂长在得知中央对右派改正这个政策后,给杨文元可能回厂造造舆论。很快当年被划成"右派"的杨文元、温健回到上译厂工作了。

杨文元的情况和有的人稍有不同。1957 年他被错划成"右派"后很不服气,年少气盛,认为自己并没有反党、反社会主义,只是出于好心,向党提出一些意见而已。他给上海某个领事馆写了一封信为自己申辩,这在当时可是大是大非的问题,一下子变成了叛国投敌,成了"现行反革命"行为,立即被逮捕,判刑送去青海劳改农场劳动改造,女友也吹了。直到 1979 年"右派"改正、1980 年回厂,整整在青海待了 22 年。

杨文元被陈叙一誉为"铜锤花脸",实际上在 1950 年代他已经配过很多影片,在老一代的电影观众中,杨文元和邱岳峰、毕克、尚华、于鼎、富润生一样,是人们所熟知的配音演员,在很多影片中都能听到他的声音。他的声音太有特点了,洪亮、宽厚,有一种绅士派头,厚重有余,韵味差点,略显有一些生硬之感,可始终有一种傲慢、威严、不容接近的居高临下的感觉。一些顽固、保守、古板的角色,他的声音特别贴切。在当年的译制片《彼得大帝》《伟大公民》《乌克兰诗人舍甫琴科》《最后一步》《废品的报复》《夜店》《魔椅》《雁南飞》《一个人的遭遇》《罪恶之家》《献给检察官的玫瑰花》《阴谋与爱情》《塔曼果》……中都有他出色的配音,不愧是铜锤花脸。

1980 年杨文元回译制厂后,老厂长对他是关怀备至,分给他一套一室一厅的住房,就在厂旁边新盖的职工住房。演员组同事们也十分关心他的婚姻大事,一开始为他介绍了一位近 50 岁的对象。老杨十分感叹:“我还是一个童男子,要娶一个近 50 岁的新娘。”大家知道他希望找一个比他年龄小一些的新娘。后来经人介绍,他娶了一位年轻漂亮的新娘,大家都为他高兴。杨文元已没有亲人为他张罗这一切了,演员们把这件事包了下来,2 楼演员室的写字台拼成一张大餐桌,上面铺上白布,摆上鲜花、糖果,厂食堂的炊事员特地为他的婚礼烧了极为丰富的一席婚宴大菜。老厂长陈叙一为他主婚。婚礼虽然俭朴但十分热闹,充分表达了同事们对他的关切和祝贺。那天大家没有少喝啤酒!

杨文元毕竟是老一代的配音演员,在老同志的帮助下很快恢复配音的业务,重显当年的风采。1980 年代上译厂也是发展的顶峰时期,给杨文元后半生带来一个创作的高潮。这期间他前前后后参加了近 100 部影片的配音,铜锤花脸的音色如今又增添了一层沧桑感,他配了很多老年人、黑社会老大的角色,如在《英俊少年》里配外公,在《虎口脱险》中为大胡子中队长配音,在《最后一颗子弹》里为黑帮头子配音,在《人参果》里配猪八戒,在《苔丝》《三十九级台阶》《汤姆叔叔的小屋》《海狼》《女侦探》《科佩尼克上尉》等影片中都有出色的配音。老厂长陈叙一还让他担任译制导演工作,他执导的影片有《无声的行动》《伦敦上空的鹰》《罗特的女儿》《片山刑警在海岛》《他是谁》……

杨文元的配音生涯从 1950 年代开始过渡到 1980 年代,之间虽然经历了 20 多年

和杨文元在一起

的劳改磨难,可从来没有改变他对配音事业的爱好。他以自己特有的声音条件,"铜锤花脸"的行当,为中国电影译制事业留下了优秀的成绩单。

极其健谈

杨文元 1928 年出生于河北,1949—1950 年在现代戏剧学校求学,1950 年 9 月进上译厂(原翻译组)。他是一个瘦高个子,我开玩笑说他是一根电线杆,长长的脸上戴一副深度眼镜,一副学者的派头。平时不苟言笑,看上去十分严肃,但当你深入了解他之后,你会大吃一惊,他十分健谈、博学,是个书迷,记忆力又特别好。人的个性形成后是不会轻易改变的。老同志说杨文元年轻时就十分健谈，用上海语讲叫"魁"，所以当时都称呼他"魁兄"。他年轻时学过英语，能跟人用英语会话，上海滩的很多事情他都知道一些，所以有"魁"的资本，我猜想他当年被划成"右派"和他的"魁"分不开，虽然经过 20 多年，可他健谈的个性依然不变。

杨文元回厂后参加过我执导的很多部影片的配音工作，如《冰峰抢险队》《国家利益》《野鹅敢死队》《冒险的代价》《裸露在狼群》《没有陪嫁的新娘》《侏罗纪公园》《小鬼当家》《火山爆发》《总统失踪记》……结合影片我们聊得很多，他也常会对影片的台词出些点子。由影片的内容伸展开去，我们谈社会、谈人生、谈历史，他知识面十分广，特别是 20 多年的劳改生涯，他接触很多人，所以他真像老厂长陈叙一说的那样，搞译制片要使自己成为一个杂家，译制片三教九流都会遇到，上知天文下知地理，什么样的人什么样的事都会碰到，想搞译制片你方方面面都得有所涉及，不然一问三不知是无法搞译制片的。

举几件事说说老杨的知识面。有一次我们聊到老上海，他居然把很多老地名都说给我听。我们厂在永嘉路，他说这条路原来叫西爱咸斯路，附近的太原路叫拉斯脱路，复兴中路叫辣斐德路，复兴西路叫白赛仲路，襄阳路叫拉都路，淮海路叫霞飞路，南京东路叫大马路，北京路叫领事馆路。我问他我住的思南路叫什么，他说叫马斯南路。他还跟我讲老城隍庙、大世界当时的盛况，福州路、汉口路当时还叫四马路、三马路的一些事儿。反正头头是道，老上海很多事情都在他的脑海里。我说，老杨这些你可以写书，他笑笑："知道老上海的人大有人在，很多人是做学问的人，我只是一个小巴辣子。"

有一次在学习会上讨论社会主义初级阶段，资本主义社会的东西会存在。他的发言很精辟：讲到社会发展史必须经过原始社会、封建社会、资本主义社会，然后才能过渡到共产主义社会，每个阶段都不能跳跃，这中间有个生产、科技发展的过程，我们国家要跳过资本主义市场经济也是不行的。会后我问他这一套理论哪儿学来的，他说是在青海劳改农场学习的。那里有很多有学问的人，右派中有的研究政治，有的研究经济。老杨在那里硬是把马克思的《资本论》啃完,所以才会有这方面的知识。

他告诉我在劳改农场,生活比较单一,除了劳动还有大量时间你爱学什么就可以学什么,只要虚心求教,有很多能人会教你的。温健就很了不起,在那里硬是靠一本德文字典,把德语攻了下来。温健回厂后没有回演员组搞配音,而是去翻译组,他成了我厂唯一的一位德文翻译,1980年代我厂的很多德国影片都是他翻译的,我跟他合作过一部西德影片《裸露在狼群》,讲"二战"中集中营的事情。温健还向我介绍了很多"二战"的史料。

在青海劳改农场很多人都有一个信念:自己没有反党、反社会主义,在那里坚持自己的爱好,不放弃自己的学识,相信总会有出头的一天,还可以干自己喜欢、爱好的事情。这个信念让很多人坚持下来,最后做出可喜的成绩。杨文元、温健就是实例。

杨文元是个书迷,只要休息天,他不是跑上海图书馆,就是去文庙书市,在那里淘旧书,每次周一上班我总会问他淘到了什么宝贝,有时他会兴致勃勃告诉我买到什么旧书、什么新书。去这些地方他都是走路去,后来他孩子长大了也常常带着孩子走路去博物馆、去文庙、去城隍庙,所以他一直保持"电线杆"的身材。

为儿子而拼搏

杨文元50多岁得子。老年得子自然十分高兴,也随之带来生活经济的压力。老杨的妻子没有工作,一切都得靠老杨的工资收入。开始几年他有一笔可观的补发工资,让他十分潇洒地生活了几年,可是有了孩子后生活压力加重了。他努力要使儿子的生活过得更好些,在生活重压面前他的生活也发生了很大变化,买书越来越少了,书报杂志订得也少了,烟越抽越便宜了,从红双喜到大前门到飞马牌,最后干脆把烟戒了。为了儿子他的确很有毅力。

很快他又迎来了退休。实际上老杨是退而不休,继续干着自己配音的活儿。厂里有合适的戏,我们都会安排他来配,多少增加一点收入。后来老杨也开始接一些来上海加工配音的影片,他担任配音导演挣点钱。

后来他接了一部动画片《变形金刚》,这是一部长连续剧,他担任导演还担任剧中威震天的配音。

老杨对独生儿子的培养也挺下功夫的,孩子的普通话很不错,在学校参加讲故事比赛,曾荣获上海小学生讲故事全市比赛一等奖。老杨经常带他去参加一些配音工作,儿子很聪敏,孩子戏配得很不错,在《变形金刚》里也担任重要角色配音。

老杨搞这部电视连续剧配音十分艰苦。当时这种配音活儿由于竞争很厉害,所以费用并不高,老杨必须精打细算才能挣点辛苦钱:借录音棚不能太贵,请配音演员人数不能太多,要算好,钱才够分。有一次我去看他配音,借了一个小录音棚,演员请得不多,有些戏都是大家分担兼着配掉,有时也常常冒出一个角色说几句话,这些时候往往是老杨变变声音配掉了。可是老杨的声音太有特色了,一听就听出来了。那天正好戏里冒出人物讲了几句话,老杨也不客气了:"小孙,你来了,这个角色你帮我配掉吧!"我说你先翻翻本子,后面还出来说话吗,不然将来不接戏。他认真查了一下剧本,后面没有出来,我就把这个人物配掉了。休息时老杨对我说:"实在没办法,加工费太少了,演员请多了我等于白干。小孙,我有时候常常会回忆起在青海那些日子,那时身上背个政治大包裹,可人还是比较轻松的,一个人除了劳动,吃饱了就看看书,休息休息。现在不行了,每天要面对妻子、儿子、房子、票子,每个月的水、电、煤。每到过年过节还要还人情债……唉,做人实在很不轻松!"我非常能理解他的处境和心情。老杨退休后,孩子一天天长大,开销也越来越大,他只有拼命干点活来支撑这个家,尽量为儿子创造点条件。后来老杨身体也日益不好,常常咳嗽,听说他妻子也参加工作了,虽然收入不高,毕竟为家庭增加点收入。老杨的儿子很争气,学习也很努力,继承了父亲的语言天赋。

后来我去看过老杨两次。为了不影响妻子和儿子的休息,他在小客厅的墙边支了一个单人床。他告诉我如果天好,他就在阳台上晒晒太阳,现在看书也没有精力了,弄了一个半导体收音机听听广播,所有的信息都从这个渠道获得。我劝他别急,身体会慢慢好起来的,你不是还有写东西的计划吗?

"小孙,还写什么,我那点破事儿就让它烂在肚子里算了。"

"老杨,你可以弄个小录音机,把想说的记录下来等身体好了再整理出来。"

"算了吧。小孙,你说我那些事儿谁会有兴趣,以前我跟你说的那些都是陈谷子烂芝麻的事儿没有人想听,写下来也没有人要看。唉!"

杨文元就这样坎坷地度过了他的一生。尽管生活艰苦了些,不尽如人意,但他还是靠自己的努力,干了一辈子自己喜欢的事情,用自己特殊的声音条件给我们留下为数不少的译制配音影片,他也给众多电影爱好者留下一份念想。

胡庆汉是上译厂的第一代配音演员,1961年被正式任命担任译制导演。他声音洪亮,在男配音演员中属于美声这一类型的。

胡庆汉,1927年生,毕业于江苏省立教育学院艺术教育系,1950年9月考进上海电影译制厂前身上影厂翻译片组,成为一名担当小生的配音演员。20世纪五六十年代他在上译厂的很多译制片中担任主角和重要角色:《红与黑》中他为于连的配音,成了他主配的代表作品。1970年代他在影片《虎!虎!虎!》《在那些年代里》《孤星血泪》《尼罗河上的惨案》《苦海余生》《复仇》等多部影片中都有出色的配音,特别是在《悲惨世界》中为冉·阿让配音获得大家一致好评。他导演的译制片《追捕》《黑郁金香》荣获政府优秀译制片奖。他导演的很多译制片受到广大观众的喜爱,如《凡尔杜先生》《水晶鞋与玫瑰花》《萨拉丁》《绝唱》《卡桑德拉大桥》《汤姆叔叔的小屋》……

配戏讲究认真

胡庆汉,译制厂的老同志都亲切地叫他"胡老汉"。他和所有的老配音演员一样,配戏十分认真。他是安庆人,受地方发音的影响,"n""l"不分,也就是"牛""刘"这一类的字音往往会出现一些问题。他深知自己这个弱点,除了自己努力克服之外,每次配戏时,他都会对导演和搭戏的演员说:"辛苦了,请注意我'n''l'这方面的字音,有问题马上提出来,我改。"胡老汉配戏很注意情绪的把握,往往很多大段的激情戏他能一气呵成。由于激动,"n""l"字音上会出现一些含混之处,只要发现,他总会提出来补戏重录。一个人的乡音习惯了要改非得下大功夫,可是往往乡音难改。所以他常常提醒我们年轻演员注意字音的标准,让我们向李梓学习,她的普通话特别标准。

胡庆汉在配戏上十分注意了解影片的时代背景、人物的性格特点。记得在为墨西哥影片《在那些年代里》配音时,他担任主角华雷士总统的配音。这是一部反映墨西哥内战、表现华雷士统一墨西哥战斗经历的影片,由卫禹平和我一起担任导演工作。接到任务后,我立即去电影局资料室,请徐大雯老师帮我查阅有关墨西哥的史料,借了墨西哥史、华雷士传记等。我和老卫在看史料时都认真做了笔记,涉及影片的重大事件都做了摘录。搞完对白剧本后,决定由胡庆汉来担任华雷士的配音。我们立即把这些摘录的史料提供给胡老汉。他高兴极了,一边排戏一边看史料,整整准备了一天半。后来实录进行得很顺利,因为对华雷士这个人物把握得比较准确,在棚里实录时只是在分寸感上作了一些调整。胡老汉用声音成功地塑造了这位墨西哥的英雄、第一任总统华雷士。

在为《悲惨世界》(上下集)冉·阿让配音时,我们共同做了大量案头工作。这是由雨果名著改编的电影,由英法两国电影工作者联合拍摄,集中了英法两国很多优秀的演员参加。由于是上下集,人物众多,而且音效素材需要重新制作,所以由卫禹平、我、伍经纬3人联合导演。我们接到任务后借来大量资料,重看了小说《悲惨世界》,又看了《雨果传》《雨果评传》,特别是找来有关对小说《悲惨世界》、对冉·阿让这个人物的评价资料,我当时把其中重要的内容特别是关于冉·阿让的评说史料提供给胡老汉。冉·阿让这个人物是雨果所塑造的一个非常成功的人物,作者以冉·阿让的善良本性来战胜邪恶,并企图用善良来改造邪恶,这是雨果理想化的人物,他要以冉·阿让的行为来改造社会。

胡庆汉的声音形象和冉·阿让这个人物很贴切,加上对人物有深刻的理解,因此十分成功地展现了雨果所塑造的这个人物形象。在整整半个月的配音期间,胡老汉

胡庆汉(右一)和刘广宁、毕克、作者在一起

全身心地投入,大段的台词他几乎都背了下来。这个戏人物众多,我们厂的演员都参加了这部戏的配音,大家全力以赴配合胡老汉完成配音工作。《悲惨世界》也成了胡庆汉又一部代表作品,至今人们还会常常提到这部感人至深的影片。胡庆汉配戏讲究"认真",这也是上译厂老一代配音演员共同追求的目标!

生 活 讲 究 质 量

在我进上译厂和胡老汉 20 多年的共事中,我印象中的他是一位讲究生活质量的人。老汉平时生活中大大咧咧,跟大家相处十分和睦,他常常嘻嘻哈哈跟大家说说俏皮话,可我发现他是一位十分注重生活质量的人。在那个年代不可不说是一种十分可贵的追求,因为那时大家生活都十分清贫。我感觉中,在所有老演员中他的衣着特别整洁,中山装笔挺,那条西裤始终有压线,一点也不皱,皮鞋也很光亮,我常常见他用手弹去裤子上的土,用纸擦他的并不新的皮鞋。冬天戴个鸭舌帽,后来又换了一顶法兰西圆帽,挺洋气、挺有派头的样子。在衣着上和老于鼎有极大的反差,于鼎往往不修边幅。

在饮食上我发现胡老汉也可算得上是一位美食家,他外出演出机会多,在外用餐,接受请客的机会也多,他能讲出很多美食。在食堂吃饭常常可以听到他对食品的各种议论。我还常常发现他饭后会吃上一个小水果,随着季节的变化而变化,一会儿是苹果,一会儿是梨,一会儿是橘子、香蕉。夏天他特别爱吃西瓜,吃得速度也快,有时还可以见他来一块小雪糕、来根棒冰……

胡老汉在食堂用餐时爱肉食,排骨、红烧肉是他最爱,可也很注意荤素搭配。有一次吃排骨,不小心把假牙给崩了,老汉十分着急,连忙打电话找朋友,约好第二天就去第九人民医院请牙科医生给补牙。他告诉我,牙对我们配音演员十分重要,缺颗牙说话会漏风,影响工作。后来小潘(我源)对我说:"老汉为什么这么着急,人家请他'大声说话',缺牙就没法去了,这才是他着急的真正原因。"我想这也许是他着急的另一个原因吧!

"大声说话"讲究激情

有一次厂里要赶"朝鲜电影周"的影片,那天快下班了,老厂长陈叙一来演员组找我,让我下班后留一下,有事要说。下班没多久,办公室打电话上来,让我去厂长办公室,我一看胡老汉也在办公室,一边还擦着汗。老厂长对老汉说:"今天又去哪儿'大声说话'了?"老汉说,去医院参加一个联欢活动,一完我就赶着回厂。老厂长接着对我们两个人说:"这次朝鲜电影周的影片要赶任务,我让小孙配合你把《坚强的翅膀》

这部电影赶出来,初稿剧本我看了,有些台词得好好改一改,特别是一些飞行上的技术语言该怎么说打电话问一下,好好推敲一下。估计节前老汉你'大声说话'的活动会多一些,让小孙帮你先把配音剧本搞出来。明天就开始工作没问题吧?"

"没问题。"

我们俩出来后,老汉对我说:"小孙,和你合作挺好,剧本改词你挺有办法的,初对本你先拿回去看看,咱们明天见。"

我跟胡庆汉在配音上合作过多次,导演影片这还是第一次。当天晚上我一直在想,为什么老厂长把朗诵说成是"大声说话"?

《坚强的翅膀》这部影片我们俩合作得挺愉快,我们按期完成了译制配音工作。剧本中飞行上的技术用语我打电话去机场问了,意思搞明白了,最后我们还是尽量用口语化来表达,让观众能听明白,也不违背原意,老厂长最后鉴定也很认可。这次合作使我有机会、有时间和老汉聊聊"大声说话"这件事儿。

我问老汉为什么老厂长把朗诵说成"大声说话"。老汉说,1950年代,我们厂里的配音演员,配合运动常有机会出去参加朗诵活动。我特别喜欢朗诵,可以抒发自己的感情。当年我和姚念贻、赵慎之、苏秀常被邀去电台录朗诵及其他节目,我们把稿酬存起来,等有好看的话剧、京剧、电影,我们就拿这些钱买票去观看,这成为我们生活中一大乐趣。老厂长把朗诵叫"大声说话"是有含义的。面对听众进行朗诵,为了让他们听清楚、听明白,必须放大音,大声地朗诵。"说话"也是有所指的,老厂长最反对说话拿腔拿调,他要求演员要说"人话",配音是这样,朗诵也应该是这样,要生活、要自然、要动情,千万不能拿腔拿调,朗诵也是一种"说话"的艺术。胡老汉解释了老厂长对朗诵的看法,我认为十分有道理,至今我还记着这样的教诲。

1960年代我还在电影学校念书时,就在文化广场听过胡庆汉等一批艺术家的朗诵,当时胡庆汉朗诵了郭小川的《向困难进军》,给我留下极为深刻的印象。老汉当年和上影厂、上海人艺的很多演员经常在一起参加朗诵活动,有孙道临、康泰、秦怡、上官云珠等,上海人艺有乔奇、高重实、严丽秋、陈奇等。胡庆汉当年也是一位佼佼者,他声音洪亮,又充满激情,很受听众们的欢迎。

胡庆汉告诉我,朗诵实际上也是一门语言艺术。朗诵者要能把诗人的思想情感、意境传达出来是要下一番功夫的,首先对作品要理解,要琢磨诗人的心境,要知道诗人要表述的思想情感是什么,然后通过朗诵者的语言、语气、表情、手势,特别是真情实感,向听众传达出诗人的含意。老汉非常强调朗诵者的激情这是很重要的,只有这样才能去感染你的听众。

胡庆汉还告诉我,读到一些好诗,会很激动,汗毛都会竖起来,有一股冲动想表达。多年来他积累了好些诗文,这些诗文他都做了充分的准备,而且选择了各种类型的诗歌可以面对不同的群体和听众进行表演。他去学校、部队、工厂、医院,或是面对小朋友都有针对性的朗诵作品,所以他参加朗诵活动特别多。

胡庆汉在朗诵方面可称得上是一位大家,他和很多老艺术家在推动上海朗诵艺术是有贡献的。他曾经被邀请去大学讲课,作辅导,他还开办业余朗诵训练班,培养朗诵爱好者。近几年我遇到一些老年朗诵爱好者都会提到胡庆汉,对他富有激情的朗诵、很有煽动性的朗诵都还记忆犹新。我遇见一位退休的张教授,说自己当年曾参加过胡庆汉办的朗诵班,接受过他认真的辅导。

声
情
并
茂
的
刘
广
宁

　　回顾当年上译厂,让我感到意想不到的是,每公映一部新译制片后,我们传达室就会收到很多观众来信。说"雪片一样"有点夸张,可观众来信真不少,传达室的桌子上堆得满满的。上译厂辉煌的 1980 年代,很多演员都会收到这样的来信,收信最多的要数李梓、刘广宁和童自荣。信的内容大多赞扬他们戏配得好,感人,也会有些观后感,以及对当配音演员的向往。我当时也收到不少信,其中有一封信我给刘广宁看了:"我是一个初中生,我的声音很好听,像刘广宁大姐姐一样,像银铃儿一样,老师和同学都称赞我。我能当配音演员吗?"我让刘广宁给她回封信。"不,不。人家写给你的,还是你回吧。"记得我给这位女学生回了信:"声音好听十分可喜,好好保持,目前要把精力用在学习上,高中毕业后去考艺术院校,到时来报考我们译制厂,我们欢迎。"

　　在这里我说一段题外话,有好几位记者都问过同一个问题:你们演员生活中称呼"老""小"是怎么定下来的? 也许大家对这个问题也有点兴趣,我说上几句。我们上译厂人不多,叫名字很有意思。我们厂配音演员有三代了,第一代的我们都称他们"老",老邱(岳峰)、老卫(禹平)、老富(润生)、老尚(华)……而单名基本上直呼其名,如老毕(克)不好听就叫他毕克,胡庆汉叫他老汉,于鼎就直呼其名。老赵(慎之),也叫她赵老太,特别是配完《望乡》的阿崎婆以后叫得更多。李梓叫作老李;而潘我源一直叫她小潘。我们第二代都称"小",小刘(广宁)、小戴(学庐)、小严(崇德)、小伍(经纬)、小杨(成纯)、小童(自荣)、小盖(文源)、小王(建新);程玉珠叫玉珠,程晓桦叫晓桦,曹雷就叫曹雷,杨晓就叫杨晓,施融就叫施融。后来第三代狄菲菲叫小狄,也有叫她菲菲的;沈晓谦是小谦,任伟就叫任伟,刘风叫刘风,王静文和王建新要区别开所以就叫她静文,姜玉玲就叫小姜……第三代的演员称呼第一代、第二代的都会冠上"老师"。

这样的称呼也说不出什么道理,反正以叫顺口为目的,几十年就这样延续下来了。现在我们这代人都已到了古稀之年,见面还是小严、小戴、小刘、小孙、小童这样叫,小刘(广宁)如今 78 岁,比我还大 1 岁,可我们一见面,她叫我小孙,我叫她小刘,几十年的同事都习惯了。

话归正题还是继续说小刘。刘广宁音色好听,受到人们的喜爱。光声音好听就能当个好配音演员吗? 这仅仅是一个条件,小刘的成功还伴随着她的刻苦努力。

刻 苦 努 力

凡是在艺术上有成就的人,我以为离不开两条:一是喜爱,二是刻苦。除了着迷和喜爱,随之而来的就是刻苦努力。着迷是动力,努力就会有成果。刘广宁就是这样的成长过程。

她出生在一个书香门第,祖父毕业于日本早稻田大学,后来当上了外交官,在欧洲任过职。1930 年代后期全家定居在香港,刘广宁于 1939 年出生于香港,抗战爆发后日本侵略军攻打香港,全家为避难移居上海,从此刘广宁就在上海读书、成家、工作。

刘广宁从小就有很强的语言天赋,她能说一口流利的普通话得益于祖母。祖母是北京人,而母亲是上海人,因此她两地的语言都会说。从小学开始老师就会常常让她朗读课文,使她喜欢上文学。又因为祖父和文艺界的名人接触颇多,梅兰芳、刘海粟都曾经和祖父有过密切往来,家中时常充溢着浓浓的文艺氛围。再加上家里藏书很多,她从小就钻在书堆里,9 岁就开始看《镜花缘》,15 岁就读完《红楼梦》,又在祖父母指导下熟读唐诗宋词,打下了扎实的文学语言基础。难怪我进上译厂后觉得小刘对中国古典文学作品很熟悉,没有戏的时候,她总会找个角落看书,还做笔记。她记忆力又好,直到今天我们参加一些朗诵活动,很多古诗词她都能背下来。

刘广宁和很多中学生一样,迷上了电台的广播剧、广播小说,后来又迷上看译制影片,语言的魅力极大地冲击着她。1959年高中毕业后,突然听到邻居说,上海电影译制厂招聘演员,她兴奋地写了一封自荐信,不久居然收到回信,让她来厂里参加考试。好听的声音、一口流利的普通话,就这样她幸运地考进了上译厂,给她的人生开辟了一个广阔的新天地。人们后来赞誉她是配音艺术家。

当然成长过程是要付出不断努力、走过一条艰辛道路的。她配的第一部影片是保加利亚的黑白影片《第一课》,这也是她配音生涯的第一课。当年配音时她十分紧张,脑子里一片空白,站在话筒面前,小腿不停地抖动。这就是第一课的状态。终于在老演员们的帮助下,她把这部戏配了下来。有了第一次的磨炼就好多了,在以后的日子里她终于从紧张的状态中摆脱出来,口型也会找了。

当时她配的戏并不多,她就搬个小凳子坐在录音棚里,听老演员配戏。她把剧本带回家,不断地念她想配的角色的台词,然后进棚听张同凝、李梓、赵慎之、苏秀她们配音,边观摩,边琢磨,回家练习,从中体会老演员的配音感情。她就这样坚持着、学习着,她坚信笨鸟先飞,勤奋总会有收获。随着时间的流逝,她终于有了自信,很快投入更多的配音工作中去了。

她声音好听,所以很多影片中的温柔善良、纯洁天真的姑娘的角色落到她身上了。主配了电影《天鹅湖》,人们知道了"公主"的声音原来是这样的好听动人。后来配的戏越来越多,让人们刮目相看。她为《苔丝》《白衣少女》《绝唱》《生死恋》配音,还主配了《叶塞尼亚》(配妹妹)、《冷酷的心》(配莫妮卡)、《魂断蓝桥》(配玛拉)、《恶梦》(配丹茜)、《望乡》(配小阿崎)、《大篷车》(配吉卜赛女郎妮莎)、《尼罗河上的惨案》(配女主角杰基),又在《父子情深》《鹿苑长春》中为小男孩配音,非常出色。要列举她主配的影片实在太多了,爱好电影的观众心中都有一本账。好多次见面会上,观众报出

刘广宁与作者在录音棚里工作

配音演员主配的电影,比我们还记得清楚。

　　刘广宁的成长过程除了前面说的刻苦努力,我认为还有两点非常重要:一是作为一个配音演员要多读书,丰富自己的知识面,这样才能更深入地理解人物,从而才能更好地展示人物性格。她配《生死恋》中的夏子,又配《绝唱》中的小雪,这是两个出身完全不同的人物。夏子是个受过高等教育的千金小姐,对爱情非常勇敢。而小雪是个贫困农民出身的女孩,她追求爱情的方式和夏子绝对是不同的。刘广宁联系到自己读过的巴金小说《家》中的丫头鸣凤和少爷觉慧之间的感情,从中找到小雪的情感依据,所以配出了夏子和小雪不同性格的两个姑娘。

　　二是演员配音一定要动情,投入你的真情实感才能打动观众。刘广宁在《望乡》

中为小阿崎配音(老年阿崎婆由赵慎之配音),一个天真的姑娘被骗卖到南洋去当妓女,妓院老板(尚华配音)让她去接客那场戏,又哭又喊,又打又骂:"我不接,我不接……"刘广宁配得十分动情,嗓子都喊哑了,达到感人的效果。

又如她在《尼罗河上的惨案》中为杰基配音,这个角色对刘广宁是极大的挑战,让她一改以往为纯洁少女配音的风格。杰基狡诈、凶狠、贪婪,她的性格是多面的,她对未婚夫是真心相爱的,表现绝对的坦诚、热情和温存;而另一面她在设计阴谋计划的过程中又果断、机警。对这样一个多变性格的人物,必须投入真情实感才能展示人物内心的活动。刘广宁在这个人物身上下了功夫,所以受到同行的肯定,受到观众的赞誉。

香港17年

刘广宁自述道:"我想每个人处在人生的不同阶段,其使命有所不同,1990年代初我为两个孩子有更好的发展,就提前退休,离开心爱的话筒,去了香港。"

凡是自己喜欢的事情,是很难放弃的。刘广宁到了香港继续从事语言声音塑造工作,真没有想到在香港这些年她干得这么出色。从1991年到2008年这17年里,她一直在香港推广普通话,搞教学工作。让我们看看她教的学生是什么样的职业——有企业家大老板,有律师、医生、护士,有政府官员、警察署长、外贸局官员,有趣的是还有一位牧师和两位"亚洲小姐"……这些学生都有自己的工作,所以教学一般都安排在午休时间或下班以后,或是节假日。那几年她和我通电话常常会说,她的午饭、晚饭是在下电车后就近的咖啡馆吃的,原来是为了这些学生,她得赶来赶去为他们服务。

另一项工作是她为中华书局、万里书局、三联书店、商务印书馆录制了大量普通话教学用的音带、碟片。内容实在太丰富了,我这里也只能略举一部分内容:香港普通话考级的20篇范读文章,如《春》《落花生》《海上生明月》等很多名篇;为三联书店录制了两三百篇语言文学教材,包括鲁迅的作品、孙中山先生的演讲稿,还录制了《三字经》《千字文》《诸子百家》等;为中华书局录制了现代汉语词典的很多词条,供使用电脑者学习用。

她还常常被邀请参加香港多所大学的普通话比赛,担当评委,还在大学做一些朗诵活动的辅导工作……

在香港的十几年她感到很充实。刘广宁的丈夫潘世炎先生也没有闲着,他教孩子们学习小提琴,由于他非常认真、投入,请他教的人很多,有些他只能谢绝,因为他还有一个任务,得照料小刘。

好丈夫潘世炎

刘广宁能取得这些成绩,离不开她的好丈夫潘世炎,老潘是她坚强的后盾。他们共同为自己喜爱的事业而努力拼搏,他们是一对柴爿夫妻、同甘共苦的夫妻。

老潘比小刘大 5 岁,少年时代仅 14 岁时就参加了新四军新安旅行团,开始学习舞蹈,成为一名舞蹈演员。他的刻苦是出了名的,在雪地里练功,后来又学习吹小号、拉小提琴,他跟王人美的哥哥王人艺教授学习小提琴,王教授非常喜欢这个刻苦努力的学生。大冬天当其他学员都在被窝里时,他已经在室外练琴了。夏天太热,为了降温,他站在装满冰水的水桶里练习小提琴。他的刻苦努力给他带来收获,当他进了上海歌剧院管弦乐团后很快就升为首席,后来他担任管弦乐团的队长,离休前已是管弦乐团的团长。

老潘和小刘 1963 年结婚,当时的婚房还是任桂珍老师把自己的住房挪出一间来给他们做婚房。后来他们俩才有了新华路自己的小屋。婚后大家忙自己的事业,可后来有了孩子,小刘厂里配音任务忙,老潘就把一切家务都挑了起来,每天买汰烧,他能烧一手好菜,尽量让小刘少为家务事分心。他把所有的精力都放在工作上、家务上、两个孩子的教育上,在香港那些年也是这样。正当她准备和小刘回上海安享晚年生活时，一场突来的大病夺去了他的生命。这个打击对小刘来说实在太大了，她失去了依靠，让她陷入极度的悲痛之中……任桂珍老师对我说："我十分理解小刘的心情，家里一切都是潘世炎安排的，失去这么一位操劳的好丈夫，她怎么受得了呢？好在大家都在安慰她，帮助她。"

是朋友们向她伸出援助之手，让她尽快走出阴影。赵慎之、苏秀给她送来真挚的安慰；曹雷、狄菲菲让她到厂里参加配音；我介绍她参加上海图书馆的朗诵活动，参加上海市语言文字工作者协会的活动，参加朗诵考级；陈醇老师也常常邀请她参加各种活动，请她担任评委；电视台请她参加一些录制工作。总之让她在工作中、各种活动中调整心态，尽快从悲痛的阴影中走出来……

如今，闲不住的刘广宁继续在电台、电视台，甚至在舞台上发挥她的余热，继续从事着她所喜欢的事业。

盖文源的悲剧

曾经是上海电影译制厂的配音演员盖文源,2013 年 6 月 7 日走完了他不幸的一生,年仅 62 岁。自从他 1981 年考进上译厂后,在短短的十几年配音生涯中,他参加了 800 多部影片的配音工作,他用声音、语言塑造了众多栩栩如生的人物形象。在电影《斯巴达克思》中他用粗犷、雄壮、浑厚的声音成功地塑造了一个威风凛凛的奴隶起义英雄,在《汤姆叔叔的小屋》中他用低沉、浑厚的声音塑造了一个善良、受欺压的农奴,在《意大利人在俄罗斯的奇遇》中又以轻快、幽默的语言塑造了姐夫这个喜剧人物。在《现代启示录》中盖文源为由美国大明星马龙·白兰度饰演的克斯上校配音,在《第三个人》中为好莱坞老牌明星奥逊·威尔斯饰演的哈里配音,在《野鹅敢死队》中为曾主演多部"007"的肖恩配音,在国产影片《少林寺》中为于海饰演的昙宗师父配音,在《武林志》中为何大海配音,又在《辽沈战役》《平津战役》中为罗荣桓配音⋯⋯

盖文源为译制配音作出自己的努力,留下一份珍贵的声音财富,在他短暂的人生道路上也给人们留下很多思考,他的晚年是孤独地在上海福利院中度过的,也算是人生的一个悲剧。

一个难得的人才

盖文源 1952 年出生在东北哈尔滨市。他生性活泼,天生一副好嗓子,喜爱唱歌。

中学毕业后在黑龙江师范学院艺术系进修声乐,后来参军成为南京军区文工团一名
演员,在话剧《陈毅出山》中扮演陈毅,又在话剧《曙光》中扮演贺龙,受到好评。从部
队复员后,1981 年 29 岁时,他考进上海电影译制厂,成为一名配音演员,从此为他的
人生开辟了一个更为广阔的创作新天地,上译厂也为能得到这样一个年轻演员而欣
喜不已。

上译厂的导演都纷纷对他委以重任,老厂长陈叙一也为译制配音后继有人而
高兴。

盖文源具备作为一个配音演员诸多良好素质。他语言纯正,声音条件好,既有厚
度又有亮度,性格豪爽开朗,幽默健谈,语言模仿力也很强,加上他有一定的表演基础
善于刻画人物,所以大家一致公认他是一块难得的配音好材料。

不负众望

盖文源在众多老演员的帮助、鼓励下,自己也十分虚心好学,凭着他的聪慧和悟
性进步很快。他在开始的那些年月十分努力,在实践中运用自己的声音也越来越自
如。译制厂严谨的艺术创作气氛使他越来越爱上了配音。当时我感到他有一股子痴
迷配音的劲头,什么角色都想配,在一部戏中恨不得能多兼几个角色。老演员尚华十
分喜欢他这种痴迷的劲头:"这小子行,干我们这一行一定要喜欢,而且要有这种痴
迷的劲头。"

20 世纪八九十年代是我们译制配音任务十分繁忙的年代,除了译制片、外国电
视剧,还有很多国产影片、电视剧也来我们厂做后期配音。由于小盖的声音条件好,
很多国产大片也请他去参加配音。八一厂拍摄了三大战役的影片也请他去北京配
音。当时向我们厂借了 3 位演员:戴学庐(他会一口宁波官话,借去为蒋介石配音)、
王建新(为宋美龄配音)、小盖(为罗荣桓配音),在《淮海战役》中又为何应钦配音。后
来我看这 3 部影片,听出小盖还兼了三四个角色。小盖告诉我:"老孙,我兼了七八

个角色呢,有的你没有听出来吧?"八一厂在他们完成任务后还特地写了表扬信,称赞他们工作十分认真。

小盖有很多出彩的配音成绩。在电视剧《还给大地》中为老演员李炎配音。李炎拍的戏多,观众对他的声音比较熟悉。小盖反复听了李炎的发音,找到李炎说话的习惯和发音部位,加上他的模仿力,最后为李炎配音十分出彩,几乎可以乱真。李炎后来看了这部电视剧大为惊叹,说这个小盖真神了。

在另一部国产影片《追捕贼王》中小盖为"黄瓟子""沧州鹰"两个角色配音。有一场戏是两个角色互相对话,小盖绝了,用他的"分音术"拿下了这场戏,两个人物的声音区分得清清楚楚,他把导演也给镇住了,这就是痴迷配音的小盖。

那些年,我们除了在厂里配音,下班后、周末还在厂外配音,很多导演都喜欢用小盖,很多戏都难不住他。你还常常可以在录音棚里听到小盖的请求声:"导演,这个角色我来兼吧,我保证让你听不出来是谁配的。"小盖配戏上了瘾。

小盖开始走下坡路

1984年,老厂长陈叙一退居二线,一大批翻译、导演、演员也相继退休离厂。小盖慢慢迷恋上喝酒,而且没有一点自控能力,如同《水浒传》中那些草莽英雄一样,朋友经常聚会,大碗喝酒,啤酒不是一瓶瓶要了,而是整箱放在餐桌边。

喝酒误事不断发生,常常影响配音工作,迟到、旷工的事情也常有发生,病假条也不断。小盖变了,没有心思好好配音了。老同志们常常规劝他,尚华更是生气,骂他不争气:"你多好的条件,不能这样毁了自己!"这样的忠告也让他收敛过、也改过。当时我担任演员室主任,小盖的事儿总反映到我这里,我总在不断地敲打着他。有两次我骑自行车把他从离厂不远的小饭店里拖回厂,每次小盖都会表示:"大哥,我听你的,一定改!"可没过几天,老毛病又发作了,只要一沾上酒什么都忘了。他这种状态也影响到夫妻关系。

和盖文源在福利院合影

　　小盖后期配音质量明显下降，完全换了一个人。以前大段台词，如在《第三个人》中为哈里配音有长达 8 分钟的台词都能背下来，不光口型准，人物心理变化、感情起伏分寸都把握得很好，现在不行了，不长的句子也记不下来，反复几遍才能通过。有些戏明明他最合适，有的导演怕他误事也另外选人了，这一切很多老演员看在眼里，疼在心里。

　　小盖这时又经不住市场经济的诱惑，想跟人合伙经商赚大钱，有一段时间我打电话找不到他人，不断有病假条来。最终在社会上上了当受了骗，碰得头破血流。

　　为了给小盖敲响警钟、引以为戒，厂里决定给他最严厉的处分：留厂察看。老演员们也认为，对一个犯错误的年轻人给他一些压力促使他尽快改正错误，处分也是为他好。小盖也愿意接受处分决心好好工作，不辜负同志们对他的一片真心。他痛心地说："尚华老师骂我骂得对，我不能毁了自己。"

两 种 意 见

　　对一个犯错误的同志该如何处置,像小盖这样的人是留在厂里教育他帮助他,让他在工作中改正错误,还是一脚把他踢出厂门放任自流,这是一个关心人、爱护人的大是大非问题。在这严峻的选择面前,厂里绝大多数同志认为应该把小盖留在厂里,接受集体对他的帮助,让他努力工作来痛改前非,他毕竟是个好演员。可也有人坚决要把小盖开除出厂。当时的厂领导可能受不住上级机关的压力,不顾全厂大多数同志的意愿,也推翻了中层干部会议对小盖留厂察看的决定,还是把小盖开除了。

　　这样的打击让任何人都难以接受。没有了工作,没有了事业,这给小盖的精神带来难以忍受的打击。第二年小盖家庭彻底破裂,妻子跟他离婚。没有了工作又失去家庭,小盖处于贫病交加的境地。小盖靠战友、朋友接济生活,身体每况愈下,糖尿病也发作了,脚趾溃烂、走路蹒跚,在极大的精神压力下,终于他患上血管性痴呆症,一个配音演员最后落得失语,不会讲话。无奈之下,在战友们帮助下,小盖住进了松江福利院,后半生在福利院里度过他孤独的晚年。

　　自小盖住进福利院后,有很多人都一直关怀着他,我知道一位张大夫就一直关心着他的病情。我们上译厂很多同志也并没有忘记他,不断有人去看望他,沈晓谦、童自荣、刘广宁、戴学庐、狄菲菲……我带着更多老同志的心意去为他送过钱、送过物。

　　记得我第一次去看他,他不在房间,服务员推车送他去洗澡。在走廊上他看见我,愣在那儿,他早已失语,可他居然断断续续地发出:"大……哥……"我心酸极了,此时我失语了,不知该对他说什么才好……

　　后来我去看他,他已经转到徐汇区福利院了,我发现上影厂女导演王洁也住在同一个福利院。她告诉我在这里养老还可以发挥一点余热,她每天为福利院的老人们排节目、练唱歌,还坚持每天教小盖发音说话,让他坚持每天写字。小盖对着我唱"东方红……"后来我陪刘广宁、小狄去看他,他说不出话来,可居然能把刘广宁、狄菲菲的名字写下来。

有一年苏秀打电话给杨晓说："我们几个人想凑点钱去看看小盖,你参加一个吧。"杨晓说:"预备给他买什么?""衣服啊,营养品啊!""他不是爱喝酒吗,给他买酒得了。""你要害死他啊!"杨晓悲愤地说:"他活着干吗? 要事业没事业,要家庭没家庭。行了,不管你们买什么反正算我一份。"

是的! 杨晓说得一点没错,后来去看他的朋友们知道他每况愈下,随他的心愿,让他喝点啤酒,让服务员管着他,每天只给他一瓶啤酒。这成了他晚年最开心的时刻。

小盖,你安息吧! 你不是配过《少林寺》吗?"佛在心中。"人在做,天在看,相信正直的人们会给你公正的评价。

　　说起曹雷,中年以上观众并不陌生。在 1960 年代,她曾在银幕上塑造过两个成功的人物形象,一个是在《金沙江畔》中她扮演的藏族珠玛公主,一个是在《年青的一代》中她扮演的生气勃勃的林岚。凡看过这两部电影的观众,想必会记得这两个人物。

　　曹雷从事配音工作还是后来的事情。1962 年,曹雷毕业于上海戏剧学院表演系。她酷爱表演艺术,在表演上有激情,热情奔放,因而在舞台和银幕上她塑造了不少的人物形象,特别是在银幕上成功地扮演了林岚这一角色。正当她在艺术上向前迈进时,十年浩劫夺走了她的艺术青春,但她并没有消沉,在录音棚里她又找到了艺术创作的无穷乐趣。

　　1980 年代初,由于健康原因她从上海电影制片厂来到上海电影译制厂,成为一名配音演员。一个演员能运用自己的声音、语言塑造众多不同性格、不同年龄、不同身份的人物形象,这对一个热爱艺术的人来说,无疑具有极大的诱惑力。上译厂的紧张工作,创作的快慰,使她爱上了配音这门艺术。她为很多部影片配音,如《我两岁》《阳光下的罪恶》《啊!野麦岭》(续集)《冰峰抢险队》《非凡的艾玛》《爱德华大夫》《第三个人》《威尼斯面包师的儿子》《蒲田进行曲》《国家利益》《亚瑟王》《大水》《觉醒》等。她用声音塑造的人物,有著名的捷克女歌唱家艾玛,美国女医生康斯坦斯,徐娘半老的英国女老板达芬尼,惨遭凌辱、在绝望的生命线上挣扎的日本女工阿竹,还有主张正义的意大利女科学家安杰拉……

　　以上罗列的片名,还仅仅是她进厂后两年多所配的影片,以后主配的影片就更多

作为《国家利益》译制导演的作者和翻译徐志仁、配音演员曹雷赴京领奖

了。当然,在这么短的时间里要完成众多人物的塑造,难免会遇到种种困难。但在上译厂这个和睦的创作集体中,她得到了老一辈配音演员的帮助,加上她自己的刻苦努力,她很快就胜任了工作。另一个原因,和她熟练掌握表演艺术分不开。由于她有演出实践,她能比较快地理解人物,把握人物的个性特点,演绎起来容易入戏。

老厂长陈叙一在世的时候,很器重曹雷,很多戏都点名让她配。1984年我执导法国电影《国家利益》,老厂长就说:"这部戏的女主角让曹雷来配,她拿得下来。"影片中的女科学家激情满怀,敢于揭露国家最高层的丑闻。当时我找来一批资料,介绍给她看。在配戏过程中她十分认真,稍不满意坚决重录。后来这部影片被评为当年优秀译制片,获文化部政府奖,我和曹雷以及翻译徐志仁前往北京领奖。后来,老厂长又把电影《斯巴达克思》这部影片交给曹雷导演,完成得也挺出色,荣获优秀译制片奖。她由衷地说,上译厂给了她第二次生命。

1996年曹雷提前退休,请她配戏、执导影片的片约不断,真是忙得不亦乐乎。她在京沪两地不断地往返,为电视剧《红粉》《大明宫词》《汉武大帝》《雷雨》《清宫外史》配音,又担任电视剧《钢铁是怎样炼成的》的译制导演,这部戏把她累垮了,做配音台本整整搞了70天,后来她又在戏中为保尔母亲配音。

忙归忙,曹雷是一个极度热爱生活的人,退休后的时间可以自己支配了,她跟丈夫李德铭开始每年安排出国旅游计划,至今算来已出游了50多个国家。旅游也没有闲着,当年译制电影只是在电影中看到很多国家的美景,如今跟随电影中的美景亲眼看见亲身感受,不亦快哉。边游边记,回来后先后写了两本书:《随影而行》和《远去的回响》,把当年译制电影和旅游的亲身感受全记录下来,供人们阅读欣赏。

曹雷就是这样一个不知疲倦的人,快快乐乐地生活着。你能看出她曾经是一个患过恶性肿瘤的人吗?她就是这样用热情工作战胜了病魔,病魔在顽强生活的人面前也是会低头认输的。

独
辟
蹊
径
的
程
晓
桦

配音演员的声音搭配和我国传统戏剧一样,也是分行当的。例如,刘广宁是公主型的(青衣),童自荣是王子型的(小生),曹雷是皇太后型的(老旦)。上译厂老厂长陈叙一在世时常常会讲到配音艺术也要讲究声音齐全,"生旦净末丑"都要有。要把一部译制片配好,充分展示人物的性格特点,就必须考虑人物声音的丰富多彩。这里我要说说"彩旦"程晓桦。

留在译制厂是一种无奈

程晓桦是属于上译厂的第二代配音演员,她毕业于上海戏剧学院表演系,按她自己的话说是被动走上配音之路的,当年是一种无奈。

晓桦是在一个京剧票友家庭中长大的,从小就沾上了艺术细胞。父亲老生唱得不错,叔叔是唱丑角的,母亲是个京剧迷,常常带孩子去看京剧。晓桦在这样的家庭氛围中长大,也爱上了京剧。父亲去票戏时,缺个丫鬟,就把晓桦带上,所以她从小就登台表演,一个丫鬟一直扮演到初中毕业。父亲曾经想让她学唱京剧,还专门请了师傅培养她。可是练功压腿、弯腰、拿大顶,晓桦觉得特别苦,打退堂鼓了,父亲也无奈。不过从小打下的基本功似乎很管用,如今我们聚会,已迈入古稀之年的她还能为我们表演下腰,手掌触地,踢个腿也还是有模有样,身材也保持得挺精干。

晓桦高中毕业,班主任动员她报考上海戏剧学院,那时候报考艺术院校绝对很时髦。她对自己的形象、声音并不很自信,上戏又有 2000 多人报考,她很想退缩,可心里有一股子不服输的劲头,不考又不甘心。她心想班主任推荐我去考,一定是看中了我有这个潜质,因此很快调整好心态,跟着 2000 人一起报考了上海戏剧学院。也许真有点天分,居然考取了上戏表演系。

考进上戏,自己也增强了信心,因此在上戏的 4 年中,学习十分努力,每天坚持晨练、练功、练台词坚持不懈,成绩也挺出色,以全 5 分成绩毕业。当时她们毕业分配之际,上影厂导演桑弧来学院挑演员。晓桦和同学演了一个小话剧《渡口》,桑弧导演看完演出让她留一留,这一留就把她、丁嘉元、洪融留进了上影厂当电影演员了。

电影演员讲究 face(面容)。有件事对她的挫伤很大。当时正在筹拍电影《春苗》,她被剧组选中参加该组拍摄。化装师在为她造型时提出,希望她能抓紧时间把脸做些美容。这番话让她想得很多,自己形象虽不漂亮但很端正,去美容弄得不好反而更难看,这种事绝对不能干,再说她和汪永桓已经结婚了,丈夫对自己的脸早已看习惯了,瞎折腾实在没有必要。电影厂靠 face 吃饭,我不干了! 于是动了改行的念头。到上影厂后,她曾经为纪录片《崇明治水》配过解说,上译厂听了这部纪录片的解说,认为她声音语言都不错,就让她来厂里试试配音,就这样她提出调上译厂来搞配音。

当时我已经在上译厂工作了,听说从上影演员剧团调新人来挺高兴。记得当时正好上译厂要组织去工厂慰问演出,不知道该排什么节目好,程晓桦给我们提供了一个儿艺正在演出的小话剧《起点》,她丈夫汪永桓在剧中任男一号。我们看了剧本后觉得这个戏去工厂慰问演出很合适,讲工厂革新的故事。当时上译厂年轻演员就数我和小童,我更结实一些,商量下来由我来演男一号,晓桦演剧中一位积极支持改革的年轻女工,李梓扮演女组长。很快排练完这个小话剧,再加上尚华、于鼎的相声,老富和毕克的相声,还有胡庆汉的朗诵,凑成一台戏去工厂慰问演出了。没想到我们演的小话剧《起点》反响非常好,大伙非常认可我演的男一号,给我极大的鼓舞。那次演出,晓桦在舞台上很活跃,表演、台词都挺有煽动性。

晓桦对演戏很感兴趣,可对配音兴趣不大,她认为舞台演戏可以用自己的肢体语言去塑造人物,而配音就很别扭,必须被动地跟着影片中的人物走,就像老配音演员富润生说的那样,"配音是戴着镣铐跳舞"。没过多久程晓桦就对老厂长提出来:"我搞配音不合适。"可老厂长听完笑笑没同意让她走:"好好适应,好好学。"当时晓桦还挺别扭,也不知老厂长什么意思。直到后来戏配多了,大家也悟过来了,晓桦的声音很有特点。后来厂里的配音任务越来越忙,在老同志的帮助下,晓桦配戏进步很大,也慢慢适应配音工作了,从被动转化为积极主动了。

走自己的路

晓桦在译制厂配过很多电影,在《佐罗》中为女主角奥登西娅配音,在《奴里》中为女主角奴里配音。她声音有自己的特色,是女中音,也宽,有一定的厚度,不过在众多女配音演员中,也常常会撞车。她的声音没有刘广宁那么柔美好听;李梓也是中音,可声音非常华丽悦耳;后来的新人狄菲菲的声音好听甜美;王静文的声音也非常好听,而且更显得清纯;姜玉玲也属于女中音,好听很大气。上有比她年长的李梓、刘广宁,下有比她年轻的狄、王、姜,晓桦是个很聪敏的人,她要抉择,怎样才能发挥自己的特色。译制片每年的生产任务还是挺多的,而且每部影片人物众多,除了男女主角以外,还有很多重要角色个性十分鲜明,发挥自己才能的地方多得是。上译厂很多老演员都是"硬里子",并非配主角才出彩,塑造其他有个性的人物同样出彩。

晓桦决定开拓自己的戏路子,走自己的路。潘我源就是上译厂的活宝,她戏路子很宽,什么角色都敢配,很多戏少不了她,小潘以怪取胜。当时小潘母亲在台湾,年事已高,托人在上海找到小潘。小潘感到应该在晚年陪伴母亲走完人生最后一程,就去了台湾。小潘离去,上译厂也留出一个缺门。晓桦有意识地开始尝试更多类型的不同角色,创自己配音的戏路子。在影片《龙子太郎》中她主动要求配那个最丑的老太婆,把自己的声音压得低低的,扁扁的。配完音后,鉴定时大家听不出这是谁配的,声

和程晓桦、童自荣在一起

音这么贴切,把一个丑老太婆配得活灵活现。初见成效,这给晓桦增添了信心。

接着,晓桦在美国迪士尼影片《101 花斑狗》中配一个坏女人,声音和形象很符合,晓桦特别强调这个坏女人的狠劲,配得很到位。迪士尼当时派人来监制,听了晓桦的配音十分满意。

多色彩的配音追求让她尝到了甜头,在影片《水晶鞋与玫瑰花》中又为仙姑配音,那声音处理得飘飘然,真有一股子仙气。晓桦说,这和苏秀的点拨分不开,让我用虚声说话,才出这种效果。让晓桦特别得意的是在苏秀导演的日本动画片《天鹅湖》中配小松鼠。影片中有一对十分可爱的小松鼠,小巧玲珑,说话奶声奶气,又十分仗义,为王子白天鹅通风报信。其中母松鼠叫玛格丽特,活泼、任性,由程晓桦配音;公松鼠叫汉斯,唯命是从,由王建新配音。它们模仿大人说话,但又必须突出它们的稚气,而且说话奶声奶气。晓桦十分喜爱这个角色,除了奶声奶气地表现玛格丽特爱撒娇的性格特点,晓桦还特意设计了咬舌头说话的念词方法。这实在太精彩了,把两个十分可爱的小松鼠配得出神入化。都过去 30 多年了,在一次观众见面会上,几个老观众深情地赞扬两个小松鼠配得太可爱了,配绝了,至今让人不能忘怀!

说起配这部戏,苏秀感触太深了。她告诉我们配这部戏的前一天,晓桦去做了人流,第二天居然准时到实录棚。苏秀一听那怎么行,让晓桦马上回去休息,另换人来配小松鼠。晓桦当时很不高兴,板起脸对苏秀说:"我是来配戏的,身体行不行我自己知道,我负责,死了也愿意配这小松鼠。"老苏劝她:"戏有得配,别在乎一部戏,月子里落下病这可是一辈子的事情。"晓桦根本听不进去。"我来也来了,就开始配音吧!"苏秀知道晓桦的倔脾气,也理解演员不愿放弃角色的心情,只好同意了。8 月份的天气,决定把棚里的空调关掉,怕晓桦着凉,而且在棚里排了一排椅子,让晓桦没有戏的时候可以躺一下。就这样把戏配完,没想到 30 多年后观众还会记得这两只小松鼠的配音。晓桦的执着,得到了最大的回报,演员的幸福感我想也许就在这种时刻。

晓桦创出了自己的戏路子,更放得开了,很多影片中戏虽不多也配得挺有光彩。很多导演来我厂搞后期配音,居然点名要晓桦来配音。记得张刚有一部戏,其中有一个泼辣的女角色,一来厂他就跟我说:"孙导,这个角色我想让程晓桦来配,为演员的戏加点分。"广春兰也有一部戏让我搞后期配音,戏中有一个疯疯癫癫的角色,也想让晓桦来配音。我看了影片后,当然也同意了,晓桦完成得很出色。

当年我们配戏任务实在很忙,白天在厂里配音,下了班后还要干到 10 点、11 点。晓桦当时还串棚配戏,还把儿子译男带着配戏。译男在母亲的带领下,成长得很快。他和一群小哥儿们配了好多戏,我想配音为他们后来当节目主持人打下了很扎实的基础。

用 教 学 来 传 承

　　程晓桦是个很有想法的人。很多搞艺术的退休下来,总会写点什么,总结自己走过的路,把经验、教训告诉后人。她不这么想,写下来不如自己亲手教他们更好,更实际! 退休后,她创办了"上海小鸽子艺校",在艺校内开设了一个配音班,把自己配音的心得体会毫无保留地传授给学生们。"小鸽子艺校"办得挺红火,报名的学生越来越多,后来她实在太忙了,精力顾不上,才歇手不干了。好几所艺校都请她去教课,上台词课。我是退休后在东海学院担任表演系主任,也请她来教台词课。她的台词课上得很生动,因为她自己有实践经验,总会把理论和实践相结合,让学生在实践中更快地掌握语言的表达能力。她在课程中还穿插一些配音实践内容,让学生更快地掌握语言表达的能力,学生也爱听她的课。就这样,退休后她一直没有停止过教学工作,日程安排得满满的。我劝她适可而止,年龄上去了,可她说和学生们在一块儿自己会显得更年轻些,所以只要体力行,她还会坚持搞教学。每次我们聚会,见到她总是精神很饱满,都一头白发了,还给我们表演下腰、踢腿,还真行,有两下子。

我和小童有 40 年的交往了,他是 1973 年从上戏表演系毕业后主动要求进上译厂当配音演员的,我早他两年从上影演员剧团先借后调来上译厂工作,后来我当译制导演,和小童合作也有两三百部影片,熟知他的为人。

机 遇

童自荣从上海戏剧学院表演系毕业后,一心想当一名配音演员,他迷恋很多老配音演员的声音:邱岳峰、毕克、尚华、于鼎、富润生、胡庆汉,还有孙道临、卫禹平……他们用声音塑造的众多人物形象,早已深深地扎根在他心底了。

机遇对于演员来说十分重要。电影的巨大魅力是无法阻挡的,每个时期都会有一部或几部好电影让人们永远留恋,人们会记住影片中的扮演者,甚至是配音演员。1979 年,他担当影片《佐罗》的配音,一炮打响,观众知道了为阿兰·德龙配音的演员叫童自荣,声音十分好听,把一个义侠配得那么出色,劫富济贫、伸张正义,成了人们心目中的偶像,童自荣也成了中国佐罗的代名词。

就这样,童自荣跟着阿兰·德龙出名了。童自荣后来竟然成了阿兰·德龙主演的影片的代言人,阿兰·德龙来中国访问,一定要来上海电影译制厂见见为他配音的童自荣。他拉着小童的手:"你的声音太好听了,让我的声音变年轻了,谢谢,谢谢。"

配音演员这些幕后工作者也能出名,这是缘于一个特定历史时期——"文革"后

人们对电影文化的渴求。当国产电影还没有
走向市场时,译制片成为 20 世纪八九十年代
人们享受文化娱乐的一道风景线。因此,译制
片的配音演员很快就被广大观众所熟知。李
梓、邱岳峰的《简·爱》,刘广宁的《绝唱》《生死
恋》,胡庆汉的《悲惨世界》,毕克、苏秀的《尼罗
河上的惨案》,尚华、于鼎的《虎口脱险》,卫禹
平、毕克的《警察局长的自白》,赵慎之的《望
乡》……都让观众十分喜爱。

英俊的童自荣

童自荣就是这样为观众所熟知,所喜爱。
机遇是重要的,但机遇的背后一定包含着刻苦
努力,只有具备扎扎实实的真本事,才能让观
众记住你。没有刻苦努力,机遇再多也只会是
昙花一现。

刻 苦

童自荣初进上译厂坐了 5 年的冷板凳,这 5 年是他刻苦学习努力奋斗的 5 年。

老厂长陈叙一不仅是伯乐,而且是严师。他知道小童当配音演员的决心很大,他
的声音条件也非常好,但对他的念词、吐词方法很不满意:戏剧学院学习的那套舞台
腔绝对不能配音。有一次我在旁边听老厂长对小童说:"你先下功夫克服舞台腔,什
么时候说人话了,就可以参加配音了。"小童也非常认真:"老厂长,我一定努力。"什
么叫"说人话"? 很简单,就是不带任何腔调,生活、自然、流畅地说话,互相对话,互相
交流。

一个人形成一种语言习惯,要彻底改变并不是一件容易的事情。从那以后,只见

小童每天坚持念报,改变自己说话的语气、语调。只要棚里在录戏,他就带个小板凳,坚持进棚听老演员们配音,学习琢磨。上译厂每部影片完成对白配音后都有一个鉴定补戏的程序,鉴定是所有演员都参加,看对白配音,讨论是否存在什么问题。这种时候老厂长陈叙一都会参加,严格把关,谈戏、谈人物、谈演员配戏的成败,他都会有十分精辟的分析,我们年轻演员都十分重视这种学习的好机会。小童更是十分认真,带着笔记本认真记录。当时上译厂任务挺忙,还常常从上影演员剧团借演员来帮助我们完成配音任务,孙道临、高博、仲星火、中叔皇、康泰、林彬、朱莎等一大批演员来参加配音,这也成了小童学习的榜样。5年啊,1800多个日日夜夜,小童默默无闻地坚持着学习,不断努力改变自己的语言习惯。很多演员深刻理解人物,动情地用声音、语言刻画众多不同性格的人物,这一切都深深印入他的脑海,流进他的心田,成为他日后塑造人物的丰富资料库。

　　老厂长一直关注着小童的成长,"文革"后进来一部美国影片《未来世界》,在宣布配音演员名单时,老厂长指名这部影片中年轻英俊的男主角由童自荣担任配音。当时大家有点意外,怎么一下子就配主角了? 老厂长心里明白,该把这个年轻人推出去了,相信他能胜任这个角色。这部戏的配音班子搭配上有很多老演员,会帮衬小童的。小童十分努力,没有辜负老厂长的期望,一炮打响,配得很出色。

　　不久,我和杨成纯接手导演影片《佐罗》这部戏,我们俩反复讨论了配音演员的名单,从义侠佐罗的形象来看,需要一个声音年轻潇洒、明亮有力度的演员来配更适合,当时也有人提出声音就要和原片接近,阿兰·德龙的声音是个烟酒嗓子,但当时我们考虑,还是从银幕形象出发为好。结果我们报厂里的名单和老厂长想的不谋而合,老厂长也点名让小童来担当。这部戏对小童要求更高,他要配阿兰·德龙在戏中扮演的两个角色:佐罗和总督。这两个人物在声音、性格上有很大的区别。为了让小童能更好地把握人物,我在录音排班上也做了调整,每天上午录佐罗的戏,下午录总督的戏,这样可以避免小童在声音上跳来跳去难以把握。小童为了把握角色,让自己能进入两个不同的角色,想出了一个好方法:穿长筒套鞋代表佐罗的马靴,穿拖鞋代表总督大人,以这样的方式提醒自己配不同的角色,寻找人物的感觉,区分人物的性格色彩。配戏那几天,小童完全掉进角色之中,在家里在厂里都很少参加人们的交谈,我们也尽量不去打搅他。只见他嘴里念念有词,默默沉思,在院子里、在走廊上准备自己的戏,一进棚可来劲了。有些戏我们认为可以过了,他要求重录一个,说自己的词儿力度还不够,缺乏气势。就这样一段段地抠,一句句地磨,终于配出了佐罗的风采。这第二部戏又打响了。

鉴定那天我坐在老厂长旁边,我发现他对小童配的总督,常常会流露出一丝笑意,这让我放心了。我们并不担心他配佐罗,他的年轻声音,飘逸的念词,语言的力度都不用担心,而总督这个人物把握上难度更大一些,要周旋、要改变语气语调,甚至还带点娘娘腔,我们在实录棚也一再提醒小童注意这个人物的性格特点。记得当时老厂长看完鉴定没有多说什么,只说了句:"可以了。"我和小杨决定补几段声音上更衔接的戏就过了。录音师老龚对这个戏也下了一番功夫,我们和他讨论,配总督时加点低音,去掉些小童的亮音,尽量让声音上有些区别。

《佐罗》一公映,没想到反响会这么大!人们喜欢看这样的故事情节,阿兰·德龙的确演得很出色。而小童年轻帅气的声音让这个角色更出色了。接着小童又为阿兰·德龙主演的《黑郁金香》配音,又在英国影片《水晶鞋与玫瑰花》中为王子配音,在日本影片《绝唱》中为三浦友和扮演的少爷配音……老厂长培养年轻演员的方法就是这样,让一个演员集中配上几部影片的主角,让他站住脚,能独当一面,再推另一个年轻演员。小童得到观众的喜爱,佐罗是机遇,但让他最终获得成功的,还是他自己的刻苦努力。当年小童的声音成为英俊王子的代表,而刘广宁的声音则成为美丽公主的代表,王子、公主的声音只有在上译厂可以找到。

小童没有因为《佐罗》的成功而止步不前,继续默默无闻地努力着。我和他的合作可谓多也,每部戏他都兢兢业业,让他配戏你可以十分放心,只要把要求提明确,把人物的性格特点和他沟通好,他都会努力去琢磨人物的性格特点,配出人物的个性色彩。几十年了,我感觉他永远都生活在自己配音的角色之中。我们厂里的戏不间断,而且配音演员都闲不下来,一部戏接一部戏,小童不配主角时很多戏也少不了他,戏多戏少他都一样认真。他在厂里和大家交往聊天并不多,总是默默地准备自己的戏。他夫人说他在家里也这样,一头钻在自己的戏里,戏重时就更少说话了。功夫不负有心人,他的刻苦努力让他在上千部影片中留下了富有魅力的声音。

追 求

我和小童这 40 多年的相处,他对配音的热爱用"执着"两个字来形容也许还不够,该用"痴迷"来赞美他。他和很多老配音演员一样追求的是"语不惊人死不休"。

任何一个演员都有他本身条件的局限性。电影演员要善于利用自身的条件。卓别林可谓大牌明星,我看过他主演的很多部电影,都是发挥了他小身材的优势——比如他以喜剧讽刺形式扮演的希特勒,还有出演的凡尔杜先生,都离不开他本身的条件。英格丽·褒曼、邦达尔·丘克、格利高里·派克、史泰龙、高仓健……世界上有很多著名的大明星,基本上都有自己的戏路子。

对于配音演员来讲,也受其声音的局限,给适合他声音条件的一路人物配音更出彩。当然也可以通过改变自己的发声方法,从语言上下功夫,从人物性格刻画上下功夫,努力塑造更多一些角色(比如盖文源作过多次尝试,居然改变自己的发声部位,在同一场戏里配两个人物还互相对话),但这只能偶尔为之,"主声线"毕竟才是主要的。邱岳峰以他带有沙哑的声音配过众多人物,主要从人物性格上去刻画,动以真情,人们跟随着剧情的进展,早已忘记他的声音特点。对于配音演员来讲,这才是真本事。一个演员要完全改变自己的音色,那是不可能的。

小童在配音中也遇到这样的情况。他的声音漂亮好听,配王子型英俊潇洒这一类角色,他的声音很贴切;但面对不同性格的人物,他在语言刻画上,在情绪的把握上,也还是会有所不同。在日本影片《砂器》中,他为钢琴家和贺英良配音;在《蒲田进行曲》中,他为银四郎配音;我执导的苏联影片《没有陪嫁的新娘》中,他为男主角配音;他还为美国影片《云中漫步》中的男主角配音……他在语言、声音上都作了很大努力,克服"佐罗"的痕迹。在为国产影片《少林寺》中李连杰扮演的觉远配音中,他很出色地展现了一个有少林功夫的中国和尚;人们更没有想到,在影片《茜茜公主》中,他为上校配音也那么出色。很多角色都难不倒他。

但也许"王子"太受宠爱了,很多观众从"爱护演员"出发,还是会写信来提出质问:"为什么童自荣为国产影片配音?""译制厂的配音演员就该配译制片。"甚至指责他不该为古典电视剧《红娘子》中的男主角李信配音。也许,童自荣的"王子专属权"受到了侵害,也是对观众心理的伤害。这些信息我也和小童交流过,他也十分苦恼。实际上在为国产影片配音中,我们都十分注意,处处要求他改变自己的语言习惯,从影片中人物个性出发。新疆电影厂导演广春兰好几部影片都让我们厂做后期配音,我当配音导演,电影中英俊潇洒的男主角都是小童配的音。我们在录音棚里很注意语言节奏,找到维吾尔族演员的语言表达方式,广春兰导演对小童的配音十分满意。可也有观众来信:"我们还是听出来了,是为佐罗配音的演员在为影片的男主角配音。"好在他们认为童自荣为少数民族电影配音还算合适,大概,他的声音太有"异域风情"了吧。

我收到一封发自南京的观众来信,措辞非常严厉:"童自荣不能为国产影片配音,他的声音太有特色了,一听就是佐罗。"这个意见我无法接受,最终我写了一篇文章《为童自荣鸣不平》,稿件寄给《南京日报》,不久就发表了,后来我看到好几家报刊转载了我这篇文章。我主要告诉观众:一、童自荣是上译厂的职工,中影公司下达给我们厂的译制片任务我们吃不饱,全厂职工要发工资,只好接受国产影片的加工配音任务,作为职工,童自荣能不参加工作吗? 他上有老,下有小,两个孩子要念书,工资也不高,每月仅 70 元的收入,不参加工作就拿不到这些虽然微薄的酬金,如何维持生计? 二、他在配音上是十分刻苦努力的,尽量跟着人物的性格特点走,动之以真情配音,在配音上也不断改变自己的语言习惯。可是人们对他配的佐罗印象太深刻了,要彻底改变他的音色是不可能的。三、感谢观众对配音演员的厚爱,作为译制片的配音演员,我们愿意多多为译制片配音,以保证上译厂的配音特色,但目前做不到,中影公司进片有定额,给上译厂的任务有局限,请观众多多谅解我们的苦衷。

这以后我也收到观众的来信,表示理解我们的苦衷,对童自荣在配音上的刻苦努力表示钦佩。童自荣几十年来在配音上一直努力追求,我是他的见证人,但他的声音太有特点了,他的努力追求往往被淹没了,至今人们还念念不忘他配的"佐罗"。

为人

苏秀评小童:"他不太与人交往,一天到晚钻在自己的角色里。"他在厂里话不多,和大家客客气气。大家聊天,侃大山,他坐在一旁静静地听大家说,乐时也跟着大家笑笑,偶尔他感兴趣的见闻也会插上一两句。大多时间他钻在录戏的剧本里,念念有词,或是闭目冥思。为扩大知识面,在厂里他也看了不少书和资料,对于工作绝对一丝不苟,从不迟到早退,每天骑着他的自行车准时上下班。

他对老一辈配音演员十分尊重、钦佩,他配完一部戏都会主动找老演员听取他们的意见,他请教老邱、老毕、尚华、于鼎……这些都是悄悄进行的,个别交换意见。鉴定时,老厂长的意见他不仅认真记,而且会反复琢磨,从中吸取养料。

他做人的准则是能不麻烦人不求人就尽量不麻烦别人,能为别人出点力创造些便利就尽量努力去做。当年我担任演员室主任,演员室总有些公益的事情,为生病的同志送个电影票或是送配戏的剧本,小童主动为我分担。老同志有个病痛,他也常常去探望,并会反馈一些他的建议供厂里参考处置。

回顾和小童相处多年,他给我的印象是一心把自己的戏配好,这是他的宗旨。而在生活方面,他是非常清苦的:仅靠工资收入赡养老母亲和抚养两个孩子,住房十分拥挤,三代人挤在30平方米的屋子里。厂里几次分房,他都没有提出要求,妻子都跟他急了。小童说:"厂里分房有难处,有人比我更困难。"至今他仍住在30平方米的老房子内。

　　小童是少数民族，是上海市民族委员会的委员，民委曾多次让小童去全国各地考察。邀请函到了厂里，当时厂里因为生产忙，或是经费困难，没有让小童去参加这样的活动……他也泰然处之。

　　小童在 2004 年退休，退休后反而忙得不可开交，很多单位请他演出、主持、配音、录音……生活比以前充实多了，经济上也有了改善。按老苏的调侃说法："照道理，他完全可以不必再去关心译制片的事了，可他却始终心系译制片，痴情不改，念念不忘继承陈叙一的事业，续写译制片的辉煌。真不知道该怎么说他，是该说他执着呢，还是该说他'傻'呢?"

　　我还是那句话，他是一根筋，对配音的"痴迷"这辈子也改不了啦!

　　最近遇见小童，见他瘦多了，我问他这是怎么啦，他说："失眠，老睡不好。""去医院检查检查。""都查过了，没事。"

　　童老弟，过去已经过去，上译厂今后的路，自有接班人会努力奋斗的。我该祝贺你在第四届汉密尔顿幕后英雄盛典上，被评为"幕后英雄特别贡献大奖"，表彰你用惟妙惟肖的配音技巧和追求极致的艺术家精神，为广大观众演绎了多部经典外国影片。这是对你刻苦努力的表彰，也是为你的配音生涯画了一个圆满的句号。当然，这也是译制工作者的光荣。

　　"佐罗"不老! 祝童老弟尽享天伦之乐，安度晚年。在观众心目中，"佐罗"是永远不会老的。

　　但凡喜爱电影的观众,特别是中老年电影爱好者,对于陈传熙这个名字必然十分熟悉,因为字幕上常会出现"指挥　陈传熙"。陈传熙指挥的配乐影片多达600多部,在这里我仅举几部:《南征北战》《渡江侦察记》《李双双》《林则徐》《聂耳》《红色娘子军》《舞台姐妹》《天云山传奇》,美术影片《牧笛》《金色的海螺》《小蝌蚪找妈妈》《大闹天宫》,还不包括他完成的大量科教片、电视剧。

　　陈传熙解放后出任上海交响乐团指挥,他指挥演出的交响乐也多达600多场,是我国著名的指挥家。他的风格清晰、流畅、严谨、准确,在音乐界享有好名声。

　　电影艺术是一门综合艺术,除了编导演,也离不开化(装)服(装)道(具)摄(影)录(音)美(工)的成功配合,再加上很重要的一条就是,要有打动人的音乐(作曲)旋律,让人们为之动情,这中间就离不开乐队和指挥的功劳。还有插曲,如电影《英雄小八路》中的《少先队员之歌》,《红日》中的《谁不说俺家乡好》……有多少的电影插曲成为家喻户晓的流行曲,陪伴着几代人成长,至今人们还在传唱。而就是他,陈传熙,用他那熟练的指挥棒,把这些歌曲和音乐带给人们,成为鼓舞人们奋发向上的精神食粮。

　　陈传熙能有这样出色的成绩,和他从小喜爱音乐、奋发努力是分不开的。1916年他出生在一个知识分子家庭,广西南宁人。当时家里有一架风琴,兄弟姐妹都不感兴趣,而他特别喜爱,这架风琴陪伴他成长,从小就练就了他十分敏锐的听力,辨音的悟性特别高。

　　1921年,7岁的陈传熙随父亲在越南谅山居住,当时法国驻军有一支管乐队,经常会集体演奏,调剂军中生活。那深厚、雄壮、华丽的乐声不仅把小小的陈传熙带进了一个美妙、广阔的音乐天地,更使他迷上了音乐。每当军乐队走出军营演奏时,他跟在队伍后面,不管多远都跟着听着,嘴里哼着,他记住军乐队演奏的进行曲,他能模仿不同的乐器哼出不同的声响,还能哼出乐曲的很多片段。

1927年,因为随父亲移居海防市,陈传熙有幸进了一所华侨开办的中学。这个学校十分重视音乐教学,这给他打下了扎实的音乐基础,学会了五线谱,学会了吹小号,成为学校管乐队里最小的演奏员。由于他痴迷音乐,学得十分认真,小号能吹奏出不同的旋律,能掌握不同的声部。良好的音乐素养又形成了他一种十分平和的性格,心态特别好,所以他学习特别踏实,特别有成效。

1934年,19岁的陈传熙终于遇到了他人生中的伯乐。上海国立音专的校长萧友梅来到偏僻的西南,在这里招收官费待遇的音乐专门人才。陈传熙以第一名的成绩叩开了上海国立音专的大门。国立音专当时有20多名学生,酷爱音乐的陈传熙在艰苦的生活环境中坚持了下来,他以出色的成绩毕业于音专的钢琴系,双簧管又吹奏得特别出色,他的优异成绩使他很快进入了上海工部局交响乐团任双簧管演奏员,并且还在国立音专教课,后来又成了上海音乐学院的教授。就这样他靠着自己的勤奋努力,加上他的音乐天赋、潜质和对音乐的执着热爱,终于成为中国的音乐人才。解放后,曾担任上海交响乐团的指挥。1958年由于电影发展的需要,他正式调进上影乐团任指挥,一直干到1992年退休,退休后很长一段时间也没有闲下来。

陈传熙有着丰富的实践经验,只要看到总谱,就能根据影片的长度准确制定出乐曲主旋律的节奏、时值,使乐队能在最短的时间内完成影片的配乐任务。很多电影导演和作曲家和他合作都十分愉快,他常常能在配乐过程中给作曲、导演提出一些极为宝贵的建议。他看到电影画面会产生很多联想,从而充分发挥音乐的感人效应。他能让配唱电影插曲的歌唱演员充分发挥自己的长处,帮助演员达到最好的效果。著名歌唱家任桂珍曾对我说,和陈传熙指挥合作是一件十分愉快的事情,"他总是那么和蔼可亲,在录音棚里十分耐心,给我们充分酝酿的时间,让我们情绪十分饱满时才录唱歌,即使时间非常紧,他总为演员创造条件,尽力帮助我们完成最佳的录音状态"。任桂珍提起陈传熙总是十分动情。

真没有想到,我这个晚辈也有幸和陈传熙这位老前辈合作了一把,让我不能忘怀。1987年是上译厂成立30周年,为庆祝建厂30周年,我写了一首长诗发表在《文汇电影时报》上。老厂长陈叙一看后决定让我在庆祝大会上朗诵这首诗。那天我去厂长办公室,老厂长对我说:"我现在打电话给上影乐团,请他们帮忙让乐团为你的朗诵诗伴奏配乐。"第二天我接到陈老(陈传熙,我以后一直称呼他陈老)的电话,让我把诗稿寄给他,他来设计配乐。我问陈老有《文汇电影时报》吗? 就最近一期上发表的,他说有,别寄了,等哪天排练我再通知你。

排练那天,我骑车去上影乐团,一进排练厅让我大吃一惊,陈老指挥着六七十人的大乐队为我的朗诵伴奏,真让我又紧张,又兴奋。陈老让我歇一会儿,递给我一杯水,说:"待会儿你先轻轻地给大家朗诵一次,让我们乐队感受一下。"我朗诵完陈老带头为我鼓掌,给我自信。他很快对乐队作了一些小小调整,我们就合作排练了。我在诗中回顾了上译厂走过的30多年的辉煌历程,表达了我们译制工作者对译制事业的热爱。我在音乐伴奏声中听到了我们译制的很多影片的音乐主旋律,不断地激发我朗诵的激情。排练很顺利,最后陈老向我提了些建议,中间有一处让我停顿略长一些,让音乐有个抒发的机会,最后结尾让我可以更昂扬些,音乐也将跟着我的情绪推向高潮,他的认真让我十分感动。庆祝大会是在上海美琪大剧院举行的,那天演出的节目都很成功,陈老指挥着乐团演奏了好些译制片的插曲,有《简·爱》《红菱艳》《音乐之声》……在观众的不断掌声中连连加演。

那次演出后我和陈老的交往更多一些。他十分平易近人,每次影协活动,我们总会有很多的交谈。让我记忆最深的是他跟我讲述"文革"搞内参片时期为好多部译制片配音乐,"打补丁"的事儿。

"文革"时,我们上译厂完成了一大批内参片,其中很多影片是没有音效带的,音乐效果带都得重新制作,只有完成音乐效果带后才能和对白声带混合录音,完成译制

白穆和陈传熙

片的配音工作。当时有很多影片,我们把片头片尾没有对话的那些音乐片段剪辑下来,重新制作一条音乐带。我和剪辑师多次合作过,音乐要连贯衔接好,这是件费时费工、吃力不讨好的工作,很多段的音乐,我们都在混录过程中采用淡入、淡出的蒙太奇手法来过渡,免得出太大的洋相。可是有好几部影片,中间缺的音乐在影片中无处可挖,这些重场戏必须有音乐,老厂长陈叙一只好求救于上影乐团,根据原片音乐风格配上去。先是请陈老来厂听原片的音乐,陈老很快记下总谱,回乐团后把乐曲分别用到各种乐器演奏上,重新组合乐队演奏。在陈老的指挥下,把影片中缺的音乐补了上去,当时我们听了觉得非常好,补得天衣无缝。陈老把这项工作称之为用音乐为影片"打补丁"。这是一项很艰苦的工作,老厂长陈叙一知道只有陈传熙能完成。陈老音准、节奏、力度都会把握得十分准确，又能和原片风格相一致。特别是陈老对音乐长度把握得十分到位，大家称他是"指挥家的秒表"。

有一次影协活动，我和陈老坐在一起吃饭，又聊起当年"打补丁"的事儿，陈老对我说："小孙，这种为影片音乐'打补丁'的事情只有我们中国人干，国外的指挥是绝对不会干这种事情的。你想，每个乐队的乐器音质都不相同，演奏员的手法也各不相同，内行仔细一听就能听出来，而且每部交响乐的风格、细微之处都有所不同的。这种为影片'打补丁'的活，严格讲是不可以的。'文革'那时候我要提出来不干，肯定会挨批斗，工军宣队不会放过我，不扣大帽子才怪呢！我可不能自找倒霉，也不能给你们老厂长陈叙一添乱，我们老哥儿们是多年的好朋友。说心里话那个年代生活多么枯燥，能参加这种工作才有机会看原版片，在当时可算是一种文化享受，你说对吗？"

"陈老你说得对，很对。当时我们根本不会想那么多，只要能完成影片译制任务就行，而且十分佩服你补丁打得天衣无缝，帮我们解决了大困难。对了，陈老，我觉得你身体特别棒，都耄耋之年了，还那么有精神，有什么养生之道可传授？"

"什么养生之道，自然灾害那会儿吃都吃不饱，后来又实行粮食定量，我是知识分子，每月只给 28 斤定量，我说我是指挥，是体力劳动，每月给 32 斤定量，我还是吃不饱。要说养生之道只有两条：一是心情好，以平和之心过平常生活。二是甩手疗法，我几十年的指挥生涯，就是每天甩手疗法，不停地在运动，所以至今还活得挺自在！"

这就是我们的指挥家，一个心态平和，干了一辈子电影，一辈子和音乐打交道的老艺术家。

上海滩新鲜事儿多——最近在美琪大戏院上演了两场别开生面的演出,叫"声音奇妙秀",这是由狄菲菲带领她的"领声"团体组织的一次演出活动。何为"声音奇妙秀"? 就是把在幕后、在录音棚里进行的艺术创作的动人场面搬上了舞台,放大给观众欣赏,在舞台上品味声音的魅力。这里有电影、电视剧、动画片、广播剧的精彩配音片段,有上海迪士尼乐园内为"飞跃地平线""玩具总动员""冰雪奇缘"等场景幕后配音的很多原声演员的精彩表演,更有上译厂老配音演员曹雷、刘广宁、童自荣、程晓桦的助阵朗诵。演出给人一种耳目一新之感,而狄菲菲和她的"领声"很自然地也成了人们关注议论的焦点。

磨 炼

狄菲菲是河南郑州人,从小天资聪敏,喜爱文艺活动,特别喜爱电影。高中毕业后考进了河南郑州艺术专科学校,学习导演专业。1987 年,听说上海电影译制厂招收配音演员,特地从郑州赶来上海应试。

当年上译厂正是辉煌年代,但老厂长陈叙一已深感培养新人迫在眉睫了,第一代配音演员即将纷纷离退休,所以决定选拔新人。这个任务就交给演员组来完成。我当年担任演员组组长,我们组成了一个考试班子。为了不影响厂里正常生产任务,利用周日考试。来应试的年轻人还真不少,永嘉路 383 号挺热闹。小狄是当年

4 月来参加应试的,她回忆那次考试说,考官真不少,记得有毕克、李梓、富润生、乔榛、杨成纯、伍经纬,还有你孙老师。考试并不复杂,自己准备的朗诵,以及当场给她们印好的一些电影片段让她们即兴表演,而她都顺利地完成了。考试完,知道她是从郑州赶来的,让她在外面大厅里等一会儿听消息。没过多久李梓老师招手让她进了一间小房间,李梓老师问了狄菲菲一些爱好、家庭情况,还问她如来上海工作有什么困难吗? 最后李梓老师说:"我们决定要你了。"小狄说当时她真的又意外又高兴。

上海的考试很快就结束了。6 月老厂长批准我、李梓、赵慎之,还有录音师龚正明,让我们去北京几所艺术院校挑选配音演员。我们去晚了,大学生早已分配定了,我们在中央戏剧学院表演系选中三位:沈晓谦、任伟、王苏。王苏分配给上海戏剧学院当台词老师,学院不放。沈晓谦、任伟,我去全总文工团、浙江省话剧团协商成功,友好放行。就这样我们一下子进了 3 位新秀。6 月底我带了上海电影局、上译厂的介绍信去了郑州为狄菲菲办理了政审,在艺校办好了手续。

1987 年 7 月,3 个人都来厂报到上班。原来老厂长答应我们厂边上盖了一幢楼里让出两小间给新来的 3 位当作宿舍。可是厂里困难户太多了,没法留出来。3 个年轻人只好挤在老大楼的两小间小屋子里。好在他们没有讲任何条件,感到能在上译厂工作就很满足了。这件事让我很愧对小狄的父母,说好有宿舍的。在郑州狄菲菲问我为什么被录取,我说:"因为当时考官们一致认为你声音条件很好,我们厂缺青衣、花旦的接班人,另外你的语言也不错,没有毛病,好好努力吧!"

老厂长陈叙一对 3 位新人很重视,跟我们几位导演明确,"给他们压担子",尽快让他们能独当一面。小狄温文尔雅,老赵(慎之)、老苏(秀)、李梓都挺喜欢她,在她们的关怀下先当了一段时间口型员,很快就参加配音。当年我们厂任务很繁忙,小狄又很刻苦努力,所以第一年就在 10 部电影中担任女主角配音工作。在伍经纬导演的《片山刑警在海岛》中配女主角,在杨成纯导演的《合法婚姻》中配女主角,而挺合适配女主角的刘广宁却配个 10 多岁的小女孩,众星捧月嘛! 还在曹雷导演的《看得见风景的房间》中配女主角,在我执导的《意大利人在俄罗斯的奇遇》和《纯属巧合》中配女主角。这两部戏都是轻喜剧,毕克看完后很高兴地说:"小狄行,节奏感把握得挺好。"老厂长因为喉癌开刀已不能出声了,带个小本子发表他的看法,对3位年轻人都非常认可。老赵、老苏、李梓在她们离退休前,都在戏里甘当配角,为后继有人而高兴。

上海电影译制厂进入1990年代,第一代的配音演员都相继离退休了,没过几年我们这第二代戴学庐、严崇德、刘广宁、我、伍经纬也跟着退休了。由于种种原因,很多年轻的配音演员也相继离开了译制厂:施融、杨晓、王静文、沈晓谦、姜玉玲……狄菲菲此时也在经受人生的磨炼,她毅然选择重回大学进修提高自己,40岁那年终于成为上海戏剧学院艺术硕士生。

在这期间,她也从没有间断对配音艺术的追求。厂里没戏配,但邀请她配戏的工作很多。她声音条件好,出戏快,对人物的情感分寸把握得当,所以当时很多国产电影、电视剧中的女主角来上海做后期时,都点名请狄菲菲为自己的戏配音,我这里罗列部分名单供大家欣赏:电影《古今大战秦俑情》中的女主角巩俐,电影《玫瑰漩涡》和《中国先生》中的女主角邬君梅,电影《燃烧的港湾》中的女主角温碧霞,电影《阿满》中的女主角陶慧敏,电影《我为歌狂》中的女主角林欣茹,电影《青春无悔》中的女主角石兰……电视剧更多了:《阿惠》中的林芳兵,《千丝万缕》中的江珊,《天若有情》中的徐帆,《世家风云》中的赵雅芝,《派出所的故事》中的周迅,《天要下雨娘要嫁》中的沈丹萍,《无瑕天使》中的左翎,《康定情歌》中的陶虹,《隋唐英雄》中的陈冲……这期间华纳公司的很多音像制品,迪士尼很多声音造型,都指名让狄菲菲担任。20年间,狄菲菲为2000多部集的中外影视剧担任女主角配音工作,并参加录制了大量广播剧、文学作品以及数千条广告作品。

出　彩

　　狄菲菲从1995—2005年经过了人生的磨炼期,通过配音活动结识了很多新老朋友。2005年,小狄重把精力放在厂里的译制配音上并担任了译制导演工作,第一部执导的影片是《伯爵夫人》,她把苏秀、曹雷、富润生等老演员请回来参加配戏,这部译制片很成功。接着她又导演了《达芬奇密码》受到好评,沉寂多年的上海电影译制厂迎来了复苏。接着又导演了《盗梦空间》《功夫熊猫》《玩具总动员》,动画片《勇士》《少年岳飞传奇》《疯狂原始人》《逃之夭夭》《碟中谍3》……并在多部影片中担任配音,非常出彩。

　　由于狄菲菲工作认真,把所有的心思全扑在译制配音上了,所以——请允许我在这里插上一句——小狄和丈夫任伟在顾家方面都有点欠缺。他们的女儿雪儿从小起是个很懂事的孩子,她知道爸妈忙,很小的时候就能料理安排自己的生活,自理能力很强。晚上我有时打电话去,常常是雪儿接的电话:"爸妈还没有回来,我自己吃的饭,功课已做好了,我准备洗洗睡觉了。我给他们留个条,说老孙伯伯打电话来了,让他们给您去电话。"这不是一两次,经常会这样。雪儿如今已是大姑娘了,在美国读完大学回国工作,干得也非常出色。我们译制厂的老同志都非常喜欢雪儿。

　　狄菲菲在这期间执导的多部配音影片连连获奖。她导演的动画电影《勇士》2007年获第26届中国电影金鸡奖最佳美术片奖。《勇士》同年又获中国电影华表奖优秀动画片奖。担任配音导演的动画片《少年岳飞传奇》在第8届动漫节上荣获优秀长篇动画大奖。她参加配音的译制片《功夫熊猫》2009年荣获第13届中国华表奖优秀译制片奖。她执导的译制电影《盗梦空间》2010年获第14届中国电影华表奖提名。

　　当然这个时期也迎来市场更大的挑战,很多外加工的国产电影、电视剧来厂搞后期配音都会指名道姓点导演、点配音演员。小狄有点应接不暇,向厂里提出是否能让她成立一个工作室,而上译厂的体制不可能开这个口子。

狄菲菲此时感到自己有很多想干的事情，可受到体制的限制无法实现，正好，2014 年 6 月上级下达了一个可以提前退休的通知，狄菲菲决定申请提前退休，这样可以放手干自己喜欢的工作了。9 月，她的申请获批准……

"领声"的带头人狄菲菲

"领 声"

2014 年，狄菲菲带领一个仅 5 人的年轻人团队，开创了自己的新天地"领声"，她要在声音领域里创新，做自己的一番事业。当时不少老同志支持她创业，但面对市场经济也为她操一份心。小狄当时也征求我的意见，我听完她的想法，认为考虑得还是比较成熟的，她想做的那些事情在现有体制内是无法实现的，因此我鼓励她朝着自己的目标去奋斗，去拼搏。苏秀更是说："菲菲离开译制厂也许是鲤鱼跳龙门。"

生活的磨炼使她成熟了，小狄自己投资，在"领声"驻地建起了新的录音棚，决心走声音产业化之路。她承接朋友们的电影、电视剧的配音任务，更拓宽了声音领域里多种产品。从 2014 年至今，"领声"把上海迪士尼乐园大部分声音项目承接下来。这项工作要求很高，迪士尼乐园的美国总监也是十分严格的。由于团队的认真努力，取得了迪士尼乐园的认可和信任，所以现在人们去迪士尼乐园可以听到各种不同变化的声音都是"领声"团队制作的。早在 2013 年，北京读库就和狄菲菲签订了做有声读物的协议，如今开展得十分顺利。他们又在网络科技平台上做有声书，用声音普及科普知识。"领声"又和很多出版社合作制作有声绘本，录制一些精选的小说、散文读物。"领声"还成为终身教育社会学习点，对社会提供领声的课程服务,吸引很多年轻爱好者。他们还运用声音魅力进行舞台演出活动……狄菲菲有一个坚定的信念,要用声音的魅力来服务于我们的社会生活,在声音领域里开辟一个欣欣向荣的新天地。

为了工作更有成效,狄菲菲认真组织自己的工作班底,如今已发展十几位年轻人参加"领声"的团队,每个人除了努力训练提高自己的声音塑造能力,还在团队里各负其责,做好整个团队的运营工作。我去"领声"见到这个朝气蓬勃的团队班子十分高兴,创作总监、客户总监、运营总监、财务总监、策划、设计……麻雀虽小五脏齐全,狄菲菲懂得要充分发挥每个人的能力。

最近我见到小狄,人瘦了些,可更精神了。我问她今后打算是什么,她认真地告诉我:"我要努力传承老一辈配音演员那种严肃认真的创作态度,'语不惊人死不休',我要积极探索声音未来所有的可能性,让所有爱好艺术、喜欢文学的人们都能感到声音魅力的无穷。我们要通过声音传播美,用声音给人们带来极大的享受,带来生活的乐趣,提升人们的生活质量!"

前不久我陪文广局一位领导去看狄菲菲的工作室,听取了小狄的工作汇报,他十分高兴,说:"小狄啊,你在做'守魂传根'的工作。"

"守魂传根",这真是对小狄现在所做的"领声"工作最大的褒奖。是啊,"领声"现在所做的一切就是要发扬上海电影译制厂老一辈配音演员一辈子所追求的好声音,让好声音走进每一个人的心灵。老厂长陈叙一把译制配音当作事业来经营,把自己全部心血都用在这份事业上,带出了三代配音演员。他总结自己一生所干的事就是两句话:"剧本有味,配音有神,这件事要天天努力去做。"这就是产生好声音的魂。如今狄菲菲带领的团队正在做"守魂"的工作。更可喜的是,她还在做培养新人的工作,把如何用声音传达真情实感的方法告诉真正喜爱配音、喜欢用好声音传递美好情谊的年轻人,这是在做"传根"的工作。文广局领导还说了一句发自肺腑的话:"上海不能只有一个狄菲菲,我们的社会需要更多的狄菲菲来做这项'传根'的工作!"

　　多好啊！我为有这样一位后辈、学生而欣喜，我为上译厂用声音造梦的那一代配音演员后继有人而感到欣悦。我衷心祝贺"领声"在声音领域里越走越宽广，同时也希望狄菲菲带领的"领声"团队和上译厂的同行携手共进，有竞争才有活力，才有进步，声音早已跨界了，格局也在日新月异了。时代需要年轻人为祖国的各项事业作出更大的贡献，让中国美妙的好声音走向世界。

后　记

　　当我整理完最后一篇手稿时，心情异常激动。原来我的一生就是这样走过来的：是这些前辈、同事、同学、朋友伴我一起走过这人生的道路。在回忆他们的工作、生活中也融入了我的所有生活经历。是他们教诲我怎样做人，怎样处事，在众多榜样的影响下，我这几十年的人生道路走得扎实、走得健康。尽管有风风雨雨，可我遵循父母的教导，做一个诚实的人，做一个有礼貌的人，做一个坚强的人，做一个善待别人的人。

　　父亲教导我："做人要以礼待人，以诚待人，以善待人；真诚是做人之本，勤奋是立业之本，宽厚是待人之本。"

　　母亲教导我："做人要坚强，不就是吃点苦，耐点劳嘛！要学会苦中寻乐。穷要穷得有志气，穷要穷得有骨气。"

　　马上要迈入耄耋之年了，人老了感悟也油然而生。人的一生就是尝遍酸甜苦辣的过程。所有情绪都会在人生的道路上出现，快乐、痛苦、兴奋、欢愉、苦恼、愤怒、感恩、感激、期待、希望……人生中有多少情绪几乎都会遭遇到、享受到。人生的阅历就是一本偌大的书，一点不假。

　　最让我感到惊奇的是，我悟到做人要理解、珍惜四个字："命运""缘分"。回顾自己的一生，所有的人和事都离不开这四个字。当很多事情想不通时，用这四个字来解释一下子就明白了：为什么每个人所走的道路不同，有贫富之分，有成功失败之分，有长寿和短命之分……是命运决定了你的生活道路。

　　为什么我能和这么多前辈、同学、朋友相遇，共同生活、工作呢？那是我们之间有缘分。世界这么大，偏偏会认识你，和你相处，用什么也解释不清楚，可用"缘分"两个字就一下子明白了。因此人生无须去攀比、去对照，各人努力按自己的人生轨迹去生活，去奋斗，就会迎来属于你的一片新天地，你的家庭，你的朋友，你所拥有的一切。

　　人老了，对走过的路，感怀甚多。我希望自己成为一个善良、正直、和蔼可亲、明白事理、雍容大度的老人，这也许就是我们常说的晚节吧。老得庄重，老得清香。

　　这本书是我向我的夫人徐美珠送上的一份礼物。今年是我们结婚 50 周年的金婚纪念，我有一个美满的家庭，有儿有女，有孙女，有外孙，她功不可没。我这一生中所有的点滴工作成绩都包含着她的支持和辛劳。

　　最后我感恩于很多帮助过我的朋友们，是在他们的鼓励和支持下我才有勇气写完这本书，又在他们无私帮助下才能顺利地完成这本书的出版。《上海采风》杂志主编刘巽达先生，他不仅热情地为我写序，在编排上还给予精心的指导。采风杂志社编辑皮可先生，他放弃很多休息时间为我打印书稿，极其严肃、认真的态度让我十分感动。最后非常感谢生活·读书·新知三联书店的麻俊生先生，他以敬业和专业的精神为我编辑出版了这本书，让这本书得以及时和广大读者见面。

孙渝烽

2017 年 10 月